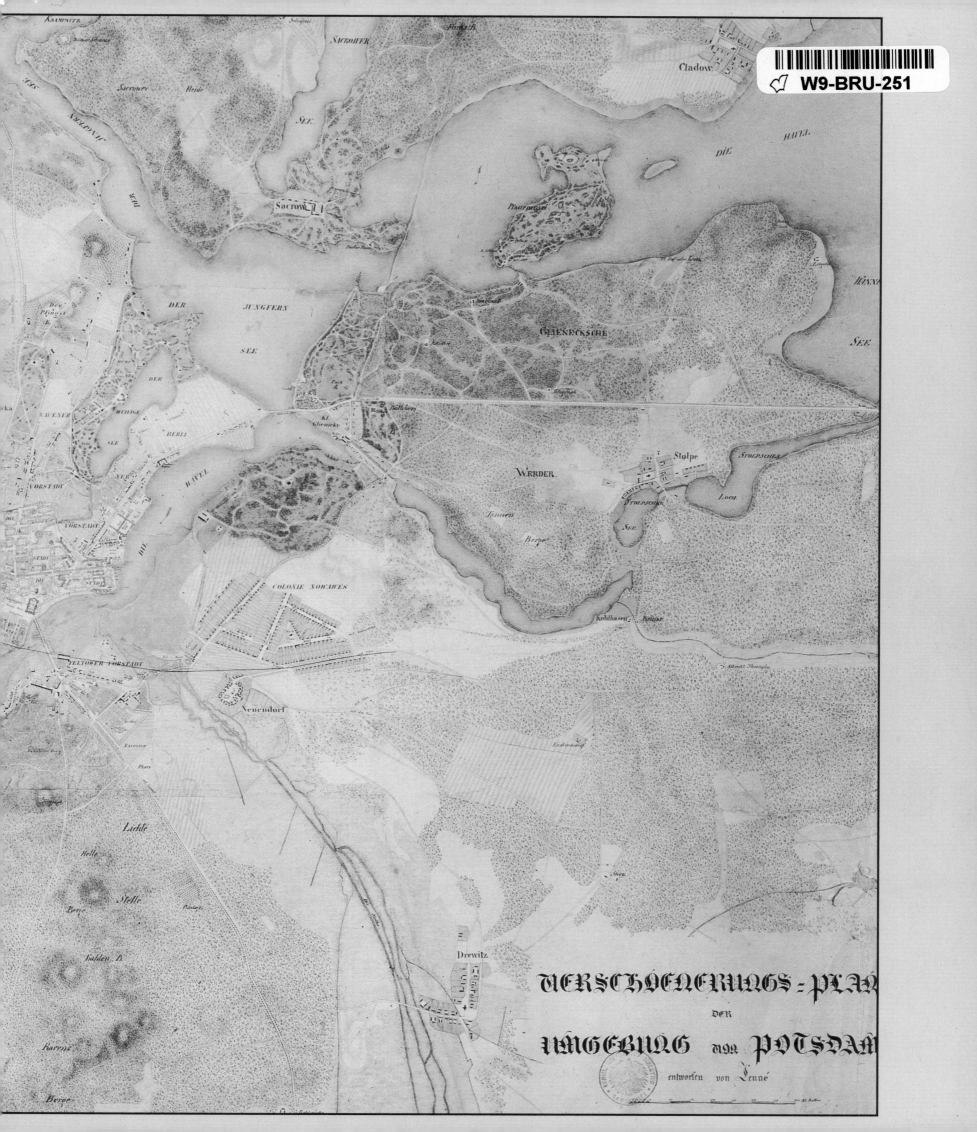

VERSCHOENERUNGS-PLAN

DER

UMGEBUNG des POTSDAM

entworfen von Lenné

POTSDAM

Gert Streidt   Klaus Frahm

POTSDAM

Die Schlösser und Gärten der
Hohenzollern

Palaces and Gardens of the
Hohenzollern

Châteaux et Jardins des
Hohenzollern

Herausgeber · Editors · Éditeurs
Gabriele Leuthäuser, Peter Feierabend

KÖNEMANN

© 1996 Könemann Verlagsgesellschaft mbH
Bonner Str. 126, D-50968 Köln

Text:	Gert Streidt, Potsdam
Photos:	Klaus Frahm, Börnsen
Design:	Peter Feierabend, Berlin
Graphic assistant:	Sonja Latsch, Cologne
Editing:	Kristina Meier, Cologne
Typesetting:	Birgit Beyer, Cologne
French translation:	Annie Berthold, Düsseldorf
English translation:	Ingrid and Iain Macmillan, Worcester
Production manager:	Detlev Schaper, Cologne
Colour Separation:	Nureg Reproduktion, Nuremberg
Printing and binding:	Imprimerie Jean Lamour

Printed in France
ISBN 3-89508-238-4

10 9 8 7 6 5 4 3

DANKSAGUNG/ACKNOWLEDGEMENTS/
REMERCIEMENTS

Der Verlag dankt der Stiftung Preußische Schlösser und
Gärten Berlin-Brandenburg für die freundliche Unter-
stützung bei der Entstehung des Buches.

The publisher would like to thank the Stiftung
Preußische Schlösser und Gärten Berlin-Brandenburg
(The Prussian Palaces and Gardens Foundation Berlin-
Brandenburg) for its kind support in the making of this
book.

La maison d'édition remercie la Stiftung Preußische
Schlösser und Gärten Berlin-Brandenburg qui l'a aidé à
l'élaboration de ce livre.

VORSATZPAPIER/ENDPAPER/
PAPIER DE GARDE

Verschönerungsplan der Umgebung von Potsdam.
Peter Joseph Lenné, 1833.

Plan of the beautification of the surroundings of
Potsdam. Peter Joseph Lenné, 1833.

Plan d'embellissement des environs de Potsdam.
Peter Joseph Lenné, 1833.

SEITEN/PAGES 4–5

Entwurfszeichnung für acht Musenstatuen im Park
Sanssouci. Georg Wenzeslaus von Knobelsdorff,
um 1748.

Plans for eight muse statues in Sanssouci Park.
Georg Wenzeslaus von Knobelsdorff, c. 1748.

Étude de huit statues de muses pour le parc de Sans-
Souci. Georg Wenzeslaus von Knobelsdorff, vers 1748.

FRONTISPIZ/FRONTISPIECE/
FRONTISPICE

Schloß Sanssouci. Kolonnade.

Sanssouci Palace. Colonnade.

Château de Sans-Souci. La Colonnade.

INHALT

CONTENTS

SOMMAIRE

POTSDAM – RESIDENZ, STADT UND LANDSCHAFT

POTSDAM – RESIDENCE, CITY AND LANDSCAPE

POTSDAM – RÉSIDENCE, VILLE ET PAYSAGE

Potsdam vom Park Babelsberg aus gesehen. Julius Schlegel, 1862.

Potsdam seen from Babelsberg Park. Julius Schlegel, 1862.

Potsdam vu du parc de Babelsberg. Julius Schlegel, 1862.

Potsdam kann von sich sagen, 1000 Jahre alt zu sein. Bis in die Mitte des 17. Jahrhunderts führte die Stadt ein allerdings eher beschauliches Dasein und wäre ein kleiner, unbedeutender Marktflecken geblieben, hätte nicht der Landesherr von Brandenburg, Kurfürst Friedrich Wilhelm von Hohenzollern (1620–1688), genannt der Große Kurfürst, seine Sympathie für Potsdam entdeckt und mit dem Bau eines Schlosses begonnen.

Die künstlerischen Vorstellungen des Großen Kurfürsten wurden maßgeblich von seinem Statthalter von Kleve, das zu den von Brandenburg beherrschten Gebieten gehörte, dem weitgereisten und welterfahrenen Johann Moritz von Nassau-Siegen (1604–1679) beeinflußt, der in einem Brief aus dem Jahre 1664 die Empfehlung gab, das »gantze Eyland« in ein »Paradies« zu verwandeln. Mit »Eyland« war die Herrschaft Potsdam gemeint, die wie eine Insel ringsum von seenartigen Erweiterungen der Havel umschlossen wurde.

Friedrich Wilhelm orientierte sich an dem damals weit entwickelten Holland, studierte dort und heiratete die Prinzessin Luise Henriette von Oranien (1627–1667) aus dem holländischen Herrscherhaus. Sein Schloß in Potsdam mit einem übersichtlich gegliederten hohen Hauptbau und zwei niedrigen Seitenflügeln folgte der holländischen Bautradition. Um die Stadt herum wurde ein Kranz von Lustschlössern gebaut, die holländische »Planteure« untereinander durch Alleen verbanden. Von diesen Lustschlössern blieb nur das in der Ortschaft Caputh bis in unsere Tage unverändert erhalten. Es ist der einzige Bau, der noch authentisch die Zeit des Großen Kurfürsten repräsentiert. Auch ein zweites Schloß, das Jagdschloß in Glienicke, steht noch, allerdings stark verändert. Mit seiner Entscheidung für Potsdam als zweite Residenz neben Berlin begründete Friedrich Wilhelm eine Tradition, der alle seine Nachfolger treu blieben.

Potsdam wurde Fürstenstadt und bis zur Abdankung der Hohenzollern 1918 ganz geprägt durch deren Kulturniveau und Kunstauffassung. Der Bogen spannt sich von den Maßnahmen des Großen Kurfürsten zur Landesverschönerung weiter zu dem betonten Repräsentationsstreben Friedrichs I. (1657–1713), der dem gerade errungenen Königtum – er konnte sich 1701 als erster Hohenzoller die preußische Königskrone aufs Haupt setzen – barocken Glanz zu geben suchte. Als Zeichen der Königswürde ließ er von dem Architekten Jean de Bodt (1670–1745) am Schloß das Fortunaportal errichten. Friedrich I. schätzte die Lage Potsdams am Wasser und liebte es, Bootsfahrten von Schloß zu Schloß zu unternehmen. Selbst vom Schloß Charlottenburg in Berlin konnte man auf dem Wasserweg nach Potsdam gelangen und von dort weiter bis nach Caputh fahren. Gemeinsam

Potsdam can claim to be 1000 years old. Until the middle of the 17th century, however, it was a fairly obscure, unassuming little market town. It would have remained as such had it not been for the fact that the sovereign prince of Brandenburg, the Elector Frederick William of the House of Hohenzollern (1620–1688), known as the Great Elector, discovered his liking for Potsdam and began the construction of a palace there.

The Great Elector's artistic ideas were to a large extent influenced by the widely-travelled and worldly-wise Johann Moritz von Nassau-Siegen (1604–1679), Governor of Cleves, which was part of the territories ruled by Brandenburg. In a letter dating from the year 1664, von Nassau-Siegen recommended that the "whole island" be turned into a paradise. "Island" was a reference to the district of Potsdam, which was surrounded on all sides, like an island, by parts of the river Havel that had widened to lake-like proportions.

Frederick William gained his inspiration from Holland, a country that was considered very advanced at the time. He studied there and married Princess Louise Henrietta of Orange (1627–1667) of the Dutch ruling dynasty. His palace in Potsdam was built in the style of traditional Dutch architecture, combining a high, clearly structured main building and two low side wings. A circle of summer residences was erected around the town and connected to each other via avenues by Dutch "planteurs" (gardeners). Of these summer residences, the one in the village of Caputh has remained unchanged until today. It is the only building that authentically represents the age of the Great Elector. A second residence of that period, the Hunting Lodge in Glienicke, still exists, although it has undergone drastic changes.

Frederick William's choice of Potsdam as his second residence after Berlin was the start of a tradition that was followed faithfully by all his successors. Potsdam became a royal city, and until the abdication of the House of Hohenzollern in 1918 was shaped exclusively by the cultural ambitions and artistic conceptions of the Hohenzollern rulers, ranging from the Great Elector's measures in land beautification to the ostentatious striving for prestige on the part of Frederick I (1657–1713). Frederick I, the first of the Hohenzollern to wear the royal crown of Prussia in 1701, endeavoured to suffuse the newly won kingdom with Baroque splendour. To proclaim his royal dignity, he commissioned the architect Jean de Bodt (1670–1745) to build the Fortuna Gateway at the palace. He also discovered how well situated Potsdam was for boat trips from one palace to another, a favourite pastime of his. It was even possible to

Potsdam peut s'enorgueillir d'avoir 1000 ans d'existence. Jusqu'au XVIIᵉ siècle, la ville mène une existence modeste ; elle serait même restée un bourg sans importance si l'Électeur de Brandebourg, Frédéric-Guillaume prince de Hohenzollern, appelé le Grand Électeur, ne s'était découvert une sympathie pour Potsdam et n'avait entrepris la construction d'un château.

Le Grand Électeur était influencé dans ses idées artistiques par le gouverneur de Kleve (ville sous administration brandebourgeoise), grand voyageur et connaisseur de la vie, Johann Moritz von Nassau-Siegen (1604–1679). Dans une lettre de 1664, celui-ci conseille au roi de transformer « toute l'isle » en un « paradis ». Par « isle », Nassau-Siegen entendait la seigneurerie de Potsdam qui était pour lui une île entourée de lacs, en l'occurrence ceux de la Havel.

Frédéric-Guillaume était encore, au point de vue culturel, dépendant de ce qui se faisait en Hollande, pays le plus développé de l'Europe du Nord à l'époque. Il y avait étudié et épousé la princesse Louise Henriette, de la maison d'Orange-Nassau (1627–1667). Son château de Potsdam suivait la tradition architecturale hollandaise avec son corps central élevé, clairement structuré et flanqué de deux ailes plus basses. La ville était entourée de châteaux de plaisance que des « planteurs » hollandais avaient reliés par des allées. Parmi ces châteaux, celui de Caputh a été conservé dans son état original, et reste le seul édifice représentatif de l'époque du Grand Électeur. Un second château, celui de Glienicke, existe encore mais a été fortement modifié. En choisissant Potsdam comme seconde résidence – la première était Berlin – Frédéric-Guillaume fondait une tradition qui devait être respectée par tous ses successeurs.

Potsdam fut promue ville princière, et resta jusqu'en 1918, l'année de l'abdication des Hohenzollern, imprégnée de leur culture et de leur conception de l'art. Cette influence se manifeste sous diverses formes, que ce soit les mesures prises par le Grand Électeur pour embellir le pays ou la politique de prestige de Frédéric Iᵉʳ (1657– 1713), qui, à peine monté sur le trône – c'est lui le fondateur de la dynastie des Hohenzollern – cherche à donner à la couronne une splendeur baroque. Il chargea l'architecte Jean de Bodt (1670–1745) d'orner le château du « Fortunaportal », le portail de la Fortune, en signe de dignité royale. Frédéric Iᵉʳ avait découvert le site de Potsdam et aimait les promenades en bateau, de château en château. De Charlottenbourg on pouvait rejoindre Potsdam en bateau, et même pousser plus loin jusqu'à Caputh. Avec sa première femme Sophie Charlotte (1668–1705), il protégea les

mit seiner Frau Sophie Charlotte (1668–1705) förderte der König die Künste, holte den Universalgelehrten Gottfried Wilhelm Leibniz (1646–1716) ins Land und gründete die Akademie der Künste und Wissenschaften. Darüber hinaus gab er viel mehr Geld aus als hereinkam, so daß das Land am Ende seiner Regierungszeit am Rande des Ruins stand.

Dem setzte sein Sohn und Nachfolger Friedrich Wilhelm I. (1688–1740) ein striktes Sparregime entgegen und vergrößerte als Garant der machtpolitischen Stellung Preußens das stehende Heer auf 81 000 Mann. Potsdam wurde Garnisonstadt, und fortan gehörte zur sich entwickelnden Residenz das Militär als prägendes Element. Die Soldaten waren bei den Potsdamer Bürgern einquartiert, die dafür vom König Häuser geschenkt bekamen. Die Stadt wurde um regelmäßig aufgeteilte Karrees erweitert, in denen der König einfache barocke Typenbauten errichten ließ, wie sie heute noch entlang der Lindenstraße sowie der Brandenburger- und Gutenbergstraße stehen. Auch Friedrich Wilhelm I. schaute nach Holland, um Anregungen für die Entwicklung Preußens zu bekommen. Hatte der Große Kurfürst 20 000 französische Glaubensflüchtlinge, die Hugenotten, in seinem Land aufgenommen, was einen Schub in der Entwicklung von Handwerk und Gewerbe bewirkte, so holte Friedrich Wilhelm I. holländische Handwerker nach Preußen und baute für sie in Potsdam ein »Holländisches Viertel«. Das Viertel ist ebenso erhalten, wie das in gleicher Manier erbaute Jagdschloß, das am »Stern«, einem ausgedehnten Jagdrevier, errichtet wurde. Weiter entstanden stadtbildprägende Kirchenbauten, unter denen besonders die berühmte Garnison-

travel by water from Charlottenburg palace in Berlin to Potsdam, and then on to Caputh. Together with his first wife Sophie Charlotte (1668–1705), Frederick I promoted the arts, brought the philosopher Gottfried Wilhelm Leibniz (1646–1716) back into the country, and founded the Academy of Arts and Sciences. Moreover, he spent well over the funds at his disposal, so that at the end of his reign the kingdom was facing ruin.

His son and successor Frederick William I (1688–1740) countered this with strict economic measures. In order to strengthen Prussia's position of power, he also increased the standing army to 81 000 men. Potsdam became a garrison town and henceforth the military helped shape its developing character. The soldiers were quartered with Potsdam citizens whom the King rewarded by giving them houses. The town was extended by uniformly laid-out residential districts in which the King had simple Baroque residences built. These can still be seen today along the Lindenstrasse, the Brandenburger Strasse and the Gutenbergstrasse. Frederick William I was also inspired by the Netherlands in the further development of Prussia. Just as the Great Elector had opened his country to 20,000 French religious refugees, the Huguenots, which injected new energy into trade and crafts, so Frederick William I now brought Dutch craftsmen to Prussia and built a Dutch Quarter for them in Potsdam. This quarter has been preserved to this day, as has the hunting lodge which was built in a similar style and is situated in the Stern, an extensive hunting preserve. Also built under the regime of Frederick William I were churches which contri-

arts, fit venir Gottfried Wilhelm Leibniz (1646–1716), philosophe et savant, et fonda l'Académie des arts et des sciences. Mais il dépensa plus d'argent qu'il n'en rentrait dans les caisses de l'État, si bien qu'à la fin de son règne, le pays se trouvait au bord de la ruine.

Son fils Frédéric-Guillaume Ier (1688–1740) prit des mesures d'économie draconiennes mais accrut par ailleurs les effectifs de l'armée jusqu'à 81 000 hommes pour maintenir la Prusse dans sa position de force politique. Potsdam fut promue ville de garnison, l'uniforme militaire devint un cachet de cette ville en pleine expansion. Les soldats étaient logés chez les habitants auxquels le roi offrait les maisons. La ville fut agrandie en îlots de maisons réguliers où le roi intégra des constructions simples de type baroque, telles qu'on les trouve encore dans la Lindenstraße, la Brandenburger Straße et la Gutenbergstraße. Frédéric-Guillaume Ier regardait lui aussi en direction de la Hollande pour trouver les moyens de développer la Prusse. Si le Grand Électeur avait accueilli 20000 huguenots français, ce qui avait donné une impulsion à l'artisanat et à l'industrie, Frédéric-Guillaume Ier fit venir des artisans hollandais et leur construisit un quartier à Potsdam, le « Quartier hollandais ». Ce quartier est aussi bien conservé que le pavillon de chasse construit dans le même style sur un vaste terrain de chasse, le « Stern », l'Étoile. Des églises furent élevées, qui donnèrent elles aussi un cachet à la ville. La plus célèbre est l'église de la Garnison surmontée d'une tour de 80 mètres de haut. Frédéric-Guillaume Ier fit ériger par ailleurs un mur d'enceinte autour de la ville, moins pour

Kurfürst Friedrich Wilhelm, genannt der Große Kurfürst (links außen). Gedeon Romandon, um 1687/88.

The Elector Frederick William, known as the Great Elector (far left). Gedeon Romandon, c. 1687/88.

L'Électeur Frédéric-Guillaume, appelé le Grand Électeur (page à gauche, à gauche). Gedeon Romandon, vers 1687/88.

Kurfürstin Luise Henriette (links Mitte). Gerrit van Honthorst, um 1650.

The Electoress Louisa Henrietta (centre left). Gerrit van Honthorst, c. 1650.

La princesse Louise Henriette (à gauche, au centre). Gerrit van Honthorst, vers 1650.

König Friedrich I. (links innen). Antoine Pesne, um 1710.

King Frederick (near left). Antoine Pesne, c. 1710.

Le roi Frédéric Ier (page à gauche, à droite). Antoine Pesne, vers 1710.

König Friedrich Wilhelm I. Antoine Pesne (Kopie), um 1735.

King Frederick William I. Antoine Pesne (copy), c. 1735.

Le roi Frédéric-Guillaume Ier. Antoine Pesne (copie), vers 1735.

kirche mit einem über 80 Meter hohen Turm hervorragte. Auch ließ Friedrich Wilhelm I. Potsdam von einer Stadtmauer umgeben. Diese sollte weniger Feinde abschrecken, als vielmehr die Flucht von Soldaten aus der mit eisernem Drill zusammengehaltenen Armee verhindern.

Einen Höhepunkt in der Entwicklung der Stadt setzte Friedrich der Große (1712–1786). Er beschäftigte neben vielen anderen so herausragende Künstler wie die Architekten Georg Wenzeslaus von Knobelsdorff (1699–1753) und Carl von Gontard (1731–1791), den Bildhauer Friedrich Christian Glume (1714–1752) sowie den französischen Maler Antoine Pesne (1683–1757) und begründete eine Kunstform, die als friderizianisches Rokoko in die Kunstgeschichte eingegangen ist. Rastlos kümmerte er sich um die architektonische Ausschmückung der Stadt. Ausgehend vom Stadtschloß, das er von Knobelsdorff zu einem ausgewogenen Bau von dominierender Wirkung umbauen ließ, wurden, zum Teil nach seinen eigenen Skizzen, den Häusern der Stadt repräsentative Fassaden vorgeblendet. Hinter den Fassaden wohnten einfache Bürger. Es entstand ein Ensemble von großartiger Wirkung, das auf Grund seiner kulissenhaften Künstlichkeit neben einem faszinierenden auch einen befremdlichen Eindruck auf den Betrachter gemacht haben muß.

Im Jahre 1744 ließ Friedrich der Große am sogenannten »Wüsten Berg« vor den Toren der Stadt einen Weinberg anlegen. Damit begann die Geschichte von Schloß Sanssouci. Schon im 18. Jahrhundert erlangte der Park mit dem Weinbergschloß und den anderen Bauwerken weit über die Grenzen Preußens hinaus Berühmtheit. Von der obersten Terrasse hatte man einen

buted to the distinctive look of the town of Potsdam, the most famous being the Garrison Church with its tall tower of over 80 metres. In addition, Frederick William I had city walls erected around Potsdam – but not so much in order to deter enemies as to prevent soldiers from escaping the army, which was held together by an iron discipline.

Under Frederick II (1712–1786), who succeeded Frederick William I, Potsdam entered a golden age in its development. Amongst many others, Frederick II (Frederick the Great) employed such outstanding artists as the archi-tects Georg Wenzeslaus von Knobelsdorff (1699–1753) and Carl von Gontard (1731–1791), the sculptor Friedrich Christian Glume (1714–1752), and the French painter Antoine Pesne (1683–1757). He also founded an art form which has entered the annals of art history as Frederician Rococo. He was tireless in his efforts to improve upon the architecture of the town. Starting with Potsdam's City Palace, which he had converted by Knobelsdorff into a well-balanced edifice of dominating effect, Frederick the Great had the town houses embellished with imposing façades, often according to his own designs. Behind these grand façades lived humble citizens. Thus an ensemble of magnificent effect was created which must have fascinated and alienated the observer at the same time, owing to its stage-set artificiality.

In the year 1744, Frederick the Great had a vineyard laid out on what was known as the "Wüster Berg" (Wild Mountain) outside the gates of the town. So began the history of the palace of Sanssouci. The fame of the park with its vineyard palace and other buildings far

dissuader d'éventuels ennemis que pour empêcher la fuite de soldats ne supportant plus la discipline à la prussienne.

La ville connaît un autre élan avec Frédéric II le Grand (1712–1786). Celui-ci avait engagé des artistes hors du commun tels l'architecte Georg Wenzeslaus von Knobelsdorff (1699–1753) et Carl von Gontard (1731–1791), le sculpteur Friedrich Christian Glume (1714–1752), le peintre français Antoine Pesne (1683–1757), et créa un style auquel on donna son nom, le « rococo frédéricien ». Il s'occupait sans relâche d'embellir la ville par l'architecture. À partir du « Stadtschloss », le palais urbain, que Knobelsdorff transforma pour lui en un édifice harmonieux et imposant, il fit ajouter aux maisons de la ville des façades plus majestueuses. Derrière ces façades vivaient de simples citadins. Le résultat final était d'un effet extraordinaire, et l'ensemble a dû par son aspect de coulisses produire une impression étrange, et fascinante, sur le spectateur.

En 1744, Frédéric le Grand fit planter un vignoble sur une colline, le « Wüster Berg », situé aux portes de la ville. C'était ainsi qu'a commencé l'histoire de Sans-Souci. Dès le XVIIIe siècle, le parc et le château, et les autres édifices, étaient célèbres hors des frontières de la Prusse. De la plus haute terrasse du vignoble, la vue magnifique s'étendait jusqu'à la Havel et son paysage de lacs. La première pierre du grand dessein de Peter Joseph Lenné (1789– 1866) était posée : composer un ensemble artistique à partir des différents paysages de Posdam.

Frédéric-Guillaume II (1744–1797), le successeur de Frédéric le Grand, cherchait à se distancier, de son illustre et trop puissant

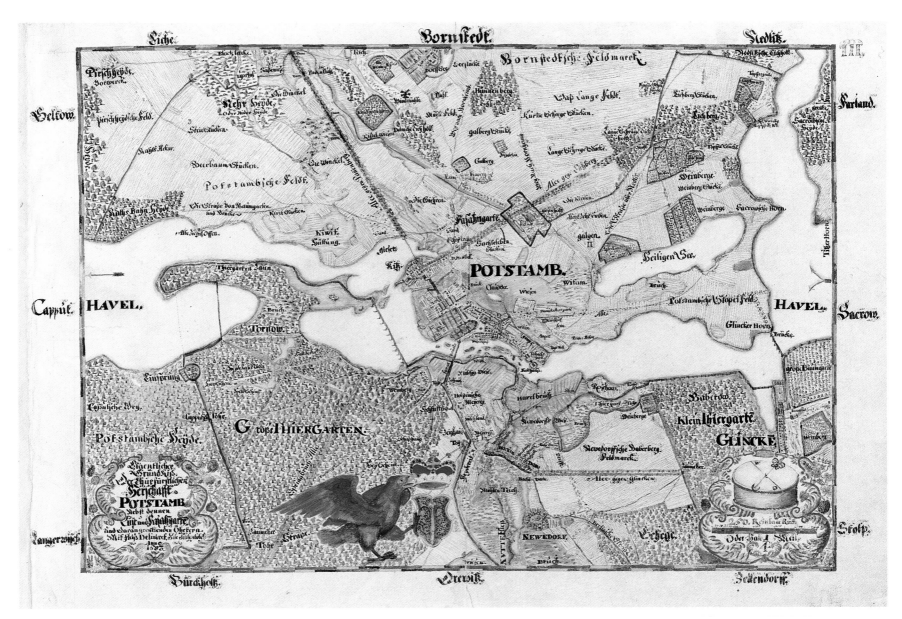

weiten Ausblick tief in die Havellandschaft hinein. Der Grundstein für Peter Joseph Lennés
(1789–1866) Idee zur übergreifenden Gestaltung der Potsdamer Landschaft im 19. Jahrhundert war gelegt.

Friedrich Wilhelm II. (1744–1797), der
Nachfolger Friedrichs des Großen, suchte die
Distanz zu seinem selbst im Nachleben über-
mächtigen Vorfahren. Er legte außerhalb der
Stadt an den Ufern des Heiligen Sees und des
Jungfernsees einen »Neuen« Garten mit dem
mehr Bürgerlichkeit als königliche Repräsentanz
ausstrahlenden Marmorpalais an. Dieses
markiert den Beginn einer neuen Kunstepoche
in Preußen, des Klassizismus. Dem wie eine
weltferne, friedliche Insel wirkenden sentimen-
talen Landschaftsgarten, der sich um das Marmorpalais ausbreitete, antwortete in der Ferne

transcended the borders of Prussia even in the
18th century. The top terrace afforded distant
views far into the Havel landscape. The foundation stone was thus laid for Peter Joseph
Lenné's (1789–1866) idea of an all-embracing
design for the landscape of Potsdam in the 19th
century.

Frederick the Great's successor, Frederick
William II (1744–1797), attempted to escape
the presence of his ancestor, whose overpowering personality was felt even after his death.
Outside the town, on the shores of the Heiliger
See and Jungfernsee lakes, he established the
Neuer Garten (New Garden). With an atmosphere more middle class than royal, its Marmorpalais (Marble Palace) initiated a new
architectural epoch in Prussia, that of
Classicism. The seemingly otherworldly, peace-

prédécesseur, même mort. En dehors de la ville,
au bord du Jungfernsee et du Heiliger See, il
planta les « Nouveaux Jardins » avec un palais
de Marbre, un palais qui avait plus l'apparence
d'une belle demeure bourgeoise que d'une
architecture palatiale. Cette construction
annonçait une nouvelle époque artistique en
Prusse : le néoclassicisme. À l'île paisible,
étrangère au monde, qu'était le jardin anglais
du palais de Marbre, faisait écho, au loin, une
île véritable, l'île des Paons, que Frédéric-
Guillaume II transforma plus tard en un îlot
exotique. Après 1817, Lenné modifia les
Nouveaux Jardins en les rattachant par des
liens visuels au paysage environnant.

Frédéric-Guillaume II, au contraire de ses
prédécesseurs, ne se préoccupa que très peu du
développement de la ville pendant son court

eine wirkliche Insel, die Pfaueninsel, die Friedrich Wilhelm II. ab 1793 zu einem exotischen Eiland gestaltete. Lenné überarbeitete nach 1817 den Neuen Garten und verband ihn durch Sichtachsen mit der umliegenden Landschaft.

Im Gegensatz zu seinen Vorgängern kümmerte sich Friedrich Wilhelm II. in seiner nur elf Jahre währenden Regierungszeit wenig um die Entwicklung seiner Residenzstadt. Anfang der neunziger Jahre ließ er am Stadtkanal, der – einer holländischen Gracht nicht unähnlich – unter Friedrich Wilhelm I. ausgebaut worden war, ein Schauspielhaus mit der Inschrift »Dem Vergnügen der Einwohner« errichten. Das Theater wurde 1945 beschädigt und später abgerissen.

Friedrich Wilhelm III. (1770–1840) engagierte sich ebenfalls wenig in Potsdam, seine Söhne, die Prinzen Friedrich Wilhelm, später König Friedrich Wilhelm IV. (1795–1861), Wilhelm, später Kaiser Wilhelm I. (1797–1888), und Carl (1801–1883) dafür um so mehr. In deren Auftrag schufen der Architekt Karl Friedrich Schinkel (1781–1841) und der Gartengestalter Peter Joseph Lenné eine Kulturlandschaft von wahrhaft europäischer Dimension. Es entstanden die Parks Charlottenhof, Babelsberg und Glienicke mit den gleichnamigen Schlössern. Der vom Großen Kur-

ful island far removed from reality constituted by the sentimental landscape garden surrounding the Marble Palace was echoed in the distance by a real island. The Pfaueninsel (Peacock Island) was developed from 1793 into an exotic oasis by Frederick William II. After 1817 Lenné revised the New Garden and integrated it into the surrounding landscape by visual association.

In contrast to his predecessors, Frederick William II paid little attention to the development of his residential city during his reign, which lasted for a mere 11 years. At the beginning of the 1790s he had a playhouse built with the inscription "For the Pleasure of the Citizens". It was situated on the municipal canal, which was not dissimilar to a Dutch canal and had been extended under Frederick William I. In 1945 the theatre was damaged and later pulled down.

While Frederick William III (1770–1840) also showed little commitment to Potsdam, his sons, the princes Frederick William, later King Frederick William IV (1795–1861), William, later Emperor William I (1797–1888), and Carl (1801–1883), became all the more involved. On their instructions, the architect Karl Friedrich Schinkel (1781–1841) and the garden designer

règne de onze ans. Mais vers la fin du XVIIIᵉ siècle, il fit construire un théâtre au bord du canal, sorte de gracht hollandais, lequel portait l'inscription « Pour le plaisir des habitants ». Le théâtre fut endommagé en 1945 puis démoli.

Frédéric-Guillaume III (1770–1840) ne montra pas plus d'intérêt pour la ville de Potsdam, ses fils le futur Frédéric-Guillaume IV (1795–1861), le futur Guillaume Iᵉʳ (1797– 1888) et Carl (1801–1883), d'autant plus. Ce sont eux qui chargèrent l'architecte Karl Friedrich Schinkel (1781–1841) et le paysagiste Peter Joseph Lenné de concevoir un paysage artistique d'une grandeur réellement européenne. C'est grâce à eux qu'ont été créés les parcs de Charlottenhof, de Babelsberg et de Glienicke, et les châteaux du même nom. L'idée du Grand Électeur, développée par le grand Frédéric, du lien harmonieux entre l'architecture et le paysage aménagé, connut son aboutissement le plus grandiose le long de la Havel grâce à un roi artiste jamais lassé de son engagement en faveur de cette idée, toujours en veine pour l'enrichir, Frédéric-Guillaume IV. C'est lui aussi qui surmonta d'une coupole, visible de loin, l'église Nikolai dont la reconstruction avait été commencée par Schinkel sous le règne de son père, et devenue un point de mire du paysage de la ville.

Plan des Parkes Sanssouci.
Unbekannter Zeichner, um 1750.
Unterhalb der Weinbergterrassen mit dem Schloß Sanssouci verläuft die schnurgerade durch den Park geführte Hauptallee, an der nacheinander regelmäßig gestaltete Gartenquartiere entstanden.

Map of Sanssouci Park.
Anonymous draughtsman, c. 1750. Below the terraced vineyards and Schloß Sanssouci we can see the dead straight line of the Hauptallee (main avenue) traversing the park. Along its course a succession of regularly laid-out garden areas was established.

Plan du parc de Sans-Souci.
Dessinateur anonyme, vers 1750. La grande allée toute droite qui traverse le parc en passant au pied des terrasses du château de Sans-Souci, est entrecoupée à intervalles réguliers de jardins aménagés.

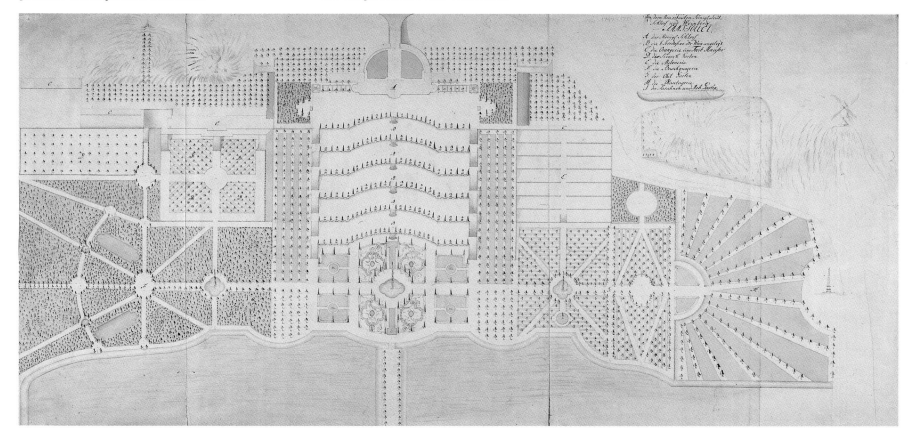

fürsten begründete und von Friedrich dem Großen weitergeführte Gedanke der harmonischen Verbindung von Architektur und gestalteter Landschaft längs der Havel wurde zu einer grandiosen Vollendung geführt, die der künstlerisch sehr begabte Friedrich Wilhelm IV. mit nie ermüdendem Engagement initiierte und durch immer neue Ideen bereicherte. Als dominierenden Bezugspunkt im Stadtbild ließ Friedrich Wilhelm IV. dem schon unter seinem Vater nach Schinkels Plänen begonnenen Neubau der Nikolaikirche die weithin sichtbare Kuppel aufsetzen.

Potsdam wuchs im 19. Jahrhundert über die alten Stadtgrenzen hinaus. Es entstanden Vor-

Peter Joseph Lenné created a cultivated landscape of truly European dimensions. The parks of Charlottenhof, Babelsberg and Glienicke were established with their palaces of the same name. The idea of the harmonious linking of architecture and cultivated landscape along the river Havel, which had originated with the Great Elector and had been developed by Frederick the Great, was now brought to a grand conclusion thanks to the tireless commitment and new suggestions of Frederick William IV. He also created a dominant point of reference in the townscape, one that could be seen from quite a distance, by having the dome

Au XIXᵉ siècle, Potsdam connut une très forte croissance. De nouvelles banlieues se créèrent, où de hauts fonctionnaires, des militaires et des banquiers firent construire des villas. Les plans provenaient des mêmes artistes, tous ceux qui avaient aménagé le paysage de Sans-Souci et de ses alentours. Aussi l'art de la cour trouva-t-il sa traduction et sa continuation dans les maisons et les jardins de la bourgeoisie aisée. Les ouvrages de Schinkel et de son élève Ludwig Persius (1803–1845) impriment leur marque sur le style des villas de Potsdam, et l'art de Lenné se retrouve dans les jardins des mêmes villas.

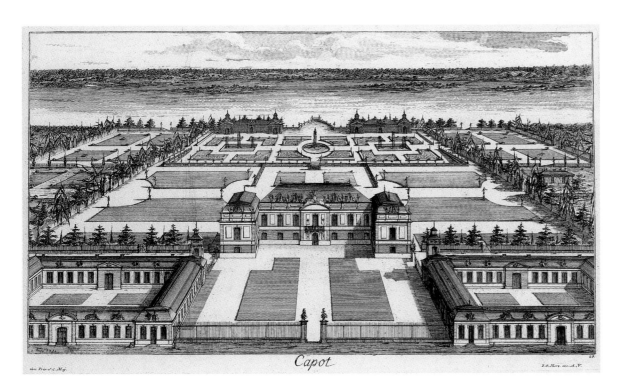

Ansicht des Lustschlosses Caputh.
Jean Baptiste Broebes, 1733.
Schloß Caputh blieb als einzige Schloßanlage aus der Zeit des Kurfüsten Friedrich Wilhelm bis heute erhalten. Die Radierung zeigt eine so nicht ausgeführte Idealansicht.

View of the summer residence of Caputh.
Jean Baptiste Broebes, 1733.
The palace and grounds of Schloß Caputh are the only ones to have been preserved from the time of the Elector Frederick William until the present day. The etching depicts an ideal view which was not in fact created as shown here.

Vue du château de Caputh.
Jean Baptiste Broebes, 1733.
Le château de Caputh est le seul ensemble architectural encore existant qui date de l'époque de l'Électeur Frédéric-Guillaume. La gravure nous montre une vue idéalisée qui ne correspond pas à l'édifice réalisé.

Jagdschloß Stern.
Johann Friedrich Nagel, um 1788.
In einem nahe Potsdam gelegenen Jagdrevier ließ König Friedrich Wilhelm I. sich 1730/32 das kleine Jagdschloß in der Art eines schlichten holländischen Hauses errichten.

The Stern hunting lodge.
Johann Friedrich Nagel, c. 1788.
King Frederick William I had this small hunting lodge built during 1730/32 in hunting ground close to Potsdam. It was constructed in the manner of a plain Dutch house.

Pavillon de chasse de l'Étoile.
Johann Friedrich Nagel, vers 1788.
Vers 1730-32, le roi Frédéric-Guillaume se fit construire un petit pavillon de chasse à la manière des demeures hollandaises sur un terrain de chasse des environs de Potsdam.

orte, wo hohe Beamte, Militärs und Bankiers von Gärten umgebene Villen errichten ließen. Die Pläne lieferten dieselben Künstler, die auch den höfischen Anlagen Gestalt gaben. So fand die höfische Kunst eine Übersetzung und Weiterführung in den Bauten und Gärten des wohlhabenden Bürgertums. Schinkels Bauten und die seines Schülers Ludwig Persius (1803–1845) prägten den bis ins 20. Jahrhundert verbindlichen Potsdamer Villenstil, und das Beispiel Lennés fand einen schulbildenden Widerhall in den Villengärten.

In der Kaiserzeit, während sich das wenige Kilometer entfernte Berlin zu einer pulsierenden Weltstadt entwickelte, bewahrte Potsdam die Beschaulichkeit der Residenz-, Beamten- und Garnisonstadt. Diese Epoche hinterließ in Potsdam große repräsentative öffentliche Bauten, die auch heute noch das Antlitz der Stadt wesentlich mitbestimmen. Vor allem Kaiser Wilhelm II. (1859– 1941) suchte dem zur Weltmacht vereinten Deutschen Reich in groß di-

added onto the Nikolaikirche (Church of St. Nicholas), the rebuilding of which had been begun under his father according to Schinkel's plans.

In the 19th century Potsdam outgrew its old city boundaries. Suburbs developed where bankers, high-ranking civil servants and military officials built villas surrounded by gardens. The plans were provided by the same artists who had also designed the royal residences. Thus the styles of princely architecture were translated into and developed further by the buildings and gardens of the prosperous bourgeoisie. The buildings of Schinkel and of his pupil Ludwig Persius (1803–1845) established the style of the Potsdam villas which was to remain dominant until the 20th century, and Lenné's model was echoed in their gardens to such an extent that it was almost possible to talk of a "school".

Under imperial rule, while the not very distant Berlin developed into a pulsating metropolis, Potsdam retained the tranquillity of a

Das Jägertor in Potsdam.
Dismar Degen, um 1735.
Das 1733 erbaute Jägertor war eines von mehreren Stadttoren in der unter König Friedrich Wilhelm I. seit 1722 errichteten Stadtmauer. Es bildete den Stadtausgang Richtung Norden. Rechts vor dem Wachhaus ist die Torwache angetreten, links steht das Zollhaus.

The Huntsman's Gate in Potsdam.
Dismar Degen, c. 1735.
Built in 1733, this was one of several city gates forming part of the city wall which had been under construction – on orders of King Frederick William I. – since 1722; it was the city's north gate. To the right of the guard house one can see the sentry, and to the left is the custom house.

La porte des Chasseurs à Potsdam.
Dismar Degen, vers 1735.
La porte des Chasseurs, bâtie en 1733, était l'une des ouvertures de l'enceinte érigée en 1722 sous le règne du roi Frédéric-Guillaume Iᵉʳ. Cette porte était la sortie de la ville en direction du nord. À droite, la sentinelle a pris sa faction devant le poste de garde, à gauche se trouve le bureau de l'octroi.

Der Alte Markt in Potsdam mit dem Fortunaportal des Stadtschlosses.
Karl Christian Wilhelm Baron, 1772.
Beherrschend auf dem Bild ist das den Alten Markt dominierende Stadtschloß mit dem 1701/02 nach Plänen von Jean de Bodt erbauten Fortunaportal. Rechts ist die 1752–1754 nach dem Vorbild von S. Maria Maggiore in Rom erbaute Schaufassade der später abgebrannten und dann durch einen Neubau von Schinkel ersetzten Nikolaikirche zu erkennen. In der Mitte des Platzes steht als Zeichen königlicher Macht der von Georg Wenzeslaus von Knobelsdorff entworfene Marmorobelisk mit Porträtmedaillons der brandenburgisch-preußischen Herrscher.

The Old Market in Potsdam with the Gate of Fortuna of the city palace.
Karl Christian Wilhelm Baron, 1772.
The dominant element in this view of the Old Market is the city palace with the Gate of Fortuna which was erected in 1701/02 according to plans by Jean de Bodt. To the right one can see the façade of the Church of St. Nicholas. It was built from 1752–1754 after the model of S. Maria Maggiore in Rome. It burned down later and was replaced by a new building designed by Schinkel. The centre of the square is marked by the marble obelisk with the portrait medallions of the Brandenburg-Prussian rulers. This symbol of royal power was designed by Georg Wenzeslaus von Knobelsdorff.

Le Vieux Marché de Potsdam avec le portail de la Fortune du château urbain.
Karl Christian Wilhelm Baron, 1772.
Le château urbain avec le Vieux Marché est l'élément dominant du tableau. Il est représenté avec le portail de la Fortune édifié en 1701/02 sur des plans de Jean de Bodt. À droite, on peut voir la façade principale de l'église Nicolai construite de 1752 à 1754 sur le modèle de la basilique Sainte-Maria-Majeure de Rome. L'église détruite par un incendie, fut remplacée plus tard par un bâtiment de Schinkel. Au milieu de la place se dresse l'Obélisque de marbre, une œuvre de Georg Wenzeslaus von Knobelsdorff ornée de médaillons représentant les souverains prussiens.

Das zerstörte Potsdamer Stadtschloß.
Aufnahme von Max Baur, 1946.
Am 14. April 1945, wenige Tage vor Kriegsende, ging das historische Zentrum von Potsdam in einem englischen Bombenangriff unter.

The destroyed city palace of Potsdam.
Photograph by Max Baur, 1946.
On April 14th, 1945, just a few days before the end of the war, the historic centre of Potsdam was destroyed in an English bombing raid.

Le château urbain de Potsdam en ruines.
Photographie de Max Baur, 1946.
Le 14 avril 1945, soit quelque jours avant la fin de la guerre, le centre historique de Potsdam fut détruit par un bombardement anglais.

mensionierten architektonischen Projekten Ausdruck zu verleihen. Für seine Aufenthalte in Potsdam wählte der Kaiser das Neue Palais zum Wohnschloß und ließ in dessen Nähe einen eigenen Bahnhof, den Kaiserbahnhof, errichten. Für den Kronprinzen Wilhelm (1882–1951) entstand im Neuen Garten der letzte Schloßbau der Hohenzollern, das im englischen Landhausstil erbaute Schloß Cecilienhof.

Wenige Tage vor Ende des Zweiten Weltkriegs ging das historische Zentrum von Potsdam am 14. April 1945 in einem verheerenden Luftangriff unter. Wie durch ein Wunder blieben die Schlösser und Gärten von den Zerstörungen weitgehend verschont. Das Stadtzentrum wurde nach dem Krieg unter Negierung des historischen Stadtgrundrisses neu aufgebaut. Im offiziellen Geschichtsbild der DDR galt Potsdam als Inbegriff des preußischen Militarismus. Ideologisch so vorbereitet, wurde die Architektur der Stadt als minderwertig abqualifiziert und in einem Akt von Kulturbarbarei 1960 die Ruine des wiederaufbaufähigen Stadtschlosses abgerissen und 1968 der ausgebrannte Turm der Garnisonkirche gesprengt, der den Bomben standgehalten hatte. Damit wurde jede Chance zunichte gemacht, die Schönheit des alten Potsdam je wieder erleben zu können. Graue Wohntürme aus Beton bestimmen nun neben den erhaltenen historischen Höhendominanten die Silhouette der Stadt und

royal residence and a civil servants' and garrison town. This epoch left Potsdam with a legacy of great stately civic buildings which even today are an essential feature of the town's image. It was chiefly Emperor William II (1859–1941) who endeavoured to express the status of the now unified German Reich as a world power in architectural projects of large dimensions. When he stayed in Potsdam, the Emperor chose the Neues Palais (New Palace) to live in. He even had the special Kaiserbahnhof railway station constructed nearby. The last Hohenzollern palace was built in the New Garden for Crown Prince William (1882–1951). This was Cecilienhof, constructed in the English country house style.

Just days before the end of World War II, on 14 April 1945, the historic centre of Potsdam was the target of a devastating air raid. As if by a miracle, the city's royal palaces and gardens remained largely untouched. After the war, the town centre was rebuilt, but not on historical lines. In the official historiography of the GDR, Potsdam was regarded as the centre of Prussian militarism. On this ideological pretext, the town's architecture was denigrated as inferior and in 1960 the ruins of the City Palace demolished, an act of cultural vandalism, since reconstruction would still have been possible. In 1968, the burnt-out tower of the Garrison Church, which had withstood the bombs, was

Sous l'Empire, Potsdam ne perd pas son caractère paisible de ville de garnison, d'administration et de résidence. Cette époque a laissé en legs à Potsdam de grands édifices représentatifs qui ont toujours déterminé l'image de la ville. L'empereur Guillaume II (1859–1941), en particulier, chercha à exprimer par une architecture colossale la nouvelle puissance du Reich allemand. Pour ses séjours à Potsdam, il avait choisi de résider au Nouveau Palais et avait fait construire une gare pour la famille royale, la gare de l'Empereur. La dernière résidence des Hohenzollern à avoir été bâtie est Cecilienhof, une demeure campagnarde de style anglais destinée au prince héritier Guillaume (1882–1951) et à sa famille.

Le 14 avril 1945, quelques jours seulement avant la fin de la Seconde Guerre mondiale, le centre historique de Potsdam fut rasé pendant des bombardements. Par miracle, les châteaux et les parcs ne furent pratiquement pas touchés. Le centre ville fut rebâti après la guerre dans l'ignorance totale du plan historique. Selon l'image officielle de l'histoire de la RDA, Potsdam était le centre du militarisme prussien. Aussi l'architecture de la ville fut-elle déclarée inférieure, et, en 1960, dans un acte de barbarie culturelle, les ruines du Stadtschloss qui aurait pu être rebâti, rasées ; en 1968, c'était au tour du clocher calciné de l'église de la Garnison, qui avait résisté aux bombarde-

Die schwer beschädigte Nikolaikirche und das ausgebrannte Alte Rathaus am Alten Markt. Aufnahme von Max Baur, 1946.

The badly damaged Church of St. Nicholas and the gutted Old Town Hall at the Old Market. Photograph by Max Baur, 1946.

L'église Nicolai très endommagée et le vieil hôtel de ville détruit par un incendie, tous deux situés sur la place du Vieux Marché. Photographie de Max Baur, 1946.

stellen eine Herausforderung für künftige Stadt-planer dar.

Um so wichtiger war die faszinierende Möglichkeit, die sich durch die Öffnung der Berliner Mauer 1989 ergab: die von Lenné im 19. Jahrhundert geschaffene und in weiten Teilen erhaltene Parklandschaft in und um Potsdam konnte wieder als Ganzes erlebt werden. Im Jahr 1990 wurde die Potsdamer Kulturlandschaft in die UNESCO-Liste des Natur- und Kulturerbes der Welt aufgenommen. Damit fand dieses Ensemble von gestalteter Landschaft und darin eingebundener Architektur die höchste internationale Würdigung als erhaltenswertes Kulturdenkmal der Menschheit.

also blown up. Thus any hope of ever reviving the beauty of the old Potsdam was shattered. Today, grey concrete tower blocks dominate the skyline of the town, together with the few tall historic landmarks that have remained. Potsdam poses a real challenge for future town planning.

All the more important was the exciting potential created by the fall of the Berlin Wall in 1989: once more it became possible to experience as a whole the parkland in and around Potsdam which had been created by Lenné in the 19th century, and of which large parts had been preserved. In 1990 the town and manmade environment of Potsdam were included in the UNESCO list of World Heritage sites – the highest international recognition possible.

ments, d'être détruit. Ainsi, tout espoir de faire revivre la beauté du vieux Potsdam était anéanti à jamais. Aujourd'hui, ce sont des tours d'habitation en béton gris qui dominent le paysage de la ville, au même titre que les hauteurs historiques, et qui constituent un défi pour les futurs plans d'urbanisme.

La perspective qu'offrait l'ouverture du Mur de Berlin en 1989 n'en était que plus importante : revivre comme un tout le paysage artistique des environs de Potsdam, créé par Lenné au XIXᵉ siècle et en grande partie conservé. En 1990, l'UNESCO inscrivit le paysage artistique de Potsdam sur sa liste du patrimoine mondial. Potsdam, œuvre globale faite de paysage aménagé et d'architecture liée à lui, reçut la plus haute distinction internationale, celle d'être reconnue comme monument de l'humanité.

FRIEDRICH DER GROSSE

FREDERICK THE GREAT

FRÉDÉRIC LE GRAND

Friedrich II., genannt Friedrich der Große.
Johann Georg Ziesenis, um 1760.
Friedrich der Große begründete Sanssouci und baute
Potsdam zu einer bald in ganz Europa berühmten
Residenzstadt aus.

Frederick II, known as Frederick the Great.
Johann Georg Ziesenis, c. 1760.
Frederick the Great was the founder of Sanssouci. He
soon developed Potsdam into a city of residence that
became famous throughout Europe.

Frédéric II, appelé Frédéric le Grand.
Johann Georg Ziesenis, vers 1760.
Frédéric II fonda Sans-Souci et transforma Potsdam en
une résidence qui ne tarda pas à devenir célèbre dans
toute l'Europe.

*Sonnenmotiv an einem Gitterpavillon am Schloß
(rechts).* Goldene Sonnen als Symbole der Aufklärung
und der Menschlichkeit schmücken die Gitterpavillons
zu beiden Seiten des Schlosses. Aber auch auf den
Geheimbund der Freimaurer, dem Friedrich der Große
angehörte, nehmen die Sonnen Bezug.

*Sun emblem on an ornamental pavilion adjoining the
palace (right).* Golden suns, symbolizing enlightenment
and humanitarianism, adorn the ornamental pavilions
on either side of the palace. The emblem of the sun
also refers to the secret society of freemasons, of which
Frederick the Great was a member.

Motif solaire sur un des pavillons du château (à droite).
Des soleils dorés, symbolisant l'esprit des Lumières et
l'humanisme, ornent les pavillons placés aux deux
extrêmités du château. Le soleil est aussi un des
symboles de la franc-maçonnerie dont Frédéric le
Grand était un adepte.

Friedrich der Große (1712–1786) war 32
Jahre alt, ein junger Mann noch, als er mit
der Bautätigkeit in Sanssouci begann. Seit
seiner Kindheit hatte er sich intensiv mit den
Künsten beschäftigt. Er musizierte, komponierte
und unterhielt ein exzellent besetztes Kammerorchester. Er dichtete und philosophierte. Er besaß
umfangreiche Bibliotheken und korrespondierte
mit den führenden Geistern seiner Zeit. Sein
Denken, wie überhaupt das 18. Jahrhundert,
kannte noch nicht die genaue Unterscheidung und
Abgrenzung der einzelnen Kunstgattungen. Die
Kunst wurde als Ganzes betrachtet und darin die
Genres als notwendige Bausteine. Auch Kunst
und Leben existierten nicht isoliert voneinander,
sondern die Kunst wurde gelebt wie umgekehrt
das Leben zur Kunst geriet. Erst später bekam die
Kunst einen autonomen Charakter und wurde
schöne Zutat zum Leben.

Frederick the Great (1712–1786) was still a
young man of 32 when he began with the
construction of Sanssouci. Ever since his
childhood he had been keenly interested in the
arts. He played music, composed, and maintained
an excellent chamber orchestra. He wrote poetry
and philosophized. He owned substantial libraries
and corresponded with the leading intellectuals of
his time. As was the case in the 18th century
generally, his mind was not yet conditioned to
make exact distinctions and categorisations
between the individual artistic genres. The arts
were regarded as a unified whole, with the genres
as necessary elements. Likewise, art and life did
not exist in isolation from each other; rather art
was lived, and life, in turn, became an art. It
was only later that art acquired an autonomous
character and came to be seen as one of life's
pleasant extras.

C'est encore jeune – à l'âge de 32 ans – que
Frédéric le Grand (1712–1786) entreprit
l'édification de Sans-Souci. Très tôt, le
monarque avait affirmé un goût certain pour les
arts. Non content de jouer et de composer de la
musique, et d'entretenir de surcroît un orchestre
de chambre d'excellente qualité, il s'adonnait à la
poésie et à la philosophie. Il possédait de riches
bibliothèques et entretenait une vaste correspondance avec les plus « beaux esprits » de son
temps. Dans sa pensée, comme dans celle
d'ailleurs de tout le XVIIIe siècle, n'existait pas
encore de division entre les genres artistiques.
Ainsi l'art était-il considéré comme une seule et
même construction dont les pierres, nécessité
oblige, constituaient les genres. L'art et la vie
n'étaient pas perçus non plus comme deux entités
indépendantes : l'art était vécu comme la vie et la
vie comme un art. C'est plus tard que celui-ci
conquit son autonomie pour devenir un bel
ingrédient de la vie.

Karyatiden an der Gartenseite (links).
Mittelbau der Gartenseite (rechts).
Wie ein Programm liest sich der über dem Mitteleingang der Gartenseite angebrachte Name des Schlosses, Sanssouci. Sandsteinerne Weingöttinnen und Weingötter beleben die Fassade und lassen das Motiv des Weinbergs weiterklingen.

Caryatids on the garden façade (left).
Central section of the garden façade (right).
The name Sanssouci, with its programmatic message of "without a care", can be read above the central entrance in the garden façade. Gods and goddesses of wine carved in sandstone enliven the façade and continue the vineyard theme.

Caryatides sur la façade côté jardin (à gauche).
Corps central de bâtiment côté jardin (à droite).
Le nom de « Sans-Souci », inscrit au-dessus de l'entrée médiane du château, est tout un programme. Des bacchantes et des dieux du vin en grès, motifs rappellant celui du vignoble, égaient la façade du château.

Vestibül.
Voller verhaltener Eleganz und dabei doch offiziell gibt sich der durch zehn Paare korinthische Säulen gegliederte Empfangssaal des Schlosses.

Reception hall.
Divided by ten pairs of Corinthian columns, the reception hall possesses a restrained but nevertheless stately elegance.

Vestibule.
Elégant avec retenue et pourtant très solennel, c'est ainsi que se présente le vestibule du château, structuré par dix colonnes corinthiennes jumelées.

Blick vom Vestibül in den Marmorsaal.
Hohe Fenstertüren im lichterfüllten Marmorsaal, Ort der berühmten Tafelrunden Friedrichs des Großen, vermitteln zwischen Bauwerk und Garten. Der Übergang in die Natur klingt schon in den Pflanzenmotiven des farbig eingelegten Marmorfußbodens an.

View from the reception hall into the Marble Hall.
The light and airy Marmorsaal (Marble Hall) was the setting for Frederick the Great's famous dinner gatherings. Tall French windows serve as the interface between the building and the garden, a transition anticipated in the plant motifs found in the coloured marble inlay of the floor.

La salle de Marbre vue du vestibule.
De hautes portes-fenêtres éclairent la salle de marbre, théâtre des repas conviviaux de Frédéric le Grand, et servent d'intermédiaire entre l'édifice et le jardin. La transition est déjà visible dans les motifs floraux du sol en marbre coloré.

Aber nicht nur der Reichtum des hier kultivierten Obstes machte die Terrassenanlage schon bei ihrer Entstehung bemerkenswert. Das Besondere dieses Ortes äußert sich auch in der Entscheidung Friedrichs, noch 1744 auf der obersten Terrasse des Berges mit dem Bau einer Gruft zu beginnen. Hier, inmitten der Natur auf dem Plateau eines von ihm kultivierten Weinberges, wollte der König beigesetzt werden. Selbst das Szenario hat er in seinen Testamenten wiederholt vorgegeben: in aller Stille und ohne Zeremonie sollte es sein.

Es wird sich wohl nie ganz klären lassen, ob zum Zeitpunkt der Anlage des Weinberges auch schon der Plan zum Bau eines Schlosses bestand. Auf jeden Fall entschied sich Friedrich schon Anfang 1745 dafür, den Berg mit einem Schloß zu bekrönen. Es war ein eigenwilliger und ungewöhnlicher Entschluß. In der Architekturgeschichte ist es kein Einzelfall, daß Schloßanlagen mit

It was, however, not only the abundance and variety of the fruit cultivated there that made the terraced gardens remarkable when they were built. The special thing about this site lay just as much in Frederick's decision to construct a crypt on the topmost terrace of the hill as early as 1744. It was here, in the midst of nature at the top of a vineyard cultivated by himself, that the king wished to be buried. He even gave specific instructions in his several wills for the funeral to be a quiet affair without much ceremony.

It will probably never be possible to clarify completely whether the plan to build a palace had already been conceived when the vineyard was established. Whatever the case, Frederick had certainly decided by 1745 to crown the mountain with a palace. This constituted an individual and unusual idea. It is true that it is not the only example in the history of architecture where palace

lieu dans la plus stricte intimité et sans la moindre cérémonie.

On ne pourra jamais savoir s'il existait au tout début un projet de résidence royale, en même temps celui du vignoble. En tout cas, Frédéric avait décidé, dès le début de l'année 1745, de couronner le plateau d'un château – une décision inhabituelle, très personnelle. Certes, construire un château dans un vignoble n'a rien d'exceptionnel dans l'histoire de l'architecture ; par contre, associer château et vignoble en une seule et même entité a quelque chose d'inédit et de programmatique. Mais les intentions de Frédéric le Grand ne s'arrêtaient pas là. Le vignoble offrait un point de vue magnifique sur le paysage, la nature, et, c'est important, ses dons à l'homme.

Une résidence, en l'occurrence le château, y fut donc érigée, non loin du tombeau, terminus de toute existence humaine. Sans-Souci était, aux

Marmorsaal. Blick in die Kuppel.
Nach dem Vorbild des Pantheons in Rom besitzt die
Kuppel des Marmorsaals in der Mitte eine Licht-
öffnung.

Marble Hall. View of the dome.
Following the example of the Pantheon in Rome, the
dome of the Marble Hall features a central window
light.

La coupole de la salle de Marbre.
Conçue sur le modèle du Panthéon de Rome, la
coupole de la salle de Marbre est percée d'un oculus
zénitahl.

Weinbergen kombiniert werden. Die Konsequenz
aber, mit der Weinberg und Schloß als gleichwer-
tige Teile eines Ganzen miteinander verbunden
wurden, muß als programmatisch gelten. Und
noch weiter ging die Intention Friedrichs. Vom
Weinberg ergab sich ein weiter Blick in die Landschaft, die Natur; der kultivierte Berg spendete die
Gaben für den Menschen, auf dem Berg wurde
ein Wohnhaus, das Schloß, errichtet, in dessen
unmittelbarer Nähe die Gruft lag, der Endpunkt
menschlichen Lebens. Sanssouci war für Friedrich
den Großen ein Mikrokosmos, ein Ort persön-
licher Zurückgezogenheit, zu dessen Bild auch die
gleich neben dem Schloß aufragende Windmühle,
die Historische Mühle, gehörte.

Vor diesem Hintergrund muß man auch die
erste Darstellung von Sanssouci sehen, die als Su-
praporte das Konzertzimmer im Schloß schmückt.
Es zeigt einen Blick über die Havel, an deren an-

buildings have been combined with a vineyard.
However, the consistency with which vineyard
and palace were integrated as equal parts of a
whole must be regarded as programmatic. And
Frederick's intentions went still further. The
vineyard afforded fine panoramic views of the
countryside – the same nature which, on the
cultivated hillside, gave its gifts to man. Mean-
while, the palace constructed on top of the hill, in
which Frederick was to live, was situated in close
proximity to the crypt symbolizing the end of
human life. For Frederick the Great, Sanssouci
was a microcosm, a place of personal seclusion,
whose image incorporated the Historische Mühle
(Historic Mill), a windmill that towered right
next to the palace.

It is against this background that one has to
approach the first depiction of Sanssouci, which
appears in the supra porta adorning the music

yeux de Frédéric II, un microcosme, un refuge
solitaire, dont un moulin à vent parachevait le
tableau.

Le décor ainsi planté, examinons la première
représentation de Sans-Souci qui orne l'imposte
de la salle de concert. La vue s'étend jusque sur
l'autre rive de la Havel, où se dresse le château.
Au premier plan, on aperçoit, outre des mariniers
et un troupeau de moutons conduit par des
bergères et un berger, un tombeau antique
portant l'épitaphe « ET IN ARCADIA EGO ».

Dans la bibliothèque de Frédéric le Grand
se trouvaient les œuvres des plus éminents
théoriciens de l'architecture et, grâce à Francesco
Algarotti (1712–1764), un comte italien – son
homme de compagnie – le monarque était des
mieux informés sur l'architecture européenne
moderne. Ce qui n'empêchait pas d'ailleurs le
souverain – une entorse aux usages de l'époque –

Detail des Marmorsaals (links).
Enfilade im Gästeflügel (rechts).
Im Marmorsaal steht eine Büste des von Friedrich dem Großen sehr verehrten schwedischen Königs Karl XII. Die Büste ist eine Arbeit des französischen Bildhauers Jacques-Philippe Bouchardon aus dem Jahr 1754. Entsprechend der französischen Architekturtheorie liegen die Türen der westlich und östlich vom Marmorsaal ausgehenden Raumfluchten in einer Achse, der Enfilade.

Detail of the Marble Hall (left).
Enfilade in the guest wing (right).
The Marble Hall houses a bust of the Swedish king Charles XII, of whom Frederick was a great admirer. It is the work of the French sculptor Jacques-Philippe Bouchardon and dates from 1754.
In line with French architectural theory, the doors connecting the suites of rooms leading off to the west and east of the Marble Hall are aligned along a single axis, an arrangement known as an enfilade.

Détails de la salle de Marbre (à gauche).
Enfilade dans l'aile réservée aux invités (à droite).
Un buste du roi de Suède Charles XII, très admiré par Frédéric le Grand, orne la salle de Marbre. Il est dû au ciseau du sculpteur français Jacques-Philippe Bouchardon et date de 1754.
Conformément à l'architecture intérieure française, les pièces qui s'étirent à l'est et à l'ouest de la salle de Marbre sont disposées en enfilade.

derem Ufer sich der Weinberg mit dem Schloß erhebt. Im Vordergrund ist neben Bootsleuten und
einer Schafherde mit Schäferinnen und einem
Schäfer ein antikes Grabmal mit der Inschrift
»ET IN ARCADIA EGO« dargestellt.

Friedrich der Große besaß in seiner Bibliothek
die Werke der führenden Architekturtheoretiker
und war durch seinen Gesellschafter, den italienischen Grafen Francesco Algarotti (1712–1764),
bestens über die moderne europäische Baukunst
informiert. Trotzdem legte er großen Wert darauf,
daß abweichend von der Konvention vor allem
seine persönlichen Wünsche und Vorstellungen
bei der Gestaltung des Schlosses Berücksichtigung
fanden. In vielem folgt der Bau dem Typ der im
18. Jahrhundert für Lustschlösser verbindlichen
»maisons de plaisance«, über die der französische
Bautheoretiker Jacques François Blondel 1737
eine weit verbreitete Schrift veröffentlicht hatte.

room of the palace. It shows a view across the
river Havel with the vineyard and the palace
rising on the far bank. Alongside boatmen and a
flock of sheep with shepherdesses and a shepherd,
the foreground is occupied by a classical tomb
bearing the inscription "ET IN ARCADIA EGO".

Frederick the Great's library contained the
works of the leading theorists on architecture and,
thanks to his companion, the Italian Count
Francesco Algarotti (1712–1764), he was very
well informed about the latest developments in
European architecture. Nevertheless, and defying
convention, he placed great importance on having
his personal wishes and ideas taken into consider-
ation where the design of the palace was concerned. In many respects the building follows the
"maisons de plaisance" prototype which in the
18th century was obligatory for summer residences, and on which the French architectural

de faire valoir ses désirs et ses idées sur la conception du château. La construction de Sans-Souci
suit à maints égards le schéma des maisons de
plaisance, lesquelles ont servi de modèle aux
châteaux dits de « maison de plaisance » du
XVIIIe siècle. Ce type de maisons avait été évoqué
dans un traité sur l'architecture, publié en 1737
par l'architecte et urbaniste français, Jacques
François Blondel. À Sans-Souci, conformément au
principe de la distribution intérieure des rési-
dences royales, les portes, disposées en enfilade,
permettent de saisir d'un seul coup d'œil tout
l'intérieur du château. Mais le plan général
s'écarte aussi de ce principe de base par l'emplacement de la bibliothèque. Cette pièce circulaire,
située en effet hors de l'enfilade, n'est accessible
que par un étroit couloir, un signe évident du
statut privé de la pièce. Les autres salles du
château reflètent plus, dans l'ensemble, les dési-

Konzertzimmer.
Genau wie die Wandbilder sind Spiegel in die Dekoration eingepaßt, die den Raum optisch weiten und zwischen Innenraum und Garten vermitteln. Vor dem Hammerflügel aus der Werkstatt Gottfried Silbermanns steht das mit Schildpatt und Perlmutter furnierte Notenpult des Königs, eine Arbeit von Melchior Kambly aus dem Jahre 1767.

Music Salon.
In addition to paintings, the decorative scheme of the Music Salon also incorporates mirrors, which lend additional optical depth to the room and connect the interior with the garden. In front of the grand piano from the workshop of Gottfried Silbermann is the king's music stand, inlaid with tortoiseshell and mother-of-pearl, made by Melchior Kambly in 1767.

La salle de concert.
Tout comme les tableaux muraux, les glaces sont intégrées à la décoration. Elles agrandissent la pièce et relient intérieur et jardin. Devant le piano à queue provenant de l'atelier Gottfried Silbermann, se trouve le pupitre du roi, un ouvrage en écaille et en nacre de Melchior Kambly datant de 1767.

Die Türen liegen beispielsweise alle in einer Achse, einer »enfilade«, so daß man die gesamte Ausdehnung des Schlosses im Innern mit einem Blick zu erfassen vermag. Aber schon bei der Einordnung der Bibliothek in den Grundriß ging man von diesem Grundsatz höfischer Baukunst ab. Der kreisrunde Raum liegt außerhalb der »enfilade«, ist nur durch einen schmalen Gang zu erreichen, wodurch sein privater Charakter hervorgehoben wird. Insgesamt verkörpern auch die übrigen Räume viel stärker die persönlichen Wohn- und Lebensansprüche Friedrichs des Großen, als daß sie der französischen Theorie verpflichtet wären.

Wie beim Ausbau seiner Kronprinzenresidenz in Rheinsberg stand Friedrich als ausführender Baumeister wieder Georg Wenzeslaus von Knobelsdorff (1699–1753) zur Verfügung. Knobelsdorff gilt als bedeutendster Baumeister der ersten Hälfte des 18. Jahrhunderts in Preußen. Sein Ar-

theorist Jacques François Blondel had already published a widely-read essay in 1737. The doors, for instance, are all arranged along an axis in an enfilade, so that the whole extent of the palace interior can be taken in at one glance. This principle of courtly architecture was abandoned, however, when it came to the integration of the library into the ground plan. Thus the circular library does not lead off the enfilade, but can be reached only via a narrow corridor, a fact which emphasizes its private character. On the whole it can be said that the remaining rooms also reflect Frederick the Great's personal philosophy of life and living to a far greater degree than they reflect French theories.

As with the extension of his residence in Rheinsberg when he was Crown Prince, Frederick had again at his disposal the services of Georg Wenzeslaus von Knobelsdorff (1699–1753) as his executive architect. Knobelsdorff is regarded as

dérata du roi en matière de logement et de cadre de vie que les principes architecturaux français.

Pour la construction de Sans-Souci, comme pour celle de sa résidence de Rheinsberg, Frédéric eut à sa disposition l'architecte Georg Wenzeslaus von Knobelsdorff (1699–1753). Ce dernier est considéré comme l'architecte le plus marquant de la seconde moitié du XVIIIe siècle en Prusse. Son style architectural est un heureux mélange d'éléments du baroque-rococo et du néoclassicisme naissant. Un voyage en Italie lui avait fait découvrir l'architecture antique, et un séjour en France l'architecture française moderne. La sienne se caractérisait par des proportions équilibrées, une légèreté et une élégance empreintes de discrétion et de retenue. Le roi le tenait tant en estime qu'il le fit ministre en 1748. Pourtant l'étroite collaboration de l'architecte et de son royal client fut loin d'être toujours des plus

chitekturdenken ist durch eine überzeugende Verbindung von Elementen des Spätbarock und Rokoko mit denen eines frühen Klassizismus gekennzeichnet. Prägende Einflüsse waren für ihn das Studium der antiken Baukunst auf einer Reise durch Italien und das Erlebnis der modernen französischen Architektur während eines Frankreichaufenthaltes. Seine Architektur ist maßvoll proportioniert und von einer zurückhaltenden, unaufdringlichen Leichtigkeit und Eleganz. Friedrich schätzte Knobelsdorff außerordentlich und erhob ihn 1748 in den Rang eines Ministers. Dabei verlief die Zusammenarbeit von königlichem Auftraggeber und ausführendem Baumeister nicht immer reibungslos. Friedrich forderte und war es gewohnt, daß man seinen Anweisungen strikt folgte. Es ist bewundernswert, wie es Knobelsdorff verstand, die Vorstellungen des Königs in eine künstlerische Form zu bringen und dabei trotz-

Prussia's most significant architect of the first half of the 18th century. His architectural thinking is marked by a convincing combination of late Baroque and Rococo elements with those of early Classicism. Amongst the influences that shaped his style were his studies of classical architecture during a journey through Italy, and his experience of modern French architecture during a stay in France. His architecture is marked by moderate proportions and by a restrained, unobtrusive lightness and elegance. Frederick held Knobelsdorff in extremely high esteem and made him a minister in 1748. But this does not mean that the cooperation between the royal client and his leading architect always went smoothly. Frederick made demands and was used to his orders being strictly obeyed. It is admirable how Knobelsdorff managed to give the King's ideas artistic shape without compromising the integrity of his own

harmonieuses. Frédéric le Grand était exigeant, et habitué à ce qu'on appliquât ses idées à la lettre. Mais, fait extraordinaire, Knobelsdorff savait les interpréter à la lumière de son immense talent sans trahir ses propres convictions. Au lendemain de sa mort, survenue très tôt, en 1753, la toute-puissance royale ne connaîtra plus aucun frein, les successeurs de Knobelsdorff n'ayant ni son talent ni sa trempe pour se mesurer à Frédéric, et ce, évidemment, au détriment de certains édifices à réaliser.

Le château est un bâtiment à un seul étage, construit de plain-pied sur la plus haute terrasse du vignoble ; une maison de plaisance étirée en longueur, ponctuée d'un pavillon central incurvé, couronné d'un dôme. Le motif de la coupole qui surmonte la salle de Marbre réapparaît dans les pavillons décorés de ferronnerie, placés aux deux extrémités du château. La façade qui regarde la

Königswohnung. Arbeits-und Schlafzimmer (links und rechts). Nach dem Tode Friedrichs des Großen im August 1786 ließ sein Nachfolger, Friedrich Wilhelm II., das Arbeits-und Schlafzimmer 1787 von Friedrich Wilhelm von Erdmannsdorff in den Formen des frühen Klassizismus umgestalten. Die Rokoko-Möbel kamen später wieder in den Raum. Die heutige, musealen Gesichtspunkten folgende Gemäldeausstattung vereinigt Bildnisse Friedrichs und seiner Familie.

Royal apartments. Study-cum-bedroom (left and right). In 1787, following the death of Frederick the Great in August 1786, his successor Frederick William II commissioned Friedrich Wilhelm von Erdmannsdorff to redesign the study-cum-bedroom in the new Neo-classical style. The Rococo furniture was later returned to the room. The portraits of Frederick and members of his family which today hang on the walls have been brought together as part of the museum display.

Les appartements privés du roi: cabinet de travail et chambre à coucher (à gauche et à droite). En 1787, un an après la mort de Frédéric le Grand, son successeur, Frédéric-Guillaume II, demanda à l'architecte Friedrich Wilhelm von Erdmannsdorff de moderniser la pièce dans le néoclassicisme commençant. Les meubles rococo y furent replacés plus tard. La pièce, conçue aujourd'hui comme un musée, présente des portraits de Frédéric le Grand et de sa famille.

dem seinen eigenen Auffassungen treu zu bleiben. Schon bald nach seinem frühen Tod 1753 zeigte sich die Übermacht königlichen Wollens, der die Nachfolger Knobelsdorffs zum Nachteil mancher auszuführenden Bauten nicht gewachsen waren.

Das Schloß erhebt sich als breitgelagerter eingeschossiger Bau, hier wieder ganz »maison de plaisance«, der in der Mitte durch eine Kuppel betont wird, auf der obersten Terrasse des Weinbergs. Das Kuppelmotiv über dem Marmorsaal wird an beiden Enden des Bauwerks von Gitterpavillons wiederaufgenommen. Die stadtseitige Fassade, die Vorderansicht, wirkt wenig repräsentativ, eher verhalten, fast streng. Man ahnt nicht, daß die mittlere Öffnung der den Ehrenhof säumenden Kolonnade den Eingang zu einem Reich »ohne Sorge«, einem arkadischen Refugium, bildet. 88 paarweise angeordnete korinthische Säulen formen die Kolonnade, deren Öffnungen gleich-

views. Very soon after his untimely death in 1753 it became evident that Knobelsdorff's successors were no match for the overpowering royal will, much to the detriment of many a building plan waiting to be carried out.

Sanssouci palace rises on the top terrace of the vineyard, an elongated one-storey building – this too is along the lines of a "maison de plaisance" – whose centre is emphasized by a dome. This dome, which rises above the Marmorsaal (Marble Hall), is taken up again in the ornamental pavilions at both ends of the building. The front façade looking towards the town does not appear very imposing but, on the contrary, has an air of restraint, almost austerity. Little does the visitor suspect that the central opening in the colonnade lining the Ehrenhof (Courtyard of Honour) forms the entrance to a realm "sans souci" (without a care), an Arcadian refuge. The colonnade consists

ville n'a rien de représentatif avec sa retenue, et son aspect presque sévère. On ne peut deviner que la colonnade, qui forme la cour d'honneur du côté opposé, ouvre la porte d'un royaume « sans souci », un refuge arcadien. Cette colonnade de 88 colonnes corinthiennes jumelées forme un vaste demi-cercle ; ses entre-colonnements constituent les cadres des différents tableaux que compose le paysage avoisinant. La colonnade s'adosse au château; son motif se répète dans les demi-colonnes et les pilastres de la façade. On cherche vainement quelque indication sur le maître des lieux : pas de blason, pas de statue, aucun indice. Frédéric le Grand n'aspirait en ce lieu ni aux pompes ni aux solennités royales. Pour ce faire, il avait à sa disposition les palais de Berlin et de Potsdam. Sans-Souci – ce nom était déjà un programme en soi – était réservé aux arts et aux réunions privées avec des amis. Dans ce

sam Rahmen für die Blicke aus dem Ehrenhof in die Landschaft bilden. Die Innenseiten der Kolonnade stoßen an das Schloß, wo sie das Motiv der korinthischen Säulen auf die Fassade übertragen, dort als Halbsäulen, Pilaster, ausgebildet. Vergeblich sucht man einen Hinweis auf den Bauherrn oder Bewohner des Schlosses: kein Wappen, kein Standbild, nichts. Friedrich der Große strebte an diesem Ort nicht königliche Repräsentanz an. Für diesen Zweck standen die Stadtschlösser in Berlin und Potsdam zur Verfügung. Sanssouci – der Name des Schlosses war gleichzeitig Programm – sollte den Künsten und der privaten Begegnung mit Freunden vorbehalten sein. An diesem Ort fühlte der König sich als Philosoph und zeichnete

of 88 Corinthian columns arranged in pairs, framing the views from the courtyard out into the landscape beyond. Looking towards the palace, the motif of the Corinthian columns is taken up again in the façade in the form of pilasters. In vain one looks for a reference to the builder or resident of the palace: there is no coat of arms, no statue, nothing. It was not an image of royal prestige that Frederick the Great sought to convey with Sanssouci: for that purpose he had the city palaces in Berlin and Potsdam at his disposal. Just as it was Sanssouci by name, the palace was also to be "without a care" by nature, reserved for the arts and for private meetings with friends. It was a place where the King felt at home as a philo-

cadre, le monarque se sentait philosophe, et signait dès 1747 les œuvres littéraires qui y virent le jour par « Le philosophe de Sans-Souci ».

C'est la culture et l'art français de son temps qui influencèrent le plus le goût et la formation artistiques de Frédéric II. Le rococo, en vogue à l'époque, était un style ornemental, un voile léger et raffiné tendu sur l'art et la vie, fondant tout en lui mais annonciateur de la décomposition, fêté par l'aristocratie de cour qui pressentait sa ruine prochaine, mais était incapable d'enrayer le mouvement. Le terme de « rococo » dérive de rocaille et indique un type de décoration à base de pierres cimentées et de coquillages. Le rococo est avant tout un art de l'architecture et de la

Königswohnung. Der Sterbestuhl Friedrichs des Großen im Arbeits- und Schlafzimmer (links).
Die Kleine Galerie (rechts).
In der langgestreckten, schmalen Kleinen Galerie sind Gemälde des Hauptmeisters der französischen Malerei des 18. Jahrhunderts, Antoine Watteau, antike Plastiken und die Rokoko-Dekoration zu einer vollendeten Ensemblewirkung zusammengefügt.

Royal apartments. The chair in which Frederick the Great died in the study-cum-bedroom (left).
The Little Gallery (right).
In the long and narrow Little Gallery, paintings by the great 18th century French artist, Antoine Watteau, are combined with classical sculptures and the Rococo décor into a harmonious ensemble.

Les appartements privés du roi: le fauteuil de Frédéric le Grand à sa mort (à gauche) et la petite galerie (à droite).
Les œuvres d'Antoine Watteau, maître de la peinture française du XVIIIe siècle, les sculptures antiques et la décoration rococo forment un ensemble harmonieux dans la longue et étroite galerie de tableaux.

Königswohnung. Bibliothek (rechts und links).
Die kreisrunde, mit kostbarem Zedernholz getäfelte
Bibliothek vermittelt eine Stimmung geistiger Konzentration. Um die Geschlossenheit des Raumes nicht zu
stören, ist auch die Tür in die Wanddekoration eingebunden. Fester Bestandteil aller acht Bibliotheken
Friedrichs des Großen war eine Ausgabe der Werke
Voltaires.

Royal apartments. Library (right and left).
The circular library, panelled in costly cedar, exudes an
atmosphere of intellectual concentration. To avoid any
interruption to the fluidity of the whole, even the door
is incorporated into the decoration of the walls.
All eight of Frederick the Great's libraries contained an
edition of Voltaire's works.

*Les appartements privés du roi: la bibliothèque
(à droite et à gauche).* La bibliothèque, de forme
circulaire et lambrissée d'une boiserie de cèdre, est
empreinte d'une atmosphère d'intense concentration
spirituelle. Pour ne pas perturber l'harmonie de la
pièce, la porte a été intégrée dans la décoration murale.
Chacune des huit bibliothèques de Frédéric le Grand
possédait un exemplaire des œuvres de Voltaire.

hatten, ließ man keine Schonung widerfahren.«

Östlich vom Marmorsaal liegt die königliche Wohnung. Man durchquert das schmale Empfangszimmer und ist im folgenden Raum, dem Konzertzimmer, wie verzaubert vom Erfindungsreichtum friderizianischer Innendekoration. Voller Phantasie und spielerischer Vitalität verbindet die Ornamentik das gesamte Interieur dieses Raums zu einem übergreifenden Gesamtkunstwerk. Nirgendwo kommt das Auge des Betrachters zur Ruhe, der alles verbindende Schwung der Rocaillen zwingt zu unablässigem Weiterschauen. Die leuchtenden, vitalen Wandbilder des Hofmalers Antoine Pesne (1683–1757), bildhafte Umsetzungen einiger Szenen aus den Metamorphosen des römischen Dichters Ovid, fügen sich nahtlos in die Wanddekoration ein. Große Spiegel gegenüber den Fenstern weiten scheinbar den Raum und stellen die Verbindung zum Garten her. In den seitlichen Spiegeln verdoppelt sich die Ornamentik, die optische Täuschung läßt den Raum noch reicher erscheinen. Fast scheint es, als sei im Rhythmus der Ornamente eine Komposition Carl Philipp Emanuel Bachs (1714–1788) oder Friedrichs des Großen zur Form geworden. Gewöhnlich kam der König, er selbst spielte Querflöte, am Abend mit seinem Kammerorchester zum gemeinsamen Spiel in diesem Raum zusammen.

Das dem Konzertzimmer folgende Arbeits- und Schlafzimmer blieb nicht original erhalten. Es wurde noch im Todesjahr Friedrichs, 1786, von Friedrich Wilhelm von Erdmannsdorff (1736–1800) im klassizistischen Stil gänzlich umgestaltet. Der Marquis de Bouillé, der 1784 Sanssouci besuchte, beschrieb den Originalzustand des Raumes als »geräumig, sehr hell, mit zahlreichen Spiegeln versehen und durch eine große Balustrade geteilt, welche die Stelle für das Bett bezeichnete. Aber dieses war bei dem Kamin hinter dem Bettschirm aufgeschlagen: ein einfaches Feldbett, bedeckt mit einer dunkelroten Taftdecke und ebenso unsauber wie die übrigen Möbel; das rührte von den zahlreichen Hunden her, die der König liebte und die in den königlichen Zimmern hausten. Ebenso wie sein Schreibtisch waren mehrere Tische mit unordentlich umherliegenden Büchern bedeckt«.

bawdy painting. There were men embracing women, nymphs and satyrs, cupids playing games of Tag and Blind Man's Buff, a number of people swooning with pleasure at the sight of these romps, cooing turtle doves, billygoats mounting nanny-goats and rams mounting ewes. Often the meals were no less philosophical affairs. Anyone entering unexpectedly and listening to our conversations would have thought he was listening to the Seven Wise Men of Greece in a house of pleasure. I do not suppose there is another place in the world where all mankind's superstitions are discussed so freely and dismissed with more mockery and contempt. God Himself was not touched on; but there was no mercy towards all those who in His name had deceived mankind."

East of the Marble Hall lie the royal apartments. The visitor passes through the narrow reception room into the adjoining music salon where he is spellbound by the ingenuity of Frederician interior decoration. Employing a wealth of imagination and playful vitality, the ornamentation makes of the entire room an all-encompassing, unified work of art. Our eye does not come to rest on any one detail for long, as it is carried along by the sweep of the rocailles that join everything together. The glowing, vigorous wall paintings by the court painter Antoine Pesne (1683–1757), which give visual form to some scenes from the "Metamorphoses" by the Roman poet Ovid, fit seamlessly into the decoration of the walls. Large mirrors opposite the windows give the illusion of a bigger space and connect the interior with the garden. The room's ornamentation is reflected in the mirrors at either end, creating an optical illusion which makes the space appear even more opulent. The rhythmically conceived ornamentation might not too fancifully be seen as the visual equivalent of a composition by Carl Philip Emanuel Bach (1714–1788) or Frederick the Great himself. The King, who played the flute, was accustomed to join his chamber orchestra in the music salon for evening concerts.

The study-cum-bedroom next to the music salon has not been preserved in its original form. In the very year of Frederick's death, 1786, it was completely redesigned along Neoclassical lines by Friedrich Wilhelm von Erdmannsdorff (1736–1800). The original state of the room was described by the Marquis de Bouillé, who visited Sanssouci in 1784, as "spacious, very light, equipped with numerous mirrors and divided by a great balustrade which marked the position for the bed. However, the bed was made up next to the fireplace behind the screen: a simple field bed covered with dark-red taffeta sheets, and just as dirty as the rest of the furniture; this was due to the numerous dogs of whom the King was very fond and who lived in the royal apartments. The desk and several other tables were covered with books lying around in untidy heaps."

voyait des jeunes gens embrassant des femmes, des nymphes sous des satyres, des Amours qui jouaient au jeu des Encolpes et des Gitons, quelques personnes qui se pâmaient en regardant ces combats, des tourterelles qui se baisaient, des boucs sautant sur des chèvres, et des béliers sur des brebis. Les repas n'étaient pas souvent moins philosophiques. Un survenant qui nous aurait écoutés, en voyant cette peinture, aurait cru entendre les sept sages de la Grèce au bordel. Jamais on ne parla en aucun lieu du monde avec tant de liberté de toutes les superstitions des hommes, et jamais elles ne furent traitées avec plus de plaisanteries et de mépris. Dieu était respecté, mais tous ceux qui avaient trompé les hommes en son nom n'étaient pas épargnés. »

L'appartement royal s'étire à l'est de la salle de marbre; pour y accéder, il faut d'abord traverser la salle de réception, puis la salle de concert, qui se distingue par une extraordinaire décoration intérieure, fruit de l'imagination royale. Cette ornementation pleine de fantaisie et de vitalité ludique fait de cette pièce une œuvre d'art totale. Rien ne vient reposer l'œil du spectateur, le mouvement rythmé et emmêlé des rocailles l'entraîne dans une sarabande sans fin. Les peintures murales dues à Antoine Pesne (1683– 1757), peintre du roi, peintures lumineuses et vivantes, représentent des scènes des Métamorphoses d'Ovide, et s'intègrent très bien à la décoration murale. De grands miroirs placés face à la fenêtre agrandissent la pièce et la relient au jardin. La décoration apparaît en double dans les miroirs latéraux, l'illusion optique donne à la pièce plus de somptuosité encore. On a presque le sentiment que, dans le tourbillon des ornements, c'est une composition de Carl Philip Emmanuel Bach (1714–1788) ou de Frédéric le Grand qui a soudain pris forme. Le soir, le roi, qui jouait lui-même de la flûte traversière, venait dans cette pièce pour y faire de la musique avec son orchestre de chambre.

La chambre et le cabinet de travail de Frédéric, attenant à la salle de concert, ne furent pas conservés dans leur état original. Dès 1786, l'année de la mort de Frédéric, la pièce fut transformée de fond en comble par Friedrich Wilhelm von Erdmannsdorff (1736–1800) en un style néoclassique. Le marquis de Bouillé, ayant fait une visite à Sans-Souci en 1784, décrit la pièce dans son état original comme « spacieuse, très claire, garnie de nombreux miroirs et divisée par une balustrade délimitant une alcôve pour le lit. Mais celui-ci était dressé près de la cheminée derrière le paravent : un simple lit de camp avec un couvre-lit de taffetas rouge foncé, tout aussi malpropre que les autres meubles ; la cause en était les nombreux chiens que le roi aimait et qui gîtaient dans les chambres royales. Plusieurs tables, ainsi que son bureau, étaient chargées de livres en désordre. » Un étroit couloir, presque

Vom Arbeits- und Schlafzimmer führt ein schmaler, fast versteckt liegender Gang in die Bibliothek, das Refugium des Schlosses. Ausgewogene Proportionen und warme Farben verleihen diesem Raum eine Atmosphäre der Ruhe und Harmonie. Die kreisrunde Form, überkrönt von einer vergoldeten Sonne, schafft eine Stimmung geistiger Konzentration. In den Bücherschränken steht die über 2200 Bände umfassende Bibliothek, darunter vor allem die Werke französischer Autoren von Racine und Montesquieu bis Voltaire. Werke der Antike besaß Friedrich in französischer Übersetzung, da er Latein nicht beherrschte. Die deutsche Literatur seiner Zeit nahm der König kaum zur Kenntnis.

Zwei Fenstertüren ermöglichen den Ausblick und unmittelbaren Zugang in den Garten. Vom Schreibtisch geht der Blick durch einen Laubengang auf die Statue des »Betenden Knaben«, die

A narrow corridor, almost hidden away, leads from the study-cum-bedroom to the sanctuary in the palace – the library. Its atmosphere of peace and harmony derives from its balanced proportions and warm colour scheme. A mood of intellectual concentration is created by its circular shape, crowned with a gilded sun. Bookcases house the more than 2200 volumes that constitute the library and include, above all, the works of French authors ranging from Racine and Montesquieu to Voltaire. Works from classical antiquity were represented in Frederick's library in French translation since he did not know Latin. As far as contemporary German literature was concerned, the King took hardly any notice of it.

Two French windows afford views of and provide immediate access to the garden. From the desk one can look through a pergola to the statue of the "Praying Boy", probably the most famous

caché, conduit de la chambre à la bibliothèque, le refuge du château. L'impression de calme et d'harmonie qui se dégage de la pièce provient de l'équilibre de ses proportions et de la douceur de ses couleurs. Il règne une atmosphère de grande concentration spirituelle dans cette pièce circulaire, surmontée d'un soleil doré. Sur les rayons de la bibliothèque sont rangés plus de 2 200 ouvrages, d'auteurs français, en particulier, tels que Racine, Montesquieu et Voltaire. On y trouve aussi les œuvres des Anciens, mais dans leur traduction française, car le roi ne connaissait pas les langues classiques. Quant à la littérature allemande de son époque, Frédéric ne s'y intéressait guère.

Deux portes-fenêtres offrent une belle vue, et s'ouvrent sur le jardin. Du bureau de la bibliothèque, on aperçoit l'« Éphèbe invoquant les dieux », la plus célèbre statue de l'Antiquité, placée sous

Viertes Gästezimmer, sogenanntes Voltairezimmer.
Der Raum wird auch Voltairezimmer genannt, da man früher annahm, daß der französische Dichter und Philosoph während seines Aufenthaltes in Potsdam von 1750 bis 1753 dort gewohnt hat. Die Motive der Holzornamente zeigen eine Auswahl des in den Gewächshäusern und im Park Sanssouci kultivierten Obstes.

Fourth guest room, the Voltaire Room.
The fourth guest room is also known as the Voltaire Room, since it was earlier thought to have been the living quarters of the French writer and philosopher, who lived at Sanssouci from 1750 to 1753. The wood décor features motifs of fruits cultivated in the palace greenhouses and in Sanssouci park.

Quatrième chambre dite « de Voltaire ».
Cette pièce est appelée « chambre de Voltaire » car autrefois elle était supposée avoir logé le philosophe français pendant son séjour à Potsdam de 1750 à 1753. Les motifs de l'ornement en bois représentent une sélection de fruits cultivés dans les serres et les jardins de Sans-Souci.

damals wohl berühmteste Bronzeplastik der Antike. Dieses Arrangement war auf ausdrücklichen Wunsch Friedrichs so geschaffen worden. Den Wohnräumen ist auf der Ehrenhofseite die Kleine Galerie vorgelagert, in der der König einen Teil seiner Kunstsammlung aufbewahrte. Der langgestreckte, schmale Raum wird durch Nischen auf der einen und die Abfolge von Fenstern und Spiegeln auf der anderen Seite gegliedert. Die Gemälde hängen an den Wandflächen zwischen den Nischen, in denen antike Plastiken stehen.

Friedrich besaß eine ganze Kollektion von Werken Antoine Watteaus (1684–1721), eines Hauptmeisters der französischen Malerei des 18. Jahrhunderts, und seiner Schüler Nicolas Lancret (1690–1743) und Jean Baptiste Joseph Pater (1695–1736). In den von leiser Schwermut getragenen Szenen Watteaus fand Friedrich wohl viele seiner eigenen Lebensvorstellungen wieder.

antique bronze sculpture at the time. It had been positioned thus at Frederick's explicit request. Situated in front of the living quarters, on the Courtyard of Honour side, is the Kleine Galerie (Small Gallery) in which the King used to keep part of his art collection. The long, narrow room is divided by niches on the one side, and a sequence of windows and mirrors on the other. The paintings are hung on the walls between the niches, which house classical sculptures.

Frederick owned a substantial collection of works by Antoine Watteau (1684–1721), one of the leading masters of French 18th-century painting, and by his pupils Nicolas Lancret (1690–1743) and Jean Baptiste Joseph Pater (1695–1736). It is likely that Frederick found many of his own conceptions of life reflected in Watteau's paintings, which were imbued with a subtle melancholy.

des arcades de feuillage. Cette installation était une création personnelle de Frédéric.

Côté cour d'honneur, la petite galerie, abritant une partie de la collection d'art de Frédéric, longe l'appartement royal. Cet espace étroit, tout en longueur, est divisé d'un côté par des niches, et de l'autre par une séquence de fenêtres et de miroirs. Les tableaux sont placés sur les murs, entre les niches meublées de statues antiques. Frédéric possédait une belle collection d'œuvres d'Antoine Watteau (1684–1721), un des maîtres de la peinture française du XVIIIe siècle, et de ses élèves, Nicolas Lancret (1690–1743) et Jean Baptiste Joseph Pater (1695–1736). Le roi retrouvait dans la douce mélancolie des peintures de Watteau sa propre conception de la vie.

Viertes Gästezimmer. Decke (links).
Detail der Wanddekoration (rechts).
Der Bezug auf die Natur, der die Dekoration des gesamten Schlosses durchzieht, erreicht im Vierten Gästezimmer einen Höhepunkt. Entsprechend der in der
Kunst des Rokoko angestrebten Ensemblewirkung, sind
hier Blumen – an den Wänden, als Girlande an der
Decke, als Schmuck des Kronleuchters – das übergreifende Gestaltungsmotiv.

Fourth guest room. Ceiling (left).
Detail of the wall decoration (right).
The references to nature running through the décor of
the entire palace reach a high point in the fourth guest
room. The impression of a harmonious ensemble – the
goal of Rococo art – is here achieved by employing
flowers as the unifying motif – on the walls, as gar-
lands on the ceiling, and as ornamentation on the
chandelier.

*Quatrième chambre d'invités: plafond (à gauche) et
détails de la décoration murale (à droite).*
Les références à la nature, thème principal de la
décoration du château, culminent dans cette pièce.
Conformément à l'effet d'ensemble recherché par le
style rococo, les fleurs constituent l'ornement de base
de la pièce: sur les murs, au plafond, sous forme de
guirlandes, et sur les lustres.

DER RUINENBERG

Die großen Fenster des Galerieraums öffnen sich zum Ehrenhof, dessen Halbrund die Kolonnade säumt. Die Mittelöffnung der Kolonnade gibt den Blick zum fast genau in der Achse liegenden Ruinenberg frei, der seinen Namen nach der Architekturkulisse trägt, die diesen dem Schloß gegenüberliegenden Hügel schmückt. Friedrich der Große ließ dort von Knobelsdorff und dem italienischen Theatermaler Innocente Bellavite (um 1692–1762) ein Ensemble künstlicher Ruinen errichten: eine Mauer, die an das Kolosseum in Rom erinnert, ein verfallener Tempel, eine Pyramide, dazu im Vordergrund drei mächtige Säulen. Die Ruinen nehmen Bezug auf die Antike, die von Friedrich in vieler Hinsicht als Vorbild empfunden wurde. So grüßte symbolisch das antike Rom die im Marmorsaal des Schlosses versammelte Tafelrunde. Die zwischen den steinernen Skulpturen

THE MOUNT OF RUINS

The large windows of the Small Gallery open onto the semicircular Courtyard of Honour. From here there is a view towards the Ruinenberg (Mount of Ruins), which lies almost exactly on the north-south axis passing through the opening in the colonnade which lines the courtyard. It was named after the architectural scenery which adorns its summit, namely an ensemble of artificial ruins erected by Knobelsdorff and the Italian scene painter Innocente Bellavite (c.1692–1762). Created at Frederick the Great's request, these consisted of a wall reminiscent of the Colosseum in Rome, a ruined temple, a pyramid, and three mighty columns in the foreground. The mock ruins are a reference to classical antiquity, to which in many respects Frederick looked for inspiration. Thus classical Rome paid a symbolic tribute to the supper guests

LE MONT DES RUINES

Les hautes fenêtres de la galerie donnent sur la cour d'honneur en arc de cercle, bordée de colonnes. Au travers de la colonnade, on aperçoit le Ruinenberg – le mont des Ruines – situé pour ainsi dire dans l'axe du château. Cette colline doit son nom à la ruine factice que le monarque chargea son architecte Knobelsdorff et le décorateur italien Innocente Bellavite (vers 1692–1762) de construire. Elle se compose d'un mur qui rappelle le Colisée de Rome, d'un temple en ruines, d'une pyramide, et, au premier plan, de trois puissantes colonnes. Frédéric considérait l'Antiquité comme le modèle par excellence à beaucoup d'égards. Aussi la Rome antique saluait-elle symboliquement les tablées réunies par Frédéric dans la salle de Marbre. Installés entre Vénus et Apollon, sculptures et divinités mythologiques, les invités, se flattant les uns les autres,

Das Wasserbecken auf dem Ruinenberg (links). Blick vom Ehrenhof des Schlosses zum Ruinenberg (rechts). Auf dem Hügel gegenüber der Ehrenhoffront des Schlosses ließ Friedrich der Große 1748 ein Ensemble künstlicher Ruinen errichten, die ein großes Wasserbecken, das die Fontänen des Parks versorgen sollte, umschließen.

The water basin on the Mount of Ruins (left). View from the courtyard of honour to the Mount of Ruins (right). In 1748 Frederick the Great commanded an ensemble of artificial ruins to be built on the hill opposite Sanssouci's courtyard of honour. The ruins surround a large water basin designed to supply the fountains of Sanssouci park.

Le réservoir sur le mont des Ruines (à gauche). Vue sur le Mont des ruines depuis la cour d'honneur (à droite). En 1748, Frédéric le Grand fit édifier un ensemble de ruines artificielles sur une colline située face au château. Au milieu, se trouve un grand réservoir qui devait approvisionner les fontaines du parc en eau.

der antiken Gottheiten Venus Urania und Apoll sitzenden Gäste schmeichelten sich gegenseitig, indem sie sich mit den Namen antiker Philosophen titulierten.

Die Ruinen umschließen ein großes Wasserbecken, das Bestandteil der von Friedrich dem Großen geplanten Fontänenanlagen sein sollte. Da Sanssouci nicht über eine etwas höher gelegene natürliche Quelle verfügte, sollte Havelwasser in das Becken auf dem Berg gepumpt werden. Von diesem Hochbassin aus wurde ein Röhrensystem für die Weiterleitung des Wassers in den Park gebaut. Der beim Herabströmen des Wassers entwickelte Eigendruck sollte die Fontänen antreiben. Für den Pumpbetrieb wurde ein System aus Windmühlen konzipiert, das Pumpen antreiben und das über einen Kanal an den Rand des Parkes Sanssouci geführte Wasser auf den Ruinenberg befördern sollte.

gathered in the Marble Hall, who flattered one another by addressing each other by the names of classical philosophers while sitting amongst the statues of Venus Urania and Apollo.

Enclosed by the ruins is a large water basin which was to form part of the fountain system which Frederick the Great had planned to have installed. Since Sanssouci did not have at its disposal a natural well situated on higher ground, the plan was to pump water from the river Havel up to the basin on the hill. From this high reservoir a system of pipes was built to conduct the water down into the park. It was hoped that the fountains would be worked by the pressure generated by the water itself. In order to power the pumps, a system of windmills was devised which was to drive the pumps and transport the water to the ruins on the hill after it had been channelled to the edge of Sanssouci park via a canal.

s'appelaient du nom de grands philosophes de l'Antiquité.

Les ruines entourent un grand réservoir qui devait à l'origine alimenter la fontaine jaillissante désirée par le monarque. Sans-Souci ne disposant d'aucune source coulant de plus haut, on crut pouvoir remplir le bassin en pompant l'eau de la Havel. Pour ce faire, on avait installé un système de canalisation entre le réservoir et le parc. La pression engendrée par l'eau descendante devait faire fonctionner les fontaines. On avait conçu par ailleurs un système de moulins à vent qui devait actionner les pompes et faire monter l'eau jusqu'au mont des Ruines, eau qui coulerait dans un canal creusé en bordure de parc.

Outre les installations techniques, des bassins et des architectures pour jeux d'eau (projets) furent construits dans le parc. Parmi elles, la grotte de Neptune et la colonnade de marbre qui

Der Garten

Vor der Südfassade des Schlosses breitet sich am Fuße des Weinbergs der Garten aus. Die Gartenfront wird von 36 in Sandstein gearbeiteten Weingöttinnen und Weingöttern belebt, die gleichzeitig zwischen Weinberg und Schloß vermitteln. Voller barocker Ausdruckskraft und Bewegung gehören diese Plastiken zu den schönsten Arbeiten des von Friedrich dem Großen vielbeschäftigten Bildhauers Friedrich Christian Glume (1714–1752). Von der tiefen, dem Schloß vorgelagerten Terrassenebene führt eine Mitteltreppe den Weinberg hinunter ins Parterre zum auf das Bauwerk bezogenen Gartenraum. In der Mitte dieses Quartiers liegt das Große Fontänenrondell, von dem aus sich östlich und westlich die schnurgerade, durch den gesamten Park verlaufende Hauptallee erstreckt. Rondelle, zu denen sich diese Achse immer wieder erweitert, markieren die einzelnen Gartenräume mit ihren Architekturen und Plastiken. So erlebt der Spaziergänger eine längs des Hauptwegs »aufgereihte« ständig wechselnde Abfolge von Bildern. Dabei läßt schon die Gestaltung der Rondelle die Bedeutung der einzelnen Quartiere im Gesamtgefüge des Parks erkennen. Wichtige Rondelle sind durch Fontänenbecken und Plastiken aufgewertet. Im Großen Fontänenrondell als Herzstück des Parks umschließen zwölf Meisterwerke französischer Bildhauerkunst das Becken. Die Plastiken stellen die vier Elemente Wasser, Feuer, Erde und Luft dar sowie die olympischen Götter Venus, Merkur, Apollo, Diana, Juno, Jupiter, Mars und Minerva. Venus und Merkur sind Arbeiten des berühmten Jean Baptiste Pigalle (1714–1785), dessen Kunst am Übergang vom Spätbarock zum Klassizismus steht. Die übrigen Plastiken stammen von François Gaspard Adam, dem Chef des von Friedrich dem Großen gegründeten französischen Bildhauerateliers, und

The Gardens

The gardens of Sanssouci spread out from the foot of the vineyard beneath the south façade of the palace. This garden façade is enlivened by 36 gods and goddesses of wine carved in sandstone who, at the same time, establish a connection between the vineyard and the palace. These sculptures, endowed with the full vigour of Baroque movement and expression, are amongst the most beautiful works of the sculptor Friedrich Christian Glume (1714–1752), who carried out many commissions for Frederick the Great. From the terrace situated in front of the palace, a central flight of steps leads down the vineyard onto lower ground and the parterre garden. In the centre of this area lies a large circular fountain, whose basin is framed by twelve masterpieces of French sculpture. They represent the four elements water, fire, earth and air, as well as the Olympian gods and goddesses Venus, Mercury, Apollo, Diana, Juno, Jupiter, Mars, and Minerva. Venus and Mercury are the works of the famous artist Jean Baptiste Pigalle (1714–1785), whose art marks the transition from late Baroque to Classicism. The remaining sculptures are by François Gaspard Adam who was in charge of the French sculpture studio founded by Frederick the Great, and by Lambert Sigisbert Adam (1700–1758).

Radiating to the east and to the west of this is central fountain the main avenue which runs in a straight line through the whole of the park. This axis widens whenever it meets one of the circular flower beds that mark the individual garden sections with their edifices and sculptures. For the strolling visitor, this results in a constantly changing sequence of images lined up alongside the main path. The design of the circular flower beds gives a good indication as to the significance of the individual garden sections within the overall lay-

Le Jardin

Au pied du vignoble, sur la façade sud du château, commence le jardin. La façade du château est ponctuée de 36 caryatides en grès, bacchantes et dieux du vin, qui soutiennent l'entablement, et servent de lien entre le vignoble et le château. Ces sculptures ont une expression et une animation d'un baroque puissant; elles comptent parmi les plus belles que réalisa le sculpteur Friedrich Christian Glume (1714–1752), un des artistes ayant le plus travaillé pour Frédéric. Un grand escalier central relie la terrasse du château au parterre en contrebas. Au centre de cet espace paysager, se trouve le grand rond-point orné d'une pièce d'eau ; de là part l'allée principale, une ligne droite qui s'étend d'est en ouest à travers le parc. Des ronds-points, toujours situés sur cet axe, ponctuent les différents jardins, ornés de petits éléments architecturaux et de statues. Le visiteur aperçoit ainsi un alignement de tableaux changeants. L'aménagement de chaque jardin en dit long sur l'importance qu'on voulut leur attribuer dans la structure d'ensemble. Les ronds-points importants sont valorisés par des bassins à jet d'eau et des statues. Le plus grand, situé au cœur du parc, est agrémenté de 12 chefs-d'œuvre de l'art plastique français, placés en couronne autour d'un bassin. Ils représentent l'eau, le feu, la terre et l'air ainsi que les divinités de l'Olympe, Vénus, Mercure, Apollon, Diane, Junon, Jupiter, Mars et Minerve. Vénus et Mercure sont de Jean Baptiste Pigalle (1714–1785), célèbre sculpteur dont l'œuvre se situe à la charnière de deux époques, celles du baroque finissant et du néoclassicisme naissant. Les autres statues sont dues au ciseau de François Gaspard Adam, maître de l'atelier de sculpture française fondé par Frédéric le Grand, et de Lambert Sigisbert Adam (1700– 1758).

Gartenquartier vor den Neuen Kammern.
Die zahlreichen Gartenplastiken aus weißem Marmor bilden einen schönen Kontrast zum Grün der Pflanzenwelt. Die Göttin des Gartenobstes Pomona verweist darauf, daß in Sanssouci auch eine Fülle von Nutzpflanzen angebaut wurde.

Gardens in front of the Neue Kammern (New Chambers).
The white marble of the park's many sculptures provides an attractive contrast to the green vegetation. The presence of Pomona, the goddess of the fruits of the garden, is a reminder that Sanssouci park was not purely ornamental, but was also planted with a wide variety of edible fruits and vegetables.

Le jardin des Nouvelles Chambres.
Les sculptures en marbre blanc forment un heureux contraste avec la verdure environnante. Pomona, la déesse des fruits, révèle qu'à Sans-Souci, on cultivait aussi de très nombreuses plantes jardinières.

von dessen älterem Bruder Lambert Sigisbert
Adam (1700–1758).

Im Zentrum des Parks unterhalb des Weinbergs sind trotz der Überformungen des 19. Jahrhunderts noch die typischen Elemente des Barockgartens erhalten oder wurden wiederhergestellt.
Regelmäßige Rasenstücke und Blumenrabatten,
geschnittene Hecken und Bäume, geradlinig geführte Stichgräben und Spazierwege, Fontänenbecken und eine reiche Ausstattung mit Marmorplastiken, deren leuchtendes Weiß einen reizvollen
Kontrast zum Grün der Pflanzenwelt bildet, bestimmen die Erscheinung des Parks. Doch gehörten nicht nur Marmorplastiken zum Bild, sondern
in ebenso großer Zahl auch vergoldete Plastiken
aus Blei. Angesichts dieser Fülle bemerkten kriti-
sche Besucher, im Garten des Königs von Preußen
sähe man vor lauter Gold und Marmor bald
keine Bäume mehr.

Dabei war Sanssouci, wie sonst die herrschaft-
lichen Gärten des Barock, kein reiner Ziergarten.
Am östlichen Parkausgang, dem Obeliskportal,
steht neben der Göttin der Blumen, Flora, auch
die des Gartenobstes, Pomona, die darauf verweist, daß Friedrich für seine Sommerresidenz
ausdrücklich die Verbindung von Zier- und Nutz-
garten wünschte. Schon der Weinberg, auf dem
das Schloß errichtet wurde, steht für den Gedanken der idealen Zusammenführung von Schönheit
und Nützlichkeit. Die Heckenquartiere waren mit
3000 Obstbäumen bepflanzt, auch Gemüse wurde
dort angebaut. In den zahlreichen Parkgärtnereien
gab es Treibhäuser für Orangen, Melonen, Pfirsi-
che und Bananen.

out of the park. Thus the important status of
certain of these beds is stressed by enhancing them
with fountains and sculptures. In the centre of the
park below the vineyard, the typical elements of
the Baroque garden are still preserved or have
been restored, despite the redesigning that took
place in the 19th century. The park's appearance is
determined by regular areas of lawn and flower
beds, cut hedges and trees, ditches and footpaths
running in a straight line, fountain basins, and a
rich array of marble sculptures whose brilliant
white provides an attractive contrast to the green
of the vegetation. In addition to marble statues,
the park also featured an equally large number of
gilded lead sculptures. Faced with such abundance, critical visitors remarked that in the garden
of the King of Prussia it was almost impossible to
see the trees for gold and marble.

And yet Sanssouci, unlike other grand gardens
of the Baroque era, was not a garden intended
purely for ornamental purposes. At the eastern
exit to the park, the Obelisk Gateway, the
flower goddess Flora is joined by the goddess of
the fruits of the garden, Pomona. She is a clear
reference to the fact that Frederick particularly
wished his summer palace to combine an ornamental garden with a kitchen garden. Even the
vineyard on which the palace was erected can be
regarded as a symbol of an ideal fusion of beauty
and utility. 3000 fruit trees were planted in the
hedged areas, and vegetables were also grown
there. The numerous nurseries in the park included hothouses for oranges, melons, peaches
and bananas.

Malgré les transformations du XIXe siècle, les
éléments typiques du jardin baroque sont encore
visibles au centre du parc, ou ont été refaits. Le
parc est semé de pelouses et de bordures de fleurs
régulières, de haies et d'arbres bien taillés, d'allées
et de fossés rectilignes, de pièces d'eau et d'une
grande variété de statues de marbre, dont le blanc
lumineux contraste joliment avec la verdure
environnante. Mais les statues de marbre n'étaient
pas les seules à créer cet effet, le parc était orné
aussi de statues en plomb doré. Certains visiteurs
critiquaient d'ailleurs cette profusion d'or et de
marbre en remarquant qu'elle masquait presque
les arbres du parc.

Mais Sans-Souci, comme tous les jardins
princiers du baroque, n'était pas seulement un
jardin d'agrément. À l'entrée est du parc – le
portail de l'Obélisque – la déesse des fleurs, Flore,
côtoie Pomone, la déesse des fruits du jardin. Ces
deux statues témoignent de l'intention de Frédéric
de doter sa résidence d'été d'un jardin qui soit à
la fois de rapport et d'agrément. Le vignoble sur
lequel fut édifié le château symbolise l'union de la
beauté et de l'utilité. 3 000 arbres fruitiers ainsi
que des légumes avaient été plantés le long des
haies. Dans les nombreuses serres du parc
poussaient des oranges, des melons, des pêches et
des bananes.

Musenrondell.
Der Park Sanssouci wird von einer schnurgeraden,
2,5 km langen Hauptallee durchzogen, die sich an
wichtigen Punkten zu Rondellen ausweitet, von denen
Wege in die Tiefe der einzelnen Gartenbereiche
abzweigen. Das Musenrondell erhielt seinen Namen
nach den Marmorfiguren von acht Musen, antiken
Göttinnen der Künste und Wissenschaften, Arbeiten
von Friedrich Christian Glume nach Entwurfszeich-
nungen von Georg Wenzeslaus von Knobelsdorff.

Roundel of Muses.
Sanssouci park is traversed by a main avenue which
runs in a straight line for 2.5 km. At important points
this axis widens into roundels, from which paths
branch off into the various sections of the park. The
Roundel of Muses takes its name from the marble
statues of eight of the nine Greek muses of the arts and
sciences, sculpted by Friedrich Christian Glume after
drawings by Georg Wenzeslaus von Knobelsdorff.

Le rond-point des Muses.
Une allée, longue de 2,5 kilomètres, traverse le parc de
Sans-Souci. Aux endroits importants, elle s'élargit en
ronds-points. De là partent des allées qui conduisent
aux autres emplacements aménagés du parc. Le rond-
point doit son nom aux huit muses – déesses des arts et
des sciences – sculptées par Friedrich Christian Glume
sur des dessins de Georg Wenzeslaus von Knobelsdorff.

DIE NEUEN KAMMERN

Die Gartenbereiche östlich und westlich des Schlosses Sanssouci waren durch die dichte Kastanienbepflanzung entlang der Rampen dem Auge des Betrachters entzogen, dessen Blick von der oberen Terrasse über das Parterre hinaus in die weite Seenlandschaft der Havel gelenkt wurde. Friedrich der Große hatte sich über einen längeren Zeitraum mit Architekturplanungen für diese Gebiete beschäftigt. Zuerst ließ er ein Treibhaus mit vorgelagerten Terrassen im Bereich der später erbauten Bildergalerie errichten. Im westlichen Gartenquartier auf der anderen Seite des Schlosses begannen 1747 Arbeiten zum Bau eines Orangenhauses nach Plänen von Knobelsdorff. Das langgestreckte, wohlproportionierte Gebäude war nach einem Jahr fertiggestellt. Knobelsdorff folgte einem Orangerietyp französischer Prägung, wie er in Brandenburg auch schon früher gebaut worden war. Die hohen Fenster ließen genügend Sonnenlicht in die Räume, und ein Heizgang auf der Nordseite gewährleistete ein gleichmäßiges Klima für die Pflanzen. Marmorplastiken standen auf Postamenten zwischen den großen Fenstern der Südseite. Sie waren in den Marmorbrüchen von Carrara vor Ort von italienischen Bildhauern gefertigt worden. Die Figuren waren nicht mit der Fassade verbunden, sondern vermittelten zwischen Bauwerk und Garten.

Zwei Seitenrisalite, aus der Fassade vorspringende Gebäudeteile, und ein breiter Mittelrisalit gliedern die Südfront. Den Risaliten sind Rampen vorgelagert, über die die Kübelpflan-

THE NEW CHAMBERS

Owing to the dense planting of chestnut trees along the slopes, the garden areas to the east and to the west of Sanssouci palace where invisible to the viewer, whose eye was instead drawn from the upper terrace over the lower, ground level, and out towards the expanse of the lakeland landscape of the river Havel. Over the years, Frederick the Great planned a number of buildings for these areas. At first he arranged for a hothouse with terraces in front to be built on the site where later the Bildergalerie (Picture Gallery) was established. On the other side of the palace, in the western part of the garden, work commenced in 1747 on the construction of an Orangery based on plans by Knobelsdorff. The long, well-proportioned building was completed in one year. Knobelsdorff based his Orangery on a French design, a type that had already been used in the Brandenburg region in the past. The high windows allowed plenty of sunshine to enter the rooms, and an even temperature for the plants was ensured by the installation of a heating system on the north side. Between the large windows on the south side were pedestals carrying marble statues. These had been fashioned on site by Italian sculptors in the marble quarries of Carrara. Not only were these figures related to the façade, they also connected the building with the garden.

The southern front of the Orangery has two lateral projections jutting out from the façade, and a wide central projection. Ramps in front

LES NOUVELLES CHAMBRES

Les jardins situés à l'est et à l'ouest du château étaient dérobés à la vue des visiteurs par les châtaigniers touffus plantés le long des rampes. Le regard se dirigeait, au-delà du jardin en contrebas, vers le vaste paysage de lacs de la Havel.

Frédéric le Grand s'était préoccupé assez longtemps de projets d'édifices pour le parc. Pour commencer, il avait fait construire à l'emplacement de la future galerie de tableaux une serre prolongée par des terrasses. En 1747, à l'ouest du parc, de l'autre côté du château, commencèrent les travaux de construction d'une orangerie sur des plans de Knobelsdorff. Cet édifice long, bien proportionné, fut achevé en un an. L'architecte avait pris l'orangerie française pour modèle, ainsi qu'on la trouvait déjà en Brandebourg. Les hautes fenêtres laissaient pénétrer suffisamment de soleil dans les salles, et une conduite de chauffage au nord garantissait un climat tempéré pour les plantes. Des sculptures en marbre trônaient sur des piédestaux placés entre les fenêtres de la façade sud. Ces œuvres d'art avaient été réalisées par des sculpteurs italiens, sur place, dans les carrières de Carrare ; elles n'avaient pas de contact direct avec la façade mais servaient à relier le jardin à l'édifice.

Deux portiques latéraux, avant-corps en saillie, et un large portique médian structurent la façade sud. Des rampes construites devant les portiques permettaient de sortir et de rentrer aisément les plantes en baquet. Le thème des sculptures exposées devant le portique médian a

Entwürfe zur Figurengruppe auf dem Mittelrisalit des Orangenhauses.
Zugeschrieben Johann Christian Hoppenhaupt d.J., um 1746/47. Die Putten mit den Attributen des Obstbaus und der Orangenzucht sind auf die ursprüngliche Funktion der Neuen Kammern als Orangeriegebäude bezogen.

Plans for the group of figures on the middle wing pavilion of the Orangery.
Attributed to Johann Christian Hoppenhaupt jun., c. 1746/47. The cherubs with their attributes of fruit plantations and orange groves are a reference to the Neue Kammern's original function as an orangery.

Projets de personnages pour le ressaut central de l'Orangerie.
Attribué à Johann Christian Hoppenhaupt, vers 1746/47. Les putti portant les attributs de la culture des fruits et de l'orange rappellent que l'affectation première des Nouvelles Chambres était d'être une orangerie.

zen aus der Orangerie heraus- beziehungsweise hereingefahren werden konnten. Das Programm der Plastiken auf dem Mittelrisalit nimmt Bezug auf die Bestimmung des Hauses als Orangerie. Putten verrichten gärtnerische Arbeiten, pflanzen einen Orangenbaum, und Pomona, die Göttin des Gartenbaus, trägt ein Füllhorn mit Obst. Seit 1748 überwinterten die Kübelpflanzen in diesem Haus, das im Innern in sieben Säle unterteilt war. Entsprechend der höfischen Tradition wurden die Säle in den Sommermonaten von der Hofgesellschaft für Konzerte, Bälle und Aufführungen italienischer Opern oder französischer Komödien genutzt.

In den Jahren 1771 bis 1775 wurde das bisherige Orangeriegebäude auf Weisung Friedrichs

allowed the potted plants to be wheeled in and out as required. The theme of the sculptures on the central projection reflects the function of the building. Putti are seen carrying out gardeners' tasks, planting an orange tree, and Pomona, the goddess of gardening, is represented holding a cornucopia full of fruit. This Orangery, whose interior was divided into seven halls, was used from 1748 for the overwintering of the potted plants. In accordance with courtly tradition, the halls were used during the summer months for concerts, balls, and the staging of Italian operas or French comedies.

On the instructions of Frederick the Great, however, between the years 1771 and 1775 the

Neue Kammern. Gartenseite.
Die Neuen Kammern, das Gästeschloß Friedrichs des Großen, wurden ursprünglich von Knobelsdorff 1747 als Orangeriegebäude errichtet.

The New Chambers. Garden façade.
The New Chambers provided further accommodation for Frederick the Great's guests and were originally built as an Orangery by Knobelsdorff in 1747.

Les Nouvelles Chambres vues du jardin.
Les Nouvelles Chambres, résidence des invités du roi, étaient à l'origine une orangerie construite en 1747 sur des plans de Knobelsdorff.

Jaspissaal (links). Blick vom Jaspissaal in die Ovidgalerie (rechts).
Der Eindruck vom Jaspissaal, des in der Mitte des Bauwerks liegenden größten Festsaals der Neuen Kammern, wird ganz von den hier verwendeten edlen Steinen, rotem Jaspis, einem Halbedelstein, und grauem schlesischen Marmor, bestimmt.

The Jasper Hall (left). View from the Jasper Hall into the Ovid Gallery (right).
The Jaspissaal (Jasper Hall) is the largest reception room in the New Chambers and lies at the centre of the palace. Its striking character derives from the semi-precious red jasper and the grey Silesian marble used for the décor.

La salle de Jaspe (à gauche). La Galerie Ovide vue depuis la salle de Jaspe (à droite).
La salle de Jaspe, grande salle de réception située au cœur des Nouvelles Chambres, doit son nom et son atmosphère aux pierres semi-précieuses rouges employées dans sa décoration et soulignées par du marbre gris de Silésie.

Ausschnitt aus dem Deckenbild im Jaspissaal »Venus mit ihrem Gefolge« (links).
Johann Christoph Frisch, 1774.

Section of the ceiling fresco in the Jasper Hall, entitled "Venus with her Entourage" (left).
Johann Christoph Frisch, 1744.

Détail du plafond de la salle de Jaspe représentant « Vénus et sa suite » (à gauche).
Johann Christoph Frisch, 1774.

Ovidgalerie. Ausschnitt (links). Verschiedene Reliefs (rechts). Der Raum ist nach dem römischen Dichter Ovid benannt, dessen »Metamorphosen« in der Kunst des Barock und Rokoko gern als Vorlagen für bildliche Umsetzungen benutzt wurden. So auch für die Liebespaare in den vergoldeten Reliefs der aus Bayreuth stammenden Bildhauerbrüder Johann David und Johann Lorenz Wilhelm Räntz.

Ovid Gallery. Partial view (left). Reliefs (right). The gallery is named after the Roman poet Ovid, whose "Metamorphoses" provided a rich source of themes and motifs in Baroque and Rococo art. Here they are the source of the lovers depicted in the gilt reliefs by the brothers Johann David and Johann Lorenz Wilhelm Räntz of Bayreuth.

La Galerie Ovide. Détail (à gauche) et différents reliefs (à droite). Cette salle doit son nom au poète romain Ovide dont les « Métamorphoses » ont livré des modèles au baroque et au rococo pour de nombreuses transpositions figuratives. C'est le cas pour les couples d'amoureux en reliefs dorés dus à deux sculpteurs de Bayreuth, les frères Johann David et Johann Lorenz Wilhelm Räntz.

Der Jaspissaal ist der Festsaal und größte Raum des Schlosses. Er liegt unter der Kuppel in der Mitte des Bauwerks. Die kostbare Ausstattung der Wände mit Jaspis und schlesischem Marmor weist ihn als Hauptsaal aus. Die heitere Stimmung der Ovidgalerie wird von einer festlichen Pracht abgelöst. Das Dunkelrot des Jaspis gibt den wirkungsvollen Hintergrund für vergoldete Konsolen ab, auf denen Büsten der Antike und aus dem 18. Jahrhunderts arrangiert sind. Ornamentik rahmt das Deckenbild von Johann Christoph Frisch (1738–1815), das in einer heiteren, sinnlichen Szene »Venus mit ihrem Gefolge« zeigt.

An den Festsaal schließen sich die Gästequartiere an, die in abwechslungsreicher Dekoration als Lack-, Bilder- oder Intarsienkabinette ausgestaltet wurden. Das Große Intarsienkabi-

the reliefs represent scenes from Ovid's "Metamorphoses".

The largest room in the New Chambers is the Jaspissaal (Jasper Hall), which is situated beneath the dome in the centre of the building. Its function as the main banqueting hall is underlined by the luxurious wall decorations of jasper and Silesian marble. Here, the cheerful atmosphere that pervades the Ovid Gallery is replaced by formal splendour. The dark red of the jasper creates an effective background for gilded consoles on which are displayed classical and 18th-century busts. An ornamental frame encloses the ceiling painting by Johann Christoph Frisch (1738–1815) which depicts a merry and sensuous scene of "Venus with her Retinue".

Adjoining the Jasper Hall are the guest quarters, variously decorated in the style of lacquer-

intimement liée à la nature. Les bas-reliefs dorés sur fond vert clair accentuent encore cet effet, rappelant celui des statues de plomb doré dans la verdure du jardin. Ces reliefs représentent des scènes des « Métamorphoses » d'Ovide, le célèbre poète romain.

La salle de Jaspe est la salle des fêtes, et la plus vaste du château. Elle s'ouvre sous la coupole, au centre de l'édifice. Les murs sont décorés de jaspe et de marbre de Silésie, décoration luxueuse qui indique une salle d'apparat. L'atmosphère sereine de la Galerie Ovide y est remplacée par une somptuosité solennelle. Le rouge foncé du jaspe fait ressortir les consoles dorées sur lesquelles sont exposés des bustes antiques et du XVIIIᵉ siècle. Une ornementation encadre le plafond de Johann Christoph Frisch (1738–1815), qui représente une scène d'une gaieté sensuelle : « Vénus et sa suite ».

Siebtes Gästezimmer (links).
Zur Gemäldeausstattung der Gästezimmer in den
Neuen Kammern gehören Potsdam-Ansichten, die ein
Bild von der Ausgestaltung der Stadt unter Friedrich
dem Großen vermitteln. Der König hatte diese Bilder
extra für sein Gästeschloß in Auftrag gegeben.

Seventh guest room (left).
The pictures found in the guestrooms in the New
Chambers include a number of views of Potsdam,
giving us an impression of the town as it looked under
Frederick the Great. The king commissioned these
paintings specially for his guest palace.

Septième chambre (à gauche).
Les différentes pièces des Nouvelles Chambres sont
décorées de tableaux, des vues de Potsdam en
particulier qui nous montrent le développement de la
ville à l'époque de Frédéric le Grand. Le roi avait fait
réaliser ces tableaux exprès pour ce château.

*Wandausschnitt aus dem Ersten Gästezimmer
(Grünes Lackkabinett; rechts).*

*Section of the wall in the First Guest Room
(Green Cabinet; right).*

*Détail mural de la première chambre d'invités
(Cabinet de laques vert; à droite).*

nett statteten die Gebrüder Spindler aus, die
aus Bayreuth stammten und, bevor sie nach
Potsdam kamen, am Hofe der Schwester Friedrichs, Wilhelmine, tätig waren. Die naturalisti-
sche Formensprache dieses Raumes ist charak-
teristisch für die Spätzeit der friderizianischen
Innendekoration. Die Motive – Blumen, Früch-
te und Vögel – sind durch ein Gitterwerk
verbunden, in dem auch Motive der Jagd und
Musikinstrumente erscheinen. Für die Einlege-
arbeiten fanden größtenteils einheimische Hölzer Verwendung, die mit Naturfarben getönt
und farbigem Bienenwachs versiegelt wurden.

Nachhaltigen Eindruck auf die in den Neuen
Kammern wohnenden Gäste machten sicher die
Gemälde mit Ansichten von Potsdam, die die
Verschönerungen der Stadt während der Regie-
rungszeit Friedrichs des Großen zeigen. Der
König hatte diese Bilder extra für sein Gäste-
schloß in Auftrag gegeben.

work, picture, or intarsia rooms. The Grosses
Intarsienkabinett (Large Intarsia Room) was
decorated by the Spindler brothers, who came
from Bayreuth and had been active at the court
of Frederick's sister, Wilhelmine, before they
came to Potsdam. The use of an idiom drawn
from nature in this room is characteristic of the
late phase of Frederician interior decoration.
The motifs of flowers, fruits and birds are
united by an intricate latticework of motifs
relating to hunting and musical instruments.
The wood used for the inlay is largely indi-
genous and was tinted with natural dyes and
sealed with coloured beeswax.

The guests staying in the New Chambers
must certainly have been impressed by the
paintings showing views of Potsdam and the
improvements carried out during the reign of
Frederick the Great. These paintings had been
specially commissioned by the King for display
in his guest palace.

Attenant à la salle des fêtes, se trouvent les
appartements des invités, aménagés avec beaucoup de fantaisie en cabinets de laque, de
tableaux ou de marqueterie. Le grand cabinet
en marqueterie est l'œuvre des frères Spindler.
Originaires de Bayreuth, ils avaient d'abord
travaillé à la cour de la sœur de Frédéric,
Wilhelmine, avant de venir à Potsdam. Le
langage des formes est naturaliste, et typique de
la période tardive de la décoration intérieure
frédéricienne. Aux fleurs, fruits et oiseaux
réunis par un treillage se mêlent d'autres motifs
tels que la chasse et les instruments de musique.
Pour la marqueterie, on utilisait surtout les bois
de la région, teintés de couleurs naturelles et
vitrifiés avec de la cire d'abeille colorée. Une
chose laissait toujours un souvenir inoubliable
chez les visiteurs logeant dans les Nouvelles
Chambres : les tableaux représentant la ville de
Potsdam et ses embellissements réalisés sous le
règne de Frédéric le Grand. Le monarque avait
commandé ces peintures pour en agrémenter le
château destiné aux invités de marque.

erste Plastik stellt die Allegorie der Philosophie dar, die den Betrachter mit erhobenem Zeigefinger begrüßt, so als wolle sie ihn zu erhöhter Aufmerksamkeit für die Werke der Kunst mahnen. Vor dem Mittelbau weist die Versinnbildlichung der Baukunst ein Blatt mit dem Grundriß der Bildergalerie vor. Die Schlußsteinköpfe über den Fenstern und Türen zeigen Porträts von Künstlern, die Friedrich der Große besonders schätzte. Das Figurenprogramm wird auf dem Mittelbau mit einer vielfigurigen Allegorie der Künste fortgesetzt.

Im Innern ist die schon am Außenbau zum Ausdruck kommende Freude an der Dekoration zu einer geradezu festlichen Wirkung gesteigert. Die Ausstattung aus edlen Materialien bildet den glanzvollen Rahmen für die ausgestellten Gemälde. Der Bildersaal erstreckt sich fast über die gesamte Ausdehnung des Bauwerks. Wirkungsvoll unterstützt das Rhombenmuster des Fußbodens die optische Tiefenwirkung. Weiße Marmorsäulen mit vergoldeten Kapitellen und der hervorgehobene Mittelbau unter der Kuppel strukturieren den Saal. Die Wölbung der Decke ist mit dichten vergoldeten Ornamenten überzogen, die wieder figürliche Sinnbilder und Attribute der Künste darstellen. Bei der Gestal-

the viewer with raised forefinger as if to remind him to pay more attention to the arts. Placed in front of the central part of the building, the figure symbolising architecture holds up a sheet showing the groundplan of the Picture Gallery. The heads on the keystones above the windows and doors show portraits of artists whom Frederick the Great held in particular esteem. The figurative theme is continued on the main part of the building with an allegory of the arts comprising numerous figures.

The delight in decoration that can already be seen on the exterior reaches an almost celebratory climax in the interior. The fine materials used for all the furnishings and fittings provide a magnificent frame for the pictures on display. The actual gallery runs for almost the entire length of the building, and is made to appear even longer by the rhombus pattern of the floor. White marble pillars with gilded capitals, and the projecting main part of the building beneath the dome, all give structure to the hall. The vault of the ceiling is covered with a dense network of gilded ornamentation, again featuring figurative symbols and attributes of the arts. White and yellow marble was used for the walls and the floor, colours which form a

les Arts. Placée devant le corps central de bâtiment, la statue de l'architecture tient une feuille portant le plan de la galerie. Les têtes ornant le dessus des portes et des fenêtres sont celles d'artistes que Frédéric admirait particulièrement. Le thème continue sur le corps central avec plusieurs figures allégoriques des Arts.

Le plaisir de la décoration, déjà si évident à l'extérieur, atteint au festif le plus rococo à l'intérieur de la galerie. Les beaux et luxueux matériaux offrent un cadre somptueux à la collection de peinture. La salle des tableaux occupe presque toute la superficie de l'édifice. Le motif rhombique du sol accentue un peu plus l'effet en profondeur. La structuration de la salle provient des colonnes de marbre coiffées de chapiteaux dorés, et du corps central rehaussé par la coupole. Le plafond voûté est recouvert d'un décor doré représentant les Arts sous formes d'allégories et d'attributs. Un marbre blanc et jaune décore les murs et le sol, sa tonalité s'accorde avec la peinture verte des surfaces murales réservées aux tableaux. L'extraordinaire impression d'harmonie qui se dégage de la salle est rehaussée encore par les œuvres plastiques et les tables dorées recou-

Prospect der Bilder-Gallerie im Königlichen Garten Sans-Soucy bei Potsdam.

Ansicht der Bildergalerie (links).
Johann Friedrich Schleuen, um 1770.
Die wenige Jahre nach dem Bau der Bildergalerie entstandene Ansicht vermittelt einen Eindruck von dem
überaus reichen plastischen Schmuck, der thematisch
auf die Funktion des Gebäudes Bezug nimmt.

View of the Picture Gallery (left).
Johann Friedrich Schleuen, c. 1770.
This view was painted only a few years after the
construction of the Picture Gallery. It gives a good
impression of the gallery's extremely rich sculptural
decoration the theme of which makes reference to the
function of the building.

Vue de la galerie de Tableaux (à gauche).
Johann Friedrich Schleuen, vers 1770.
Ce tableau peint quelques années après la construction
de la galerie donne une idée de la richesse en sculptures
décoratives placées devant la façade ; celles-ci se
réfèrent par leur thème à la fonction de l'édifice.

Gartenseite (rechts).
Mit großen Fenstern öffnet sich das breitgelagerte, in
der Mitte durch eine Kuppel betonte Galeriegebäude
nach Süden zum Garten hin. Schmuckvasen und
Marmorplastiken gliedern die Fassade und vermitteln
gleichzeitig zwischen Bauwerk und Garten.

Garden front (right).
The tiered building, with its large windows and broad
proportions, opens to the south on to the garden. A
dome provides a note of emphasis in the center, while
ornamental vases and marble sculptures serve to break
up the expanse of the façade and at the same time
provide a visual link between the building and the
garden.

Côté jardin (à droite).
C'est à travers de grandes fenêtres que le complexe de
galeries, généreusement conçu et souligné par une
coupole placée au centre, donne sur le jardin côté sud.
Vases décoratifs et sculptures de marbre ornent la
façade et servent de transition entre le bâtiment et le
jardin.

tung der Wände und des Fußbodens fand weißer und gelber Marmor Verwendung, dessen
Farbklang mit dem grünen Anstrich der Bilderwand harmoniert. In dieses großartige Ensemble, dessen Wirkung durch Plastiken und
vergoldete Tische mit Marmorplatten noch
gesteigert wird, sind die Gemälde eingebunden,
die in dichter Reihung über- und nebeneinander
an der den Fenstern gegenüberliegenden Wand
hängen. Auch die vergoldeten und mit reicher
Ornamentik versehenen Rahmen tragen dazu
bei, die Bilder in das Gefüge des Raumganzen
einzubinden.

Allein schon wegen der festlichen Innenaus-
stattung zählte die Bildergalerie bald zu den Be-
rühmtheiten von Potsdam und Sanssouci. Friedrich der Große hatte in Vorbereitung auf den
geplanten Galeriebau seine Gewährsleute in den
europäischen Kunstzentren mit Bilderkäufen

pleasant harmony with the green of the gallery
walls. Integrated into this magnificent effect of
a unified whole, further enhanced by sculptures
and gilded, marble-topped tables, are the
paintings, hung close above and next to one
another in several rows along the wall facing
the windows. Their gilded and richly orna-
mented frames further help to make the
paintings an integral part of the whole room.

Its splendid interior decoration alone was
reason enough for the Picture Gallery soon to
become one of the most celebrated features of
both Potsdam and Sanssouci. In preparation for
the planned construction of the gallery,
Frederick the Great had ordered his contacts in
the European art centres to buy pictures. The
King principally wanted large-scale history
paintings, since these ranked top in the
hierarchy of the arts, and also best met his ideas

vertes de plaques de marbre; accrochés en deux
rangées serrées sur le mur opposé aux fenêtres,
les tableaux sont parfaitement bien intégrés à
cet ensemble. Les cadres, eux aussi dorés et très
décorés, aident les tableaux à se fondre dans
l'ensemble.

La galerie devint vite une des curiosités de
Potsdam et de Sans-Souci, ne serait-ce d'ailleurs
que par sa décoration intérieure. En prévision
de sa construction, Frédéric le Grand avait
chargé ses agents d'acheter des œuvres d'art
dans les centres artistiques européens. Le monarque désirait surtout des tableaux historiques,
considérés à l'époque comme le sommet de la
hiérarchie des genres picturaux, et correspon-
dant aussi le mieux à la fonction de prestige de
la galerie. Dans une lettre de 1754, il charge
Fredersdorff, son chambellan, d'acheter des
œuvres de ses peintres préférés : Titien,

Bildergalerie. Innenraum (links und rechts).
Während der Generalrestaurierung der Bildergalerie in
den Jahren 1992 bis 1996 wurden die großformatigen
Gemälde an Ort und Stelle restauriert. Entsprechend

Picture Gallery. Interior (left and right).
From 1992 to 1996 the Picture Gallery underwent a
general restoration. The large-scale paintings were
restored on the spot, in the gallery building. The

Intérieur de la galerie de Tableaux
(à gauche et à droite).
Pendant les travaux de restauration de la galerie, de
1992 à 1996, on restaura sur place les lourds tableaux.

der originalen Hängepläne wurden die fertigen Bilder nach Art barocker Galerien wieder in dichter Reihung über- und nebeneinander an der den Fenstern gegenüberliegenden Bilderwand plaziert.

finished pictures have been re-hung in line with the original hanging plans in the traditional way of Baroque galleries: they are hung very close, next to and above one another, along the gallery wall facing the windows.

Ils furent replacés ensuite à la manière des galeries de peinture baroques : serrés les uns contre les autres jusqu'à former un mur de tableaux face aux fenêtres.

beauftragt. Der König wünschte vor allem große Historienbilder, da diese in der Hierarchie der Künste ganz oben standen und seinen Vorstellungen von einer repräsentativen Wirkung der Galerie am besten entsprachen. Seine bevorzugten Maler nannte er in einem Brief aus dem Jahre 1754 an seinen Kammerdiener Fredersdorff, der vor allem Werke von Tizian, Veronese, Jordaens und Correggio bestellen sollte. Die Eile, mit der vorgegangen wurde und mangelnde Fachkenntnis wirkten sich dabei als Nachteil aus, denn die angeblichen Leonardos, Raffaels und Tizians stellten sich später alle als Kopien oder falsche Zuschreibungen heraus.

Der erste Katalog der Bildergalerie 1770 nannte 168 Gemälde. Zur Kollektion gehörte ein reicher Bestand flämischer und holländischer Barockmalerei, vertreten durch Künstler wie Peter Paul Rubens, Anton van Dyck, Jacob Jordaens, Teniers sowie Rembrandt und seinen Kreis. Besonderes Gefallen fand Friedrich an der Malerei des Holländers Adriaen van der Werff (1659–1722), von dem er über 20 Bilder besaß. Die Ordnung der Bilder in der Galerie verriet das zukunftweisende Bemühen um Systematik. Im Westflügel und im Mittelbau hingen Werke der niederländischen Malerei, im Ostflügel die der italienischen.

Als 1830 das Alte Museum in Berlin eröffnet wurde, wurden viele Werke dorthin gegeben, darunter auch Bilder von Correggio, Rubens, van Dyck und Rembrandt. Einen Ausgleich für die entstandenen Lücken brachten Neuankäufe und Bilder aus dem Bestand der Schlösser.

Der größte Einschnitt in der Galeriegeschichte entstand durch den Zweiten Weltkrieg. Zwei Drittel der Bilder, die der Katalog von 1930 verzeichnet, sind seit 1945 verschollen. Erst 1958, als die Sowjetunion einen großen Teil der 1945 konfiszierten Bilder zurückgab, konnte eine Neueinrichtung der Galerie vorgenommen werden. Eine Reihe von Bildern verblieben bis heute in russischen Sammlungen.

Das bedeutendste Gemälde des heutigen Bestandes ist »Der ungläubige Thomas« des italienischen Malers Caravaggio. Weiterhin gehören Bilder aus der Rubenswerkstatt wie »Die vier Evangelisten« und »Der heilige Hieronymus« zu den Spitzenwerken der Galerie.

Trotzdem sind es weniger die einzelnen Werke, die den Reiz der Bildergalerie ausmachen, als vielmehr der übergreifende Glanz eines spätbarocken Galerieraums, der darüber hinaus einer der ersten Museumsbauten in Deutschland war.

on the stately effect of the gallery. In a letter written to his valet Fredersdorff in 1754 he named his favourite painters, ordering Fredersdorff to collect works first and foremost by Titian, Veronese, Jordaens and Correggio. The speed, however, which Fredersdorff employed, and his lack of specialist knowledge, both led to detrimental results: for the works allegedly by Leonardo, Raphael and Titian were all later exposed as fakes or mistaken attributions.

The first Picture Gallery catalogue, issued in 1770, listed 168 paintings. Part of the collection consisted of a considerable number of Flemish and Dutch Baroque paintings by artists such as Peter Paul Rubens, Anthony van Dyck, Jacob Jordaens, Teniers, and Rembrandt and his circle. Frederick had a particular liking for the work of the Dutch painter Adriaen van der Werff (1659–1722) and owned more than 20 of his pictures. The order of the pictures in the gallery reveals his forward-looking efforts to achieve a systematic arrangement. Examples of Dutch painting were hung in the west wing and the main part of the building, while the east wing housed the Italian section.

When the Altes Museum opened in Berlin in 1830, many works were sent there, including paintings by Correggio, Rubens, van Dyck, and Rembrandt. The gaps created by this were filled with new acquisitions and works that had been kept in other palaces. The most decisive event in the history of the Picture Gallery was the Second World War: two thirds of the pictures listed in the 1930 catalogue were missing after 1945. It was not until 1958, when the Soviet Union returned a substantial number of the pictures confiscated in 1945, that the gallery could be re-hung. A number of paintings have remained in Russian collections.

Of the paintings housed in the gallery today, the most important is "Doubting Thomas" by the Italian painter Caravaggio. Other outstanding works in the gallery include paintings from the workshop of Rubens, such as "The Four Evangelists" and "Saint Jerome".

And yet it is not so much the individual works that constitute the charm of the Picture Gallery, as the all-encompassing splendour of a late Baroque gallery interior which was, moreover, one of the earliest museum buildings in Germany.

Véronèse, Jordaens et le Corrège. La hâte de l'opération et le manque de connaissances en peinture auront de fâcheuses conséquences pour le roi, car les Léonard de Vinci, Raphaël et Titien achetés se révéleront être des copies ou des œuvres faussement attribuées.

Le premier catalogue de la galerie, daté de 1770, répertoriait 168 tableaux. La collection était riche en œuvres de peintres baroques flamands et hollandais tels que Peter Paul Rubens, Anton Van Dyck, Jacob Jordaens, Tenier, Rembrandt et son atelier. Un des peintres préférés de Frédéric II était le Hollandais Adriaen van der Werff (1659–1722), dont il possédait plus de 20 tableaux. Le rangement des œuvres de la Galerie révèle un début de classement systématique moderne. La peinture néerlandaise se trouvait dans l'aile ouest et le corps central de bâtiment, la peinture italienne dans l'aile est.

Lorsque l'Ancien Musée de Berlin ouvrit ses portes en 1830, de nombreuses peintures du Corrège, de Rubens, de Van Dyck et de Rembrandt y furent transférées. De nouvelles acquisitions et des tableaux provenant des fonds des châteaux vinrent remplir les vides. Mais l'événement aux conséquences les plus graves pour la galerie fut la Seconde Guerre mondiale. Les deux tiers des tableaux répertoriés dans le catalogue de 1930 avaient disparu en 1945. Ce n'est qu'en 1958 que l'on put procéder à un réaménagement de la galerie après que l'Union Soviétique eût rendu la majeure partie des œuvres confisquées. Le reste se trouve toujours dans des collections russes.

L'œuvre la plus importante du fonds actuel est indubitablement celle du peintre italien le Caravage, « Saint Thomas ». La collection compte aussi des peintures de l'atelier de Rubens : « Les quatre Evangélistes » et « Saint Jérôme ».

Mais ce sont moins les peintures elles-mêmes qui font le vrai charme de cette galerie de tableaux que sa somptuosité d'un style baroque finissant, et le fait qu'elle a été un des premiers musées d'Allemagne.

Gartenpartie beim Lustgarten.
In der ersten Hälfte des 19. Jahrhunderts löste der damalige Gartendirektor Peter Joseph Lenné die strenge Ordnung des Barockgartens zugunsten von Elementen des in dieser Zeit modernen Landschaftsgartens auf. Erhalten, wenn auch an anderer Stelle, blieb der plastische Schmuck aus friderizianischer Zeit, wie die Reliefvase mit Puttenszenen des italienischen Bildhauers Bartolomeo Cavaceppi.

Garden scene near the Lustgarten (Pleasure-grounds).
During the first part of the 19th century, the then Director of the Royal Gardens, Peter Joseph Lenné, abandoned the strict order of the Baroque garden in favour of elements of the landscape garden which was popular at the time. What remained from the era of Frederick the Great – albeit in a different place – were the sculptural ornaments such as the relief vase with putti scenes by the Italian sculptor Bartolomeo Cavaceppi.

Partie du Lustgarten (jardin de plaisance).
Pendant la première moitié du XIXᵉ siècle, Peter Joseph Lenné, directeur des jardins royaux, substitua à l'ordre sévère du jardin baroque certains éléments plus modernes du jardin paysager. Il laissa en revanche, quoique placés à un autre endroit, les objets décoratifs de l'époque frédéricienne tels que le vase orné de scènes de putti en relief, une réalisation du sculpteur italien Bartolomeo Cavaceppi.

DAS CHINESISCHE HAUS

Im Zuge der Erweiterung und Ausschmückung seines Gartens ließ Friedrich der Große eine Reihe von Parkarchitekturen errichten, von denen das Chinesische Haus die außergewöhnlichste und schönste zugleich ist. Der König folgte mit diesem Gartenpavillon der in der höfischen Kunst des 18. Jahrhunderts weit verbreiteten Chinamode. Luxusgüter aus Ostasien, wie Seiden, Porzellane und Waren aus Lack und Perlmutt, wurden an den europäischen Fürstenhöfen mit Eifer gesammelt und in eigens dafür eingerichteten Kabinetten ausgestellt. Man erfreute sich an den zierlichen Formen der ostasiatischen Kunst, die sich harmonisch mit der Kunst des Rokoko verband, so daß bald auch ganze Räume und Bauwerke »chinois« gestaltet wurden, die den stimmungsvollen Rahmen für die Zerstreuungen der Hofgesellschaft bildeten.

Friedrich der Große hatte schon das erste Gästezimmer im Schloß Sanssouci im chinesischen Stil ausstatten lassen. Für das Chinesische Haus griff er auf eine architektonische Vorlage zurück, die er einem Kupferstichwerk über die Bauten des französischen Architekten Emmanuel Héré de Corny (1705–1763) entnahm, das er in seiner Bibliothek aufbewahrte. Héré hatte für den polnischen König Stanislaus Lesczynski, der in Frankreich im Exil lebte (seine Tochter war 1725 mit Ludwig XV. vermählt worden), in dessen Schloßpark Lunéville einen Pavillon errichtet, der vor allem beim Grundriß das Vorbild für das Chinesische Haus in Sanssouci abgab.

Die Pläne für das Chinesische Haus stammen von Johann Gottfried Büring, der auch die Bildergalerie erbaute. Der Bau wurde 1755 begonnen und 1764 fertiggestellt. Die für eine friderizianische Architektur ungewöhnlich lange Bauzeit erklärt sich, ähnlich wie bei der Bildergalerie, durch den Siebenjährigen Krieg, dessen Auswirkungen die Fertigstellung immer wieder verzögerten. Gewöhnlich drängte Friedrich der Große mit dem lakonischen Argument »es soll nur bey meinem Leben dauern« auf eine schnelle Fertigstellung seiner Bauten, nicht selten zur Verzweiflung der Baumeister und auf Kosten der Solidität der Fundamente.

Die Freude am Exotischen und der Hang zum Dekorativen in der Kunst des Rokoko vermischen sich beim Chinesischen Haus auf faszinierende Weise. Ähnlich wie die Neptungrotte ist dieser Pavillon vor allem Gartenarchitektur. In erster Linie reizvolle Staffage, diente er der Ausschmückung des Gartens und wurde außerdem als Stätte für kleine Gesellschaften genutzt. Natur und Kunst, Freiraum und Architektur sind zu einem harmonischen Ganzen verbunden.

Wie bei dem Pavillon in Lunéville entspricht der Grundriß des Chinesischen Hauses der Form eines Kleeblatts. Ein kreisrunder Innenraum erweitert sich in regelmäßigen Abständen zu drei

CHINESE PAVILION

As part of his project to extend and embellish the gardens of Sanssouci, Frederick the Great ordered a number of edifices to be built in the park, the most unusual and at the same time the most beautiful of which is the Chinese Pavilion. In choosing this garden pavilion, the King followed the fashion for things Chinese which was wide-spread in the arts at court in the 18th century. Luxury goods from East Asia, such as silks, porcelain and items made of lacquer and mother-of-pearl, were eagerly collected at the royal courts of Europe and displayed in rooms designed especially for that purpose. The delicate forms of the art of the Far East could be integrated harmoniously with the Rococo style. Soon this resulted in whole rooms and buildings being designed and decorated in the Chinese style, creating an atmospheric framework for court entertainments.

Even the very first guest room in the palace of Sanssouci had been ordered by Frederick the Great to be designed in the Chinese style. In the case of the Chinese Pavilion, he referred to an architectural model that he had taken from a volume in his library, of copperplate engravings of the buildings designed by the French architect Emmanuel Héré de Corny (1705–1763). The Polish King Stanislaus Lesczynski, who lived in exile in France – his daughter was married to Louis XV in 1725 – had commissioned Héré to build a pavilion in his palace gardens at Lunéville. The groundplan and some details served as the model for the Chinese Pavilion at Sanssouci.

The plans for the pavilion were supplied by Johann Gottfried Büring, who also built the Picture Gallery. Work was begun in 1755 and finished in 1764. The unusually long construction period for a Frederician building is explained, as in the case of the Picture Gallery, by the Seven Years War, whose effects again and again delayed its completion. Usually Frederick the Great urged a quick completion of his buildings with the laconic argument that "it is enough if it only lasts my lifetime" – an attitude that often drove the architect to despair, and which caused the solidity of certain buildings' foundations to suffer.

The Chinese Pavilion is a fascinating example of how in the art of Rococo, a delight in things exotic was mixed with a tendency to decoration. Similarly to the Neptune Grotto, this pavilion is first and foremost part of the garden architecture. Its function was to provide a charming addition, a decorative element for the garden, and it was also used for small parties. Nature and art, free space and architecture, have all been combined to form a harmonious whole. Following the model of the pavilion at Lunéville, the groundplan of the Chinese Pavilion is in the shape of a clover-leaf. A circular interior is extended at regular intervals into three leaf-

LE PAVILLON CHINOIS

Dans le cadre de l'agrandissement et de l'embellissement de son jardin, Frédéric le Grand fit construire une série de petits édifices dont le plus beau et le plus original est certainement le Pavillon chinois. L'engouement pour la Chine et les chinoiseries avait gagné les cours européennes au XVIIIe siècle. Des produits de luxe en provenance d'Extrême-Orient comme les soies, les porcelaines, les objets en laque et nacre furent collectionnés avec fièvre dans les cours royales ou princières, et exposés dans des cabinets aménagés à cet effet. La délicatesse des formes de l'art asiatique était très appréciée, et se mariait très bien avec le rococo. On se mit à décorer des salles ou à construire des édifices à la chinoise pour une société aristocratique encline à choisir un cadre féerique pour mettre en scène ses distractions.

C'est dans le style chinois que Frédéric le Grand avait fait décorer la première chambre d'invités du château de Sans-Souci. Pour le Pavillon chinois, il recourut à un modèle architectonique qu'il avait découvert dans un recueil de gravures sur les réalisations d'Emmanuel Héré de Corny (1705–1763), un architecte français, recueil qu'il conservait dans sa bibliothèque. Héré avait construit un pavillon chinois pour le roi de Pologne Stanislas Leszczynski dans le parc de son château de Lunéville où le monarque vivait en exil (sa fille épousa Louis XV en 1725). C'est donc le plan de ce pavillon qui servit de base à celui de Sans-Souci.

Le dessin est de Johann Gottfried Büring, qui construisit aussi la galerie de Tableaux. Le pavillon fut commencé en 1755 et terminé en 1764. La longueur inhabituelle des travaux s'explique, comme dans le cas de la galerie, par la guerre de Succession d'Autriche qui avait sans cesse différé son achèvement. Frédéric se montrait en général impatient de voir ses édifices terminés et répétait « il ne doit durer que le temps de ma vie ». On imagine le désespoir des architectes et l'inconvénient que cette hâte représentait pour la solidité de la construction.

Plaisir de l'exotisme et goût du décoratif – cet alliage fascinant est une bonne définition du

Blick vom Chinesischen Haus in den Garten.
Eines der schönsten Bauwerke der in der höfischen Kunst des 18. Jahrhunderts in ganz Europa verbreiteten Chinamode ist dieser Gartenpavillon.

View of the garden from the Chinese Pavilion.
This garden pavilion is one of the most beautiful examples of the fashion for all things Chinese which spread throughout all European courtly art and architecture in the 18th century.

Le jardin vu du Pavillon chinois.
Ce pavillon est l'un des plus beaux édifices de ce style très en vogue dans les cours européennes au XVIIIe siècle.

Das Chinesische Haus.
Figurengruppen von früchteessenden, teetrinkenden
und musizierenden Chinesen umrahmen das Chinesische Haus. Die aus Sandstein gearbeiteten und blatt-

The Chinese Pavilion.
The Chinese Pavilion is framed by sculptural groups
showing Chinese people eating fruit, drinking tea, and
making music. The leaf-gilded sandstone sculptures are

Le Pavillon chinois.
Des groupes Chinois mangeant des fruits, buvant du
thé ou faissant de la musique entourent le pavillon. Ces
rondes-bosses en grès recouvert d'une feuille d'or

vergoldeten Plastiken zählen zu den ausdrucksvollsten Arbeiten der von Friedrich dem Großen vielbeschäftigten Bildhauer Johann Gottlieb Heymüller und Johann Peter Benckert.

amongst the most expressive work produced by Johann Gottlieb Heymüller and Johann Peter Benckert, two sculptors who were given frequent commissions by Frederick the Great.

comptent au nombre des réalisations les plus expressives de deux sculpteurs, Johann Gottlieb Heymüller, qui travailla beaucoup pour Frédéric le Grand, et son ami Johann Peter Benckert.

Blick aus dem nordöstlichen Kabinett in den Mittelsaal (rechts). Detail der Wandbespannung im nordöstlichen Kabinett (links). Nach wenigen erhaltenen Resten wurde die seidene Wandbespannung in diesem Kabinett während der Restaurierung des Chinesischen Hauses in den Jahren 1991/93 rekonstruiert. Restauratoren bemalten in wochenlanger Arbeit die Seidenbahnen mit den Originalmotiven des 18. Jahrhunderts.

View from the north-eastern chamber towards the central hall (right). Detail of the wall covering in the north-eastern chamber (left). The restoration of the Chinese Pavilion during the years 1991 to 1993 included the reconstruction, based on only a few preserved remains, of the silk wall covering of this room. Restorers took several weeks to paint lengths of silk with original 18th century motifs.

La salle centrale vue du cabinet situé au nord-est (à droite) et détail de la tenture de ce même cabinet (à gauche). Le Pavillon chinois a été restauré de 1991 à 1993. La tenture en soie du cabinet a été refaite à partir de quelques restes conservés. Des semaines durant, des restaurateurs peignirent sur des lés de soie les motifs originaux datant du XVIIIe siècle.

blattförmigen Kabinetten, denen drei Freiräume im Garten antworten. Zwischen den Kabinetten liegen kleine Vorhallen. Genau wie beim Grundriß fand dort wieder ein Motiv aus der Natur Verwendung, indem das Dach der Vorhallen von vergoldeten Palmen getragen wird. Auch die um die Palmen plazierten Figurengruppen und die Plastiken der musizierenden Chinesen vor den Kabinetten (Arbeiten der Bildhauer Johann Gottlieb Heymüller und Johann Peter Benckert) sind mit Blattgold überzogen. Fast fühlt man sich als Zuschauer eines asiatischen Märchenstückes, in dem man unvermittelt, auf einer

shaped anterooms which are matched by three open areas in the garden. Small entrance halls are situated between the anterooms. As in the case of the groundplan, here, too, a motif from nature was used: the roof over the entrance halls is held up by gilded palm trees. Also covered with gold leaf are the groups of figures placed around the palm trees and the sculptures of Chinese musicians in front of the anterooms, works by the sculptors Johann Gottlieb Heymüller and Johann Peter Benckert. One feels almost like a spectator watching some Far Eastern fairytale at which suddenly one turns into one of the actors. The

Pavillon chinois. Mais comme la grotte de Neptune, cette construction était avant tout un élément architectural du parc. Ce splendide décor de théâtre servait d'ornement de jardin et de cadre aux petites assemblées. La nature et l'art, l'espace et l'architecture s'unissent ici pour former un tout harmonieux.

Son plan est similaire à celui du Trèfle, le pavillon de Lunéville. Il se présente comme une salle ronde avec, autour, trois cabinets en forme de folioles, prolongés par trois espaces similaires dans le jardin. Les cabinets sont séparés par trois porches dont les toits reposent sur des palmiers

Ebene mit den Figuren, selbst zum Mitspieler wird. Der schöne Kontrast, den das Gold mit dem Grün der Natur bildet, unterstreicht noch das Zauberhafte der Inszenierung. Unter einem aufgespannten Schirm bekrönt auf der Spitze des bemalten Kupferdaches ein überlebensgroßer vergoldeter Mandarin das Bauwerk.

Im Innenraum führt das von Thomas Huber (1700–1779) geschaffene Deckenbild im Mittelsaal das Thema der Figuren vom Außenbau weiter. Die Entwurfszeichnung stammt von dem Pariser Künstler Blaise Nicolas Le Sueur (1716–1783), der als Zeichenlehrer an der Berliner Kunstakademie unterrichtete. In einer illusionistischen Architekturdarstellung zeigt das Bild eine ausgelassene chinesische Gesellschaft. Papageien fliegen umher, und an Girlanden schaukeln Affen. Die Wände des Innenraums sind mit seladongrün eingefärbtem Stuckmarmor überzogen, auf dem vergoldete Konsolen mit ostasiatischen Porzellanen plaziert sind. In den Kabinetten waren die Wände mit bemalten Seidentapeten ausgelegt. Bei der letzten Restaurierung des Chinesischen Hauses in den Jahren 1990 bis 1993 konnten die Bespannungen in zwei Kabinetten rekonstruiert werden. Kleine erhaltene Stücke der Originalbespannungen bildeten die Grundlage für die Rekonstruktion einer bemalten und einer bedruckten Tapete. Mehrere Restauratoren bemalten in wochenlanger Arbeit die seidenen Bahnen der Bespannung mit einem exotischen Blumenmuster.

Für die Zubereitung von Speisen bei Gesellschaften im Chinesischen Haus errichtete Büring 1764 in der Nähe noch ein Küchengebäude in chinesischen Formen.

Entgegen der heutigen Wirkung des Chinesischen Hauses im Gefüge des Parks, wo der Pavillon durch lange Sichten von vielen Punkten aus gesehen werden kann, war er im 18. Jahrhundert in einen dicht gestalteten Gartenraum eingebunden. Geschlängelte Wege führten durch waldartige Partien, die schon Elemente des in diesen Jahren modern werdenden Landschaftsgartens erkennen ließen. Hohe Heckenwände umschlossen das Chinesische Haus, so daß die Überraschung umso größer war, wenn der Spaziergänger im sich öffnenden Rund der Hecken plötzlich auf den golden erstrahlenden Pavillon traf. Im Innern der von Hecken umsäumten Gartenräume wurde, wie in der friderizianischen Zeit üblich, Obst und Gemüse kultiviert.

Als weiteres Bauwerk der Chinamode erbaute Carl von Gontard (1731–1791) auf einer Anhöhe am nordwestlichen Rande des Parkes Sanssouci zwischen 1770 und 1772 das Drachenhaus. Das einer chinesischen Pagode nachempfundene kleine Bauwerk erhielt seinen Namen nach den in Kupfer getriebenen, vergoldeten Drachen auf den geschweiften Dachenden. Das Haus sollte dem Winzer des nahegelegenen Weinbergs als Wohnung dienen.

magic of the scene is further enhanced by the beautiful contrast of the gold and the green of the natural setting. The crowning glory of the building is a larger-than-life, gilded mandarin under an open parasol on top of the painted copper roof.

The figurative theme started on the exterior of the building is continued inside in the ceiling painting by Thomas Huber (1700–1779) in the central hall. The cartoon was supplied by the Parisian artist Blaise Nicolas Le Sueur (1716–1783) who was a drawing instructor at the Academy of Art in Berlin. The painting depicts an exuberant Chinese party set in illusory architectural surroundings. There are parrots flying about, and monkeys swinging on festoons. The interior walls are faced with stucco marble that has been dyed a delicate green, on which are placed gilded consoles with Far Eastern porcelain pieces. The walls in the anterooms were covered with painted silk wallpaper. During the latest restoration of the pavilion, from 1990 to 1993, the coverings in two of the anterooms – one painted and one printed wallpaper – were reconstructed on the basis of some small pieces that had been preserved from the original coverings. It took a whole group of restorers several weeks to paint an exotic flower pattern onto the strips of silk wallpaper.

In 1764 Büring added a kitchen building close by, also in Chinese style, to provide catering facilities for parties at the Chinese Pavilion.

Today the pavilion can be seen from quite some distance from many different points in the park. This was not the case in the 18th century, when the effect of the pavilion was very different as it was integrated purposefully into a densely structured garden area. Then, winding paths led through stretches of woodland that already showed elements of the kind of landscape garden which had more recently become fashionable. The Chinese Pavilion was enclosed by high walls of hedges, so that the person strolling in the garden was all the more surprised to come upon an opening in the hedge and suddenly be confronted by the pavilion aglow with gold. As was usual in the time of Frederick, fruit and vegetables were grown in the hedged areas.

Another example of Chinoiserie at Sanssouci is the Dragon House (from 1770 to 1772) built by Carl von Gontard (1731–1791) and situated on an elevation at the north-western edge of the park of Sanssouci. Inspired by a Chinese pagoda, the little building was named after the dragons, beaten in copper and gilded, that are placed on the curved edges of the roof. The house was designed to serve as living quarters for the vintner of the vineyard close by.

dorés, une autre référence à la nature. Les personnages groupés autour des palmiers ainsi que les musiciens placés devant les cabinets sont recouverts également d'une feuille d'or. Ces sculptures sont l'œuvre de Johann Gottlieb Heymüller et de Johann Peter Benckert. En côtoyant les personnages, on s'imaginerait presque spectateur, voire acteur d'un conte de fées extrême-oriental. Le contraste de l'or sur la verdure environnante parachève le charme magique de la scène. Un mandarin doré, plus grand que nature, orne le toit en cuivre peint, abrité sous un parasol ouvert.

Le plafond de la salle circulaire, une création de Thomas Huber (1700–1779), prolonge le spectacle extérieur. Les croquis avaient été dessinés par Blaise Nicolas Le Sueur (1716–1783), un artiste de Paris enseignant à l'Académie des beaux-arts de Berlin. Le plafond représente un groupe de Chinois en train de s'amuser sur fond de décor en trompe-l'œil ; autour d'eux virevoltent des perroquets, et des singes se balancent à des guirlandes. Les murs revêtus de stuc teint en vert céladon servent d'appui à des consoles dorées supportant de la porcelaine de Chine. Les trois cabinets étaient tapissés à l'origine de soie peinte. Lors des derniers travaux de restauration (1990–1993), on réussit à refaire les tentures de deux cabinets. On prit comme modèles des bouts de tentures originales pour reconstituer une tenture peinte et une autre imprimée. Des semaines durant, un groupe de restaurateurs fut occupé à peindre de fleurs exotiques des lés en soie.

En 1764, Büring construisit, non loin de là, une petite cuisine de style chinois afin de sustenter les invités du Pavillon chinois.

Aujourd'hui, on peut apercevoir celle-ci de n'importe quel coin du parc ; au XVIIIᵉ siècle, par contre, elle se trouvait nichée dans une verdure si épaisse qu'elle la soustrayait presqu'aux yeux des visiteurs. Pour y accéder, il fallait prendre des chemins serpentant à travers des boqueteaux, un arrangement qui évoque déjà le jardin anglais qui s'imposera au cours des années suivantes. De hautes haies dissimulaient si bien le Pavillon que la surprise du promeneur était grande quand il se trouvait, soudain, en pleine clairière devant un bel objet scintillant. Les haies servaient aussi, comme c'était souvent le cas à l'époque frédéricienne, à la culture des fruits et des légumes.

Un autre petit édifice de style chinois, œuvre de Carl von Gontard (1731–1791), fut construit plus tard, entre 1770 et 1772, sur une hauteur au nord-ouest du parc de Sans-Souci : le pavillon des Dragons. Sa forme rappelle une pagode chinoise, et son nom tire son origine des dragons en cuivre doré placés sur les bords ailés du toit. Le pavillon était prévu pour loger le vigneron de Sans-Souci.

Mittelsaal (links).
Vergoldeter figürlicher Schmuck, vergoldete Konsolen, auf denen Zierporzellan plaziert ist, und Wandbranchen aus vergoldeter Bronze beleben die mit grün eingefärbtem Stuckmarmor verkleideten Wände des Mittelsaales.

Central hall (left).
Gilded figurative ornaments, gilded pedestals with decorative porcelain, and wall decorations made from gilded bronze all enliven the walls of the central hall which are made of stuccoed marble dyed green.

La salle centrale (à gauche).
Une décoration figurée dorée, des consoles, or elles aussi, sur lesquelles est posée de la porcelaine fine et des branches en bronze doré égaient les murs en marbre artificiel vert.

Deckenmalerei im Mittelsaal (rechts).
Die Deckenmalerei, die der Maler Thomas Huber im Jahre 1756 ausführte, zeigt in einer illusionistischen Architektur eine elegante und ebenso exotisch wie der ganze Pavillon wirkende Gesellschaft von Frauen und Männern, umgeben von spielenden Affen, Vögeln und Buddhafiguren.

Ceiling painting in the central hall (right).
Painted by Thomas Huber in 1756, the ceiling painting depicts an illusionistic architectural setting. A party of stylish men and women, as exotic as the pavilion, are surrounded by playful monkeys, birds and buddha figures.

Le plafond de la salle centrale (à droite).
Le plafond réalisé en 1756 par le peintre Thomas Huber représente un groupe élégant et aussi exotique que le Pavillon lui-même : des Chinois - hommes et femmes - peints dans un décor en trompe-l'œil et entourés de singes et d'oiseaux virevoltants ainsi que de bouddhas.

Kolonnade.
Die nach Plänen der Architekten Jean Laurent Le Geay und Carl von Gontard errichtete Kolonnade bildet in Verbindung mit den aufwendig gestalteten Wirtschaftsgebäuden, den Communs, das architektonische Gegenüber des Neuen Palais. Die Ausdehnung der Kolonnade entspricht genau der Breite des Ehrenhofes.

Colonnade.
The plans for the colonnade were provided by the architects Jean Laurent Le Geay and Carl von Gontard. Together with the domestic offices of very costly design (the "Communs"), the colonnade provides the architectural counterpart to the New Palace. The length of the colonnade corresponds exactly to the width of the Court of Honour.

La Colonnade.
La colonnade construite d'après des plans de Jean Laurent Le Geay et de Carl von Gontard constitue avec les Communs, deux dépendances somptueuses, le pendant architectonique du Nouveau Palais. La longueur de la colonnade correspond exactement à la largeur de la cour d'honneur.

Grottensaal (rechts und links).
Phantastische, aus Stuck und Muscheln gestaltete
Meereswesen, Brunnennischen mit Marmorplastiken
und der farbig eingelegte Marmorfußboden bilden die
Zauberwelt des Grottensaales, der in der Mitte des
Erdgeschosses liegt. Das Vorbild für den nach Plänen
von Carl von Gontard gestalteten Saal war wahrscheinlich der von Matthäus Daniel Pöppelmann 1712/13
eingerichtete Grottensaal im Dresdner Zwinger.

Grottensaal (Grotto Room; right and left).
The Grotto Room was designed according to plans by
Carl von Gontard and is situated in the centre of the
ground floor. Its magic world is made up of fantastic
creatures of the sea made from stucco and shells, of
recesses containing fountains and marble sculptures,
and of the inlaid floor of coloured marble. It is likely
that the Grotto Room at Sanssouci was inspired by the
Grotto Room in the Zwinger in Dresden which was
designed by Matthäus Daniel Pöppelmann in 1712/13.

La Grotte (à gauche et à droite).
L'univers fabuleux de la Grotte, qui occupe une
position centrale au rez-de-chaussée, est constitué de
créatures marines en stuc et en coquillages, de niches
occupées par des fontaines et ornées de statues en
marbre, et d'un sol en marbre coloré. Cette Grotte
aménagée sur des plans de Carl von Gontard a
certainement eu pour modèle celle du palais du
Zwinger à Dresde que Matthäus Daniel Pöppelmann
avait construite dès 1712/13.

tion eingebundenen sechs Gemälde Meisterwerke der italienischen Barockmalerei sind.

Die Dekoration in den Fürstenwohnungen verwendet noch einmal Formen des Rokoko, allerdings wird nun aber, in der spätesten Phase dieses Stils, die Leichtigkeit und Eleganz der Ornamentik im zwanzig Jahre früher errichteten Schloß Sanssouci aufgegeben. Formen von starker, voller Plastizität und teilweise auch Farbigkeit bestimmen den Eindruck dieser Räume. In der Königswohnung jedoch erreicht das friderizianische Rokoko noch einmal die frühere Eleganz. Die Wände sind mit kostbaren Silber- und Goldbrokaten bespannt oder reich mit plastischem Schmuck verziert. Prunkmöbel und Fußböden zeugen von der Blüte der Furnier- und Intarsienkunst in der Regierungszeit Friedrichs des Großen. Licht und duftig wirkt das Schreibkabinett der Königswohnung. Bunte Blumen in Lackmalerei überziehen die Wände. Besonders

which point towards Classicism, while the six paintings integrated into the wall decoration are masterpieces of Italian Baroque art.

The decoration in the royal apartments once more uses the forms of Rococo. Yet now, in this latest phase of the Rococo style, the lightness and elegance that marked the ornamentation of Sanssouci twenty years previously has been lost. The atmosphere in these rooms is determined by stronger and sometimes more colourful forms. In the King's living quarters, however, Frederician Rococo once more attains its former elegance. The walls are covered with expensive silver and gold brocades, or decorated with a rich array of sculptural ornament. Sumptuous furniture and floors bear witness to the flowering of the art of veneer and of inlay during the reign of Frederick the Great. The atmosphere of the study in the King's quarters is light and airy. The walls are covered by colourful flowers painted in lacquer.

dans le château de Sans-Souci, construit vingt ans auparavant. Des formes d'une intense et puissante plasticité et une impression de coloré, en partie au moins, dominent dans ces pièces. Mais le rococo frédéricien atteint une fois encore à l'élégance passée dans les appartements royaux. Les murs sont tendus de brocart ou ponctués de riches ornements en relief. Les meubles et les planchers témoignent de la maîtrise de l'art de la marqueterie et du placage à l'époque de Frédéric le Grand. Le cabinet du roi donne une impression de clarté et de légèreté. Les murs sont recouverts de laque décorée de fleurs colorées. Les cadres des miroirs, en porcelaine de Berlin, sont précieux et rares; leur décor répond à celui des murs.

Johann Christian Hoppenhaupt (1709–entre 1778 et 1786), créateur de nombreux et élégants intérieurs frédériciens, fut chargé de construire un théâtre dans l'aile sud du Nouveau Palais. L'intérieur est décoré dans les tons de

Marmorsaal (links und rechts).
Die Wände und der Fußboden des größten Festsaals im
Neuen Palais sind gänzlich mit edlen Marmorsorten
verkleidet bzw. ausgelegt. Zum plastischen Schmuck
das Saales gehören von dem holländischen Bildhauer
Bartolomäus Eggers geschaffene Marmorskulpturen
brandenburgischer Kurfürsten, die ehemals im zerstör-
ten Berliner Stadtschloß standen. Die mittlere Abbil-
dung zeigt den Kurfürsten Friedrich Wilhelm, den
sogenannten Großen Kurfürsten.

Marmorsaal (Marble Hall; left and right).
All the walls and the floor of this largest function room
in the New Palace are completely covered or inlaid
with various types of precious marble. The decorative
sculptural work in this hall include marble sculptures
showing the electors of Brandenburg. They were
created by the Dutch sculptor Bartolomäus Eggers and
used to be displayed in the city palace in Berlin before
it was destroyed. The sculpture in the centre represents
the Elector Frederick William, the Great Elector.

La salle de Marbre (à gauche et à droite).
Les murs et le sol de la plus grande salle de réception
du palais sont en marbres variés les plus fins. La
décoration de la salle est faite de statues en marbre
représentant des princes électeurs brandebourgeois,
marbres dus au ciseau de Bartolomäus Eggers et qui se
trouvaient au château urbain de Berlin avant sa
destruction. La reproduction du milieu représente
l'Électeur Frédéric-Guillaume, dit le Grand Électeur.

kostbar und selten sind die Spiegelrahmen aus
Berliner Porzellan, deren Dekor das Blumenmo-
tiv weiterführt.

Nach Entwürfen von Johann Christian
Hoppenhaupt (1709–1778/1786), der in vielen
friderizianischen Bauten elegante Innendekorationen schuf, wurde im Südflügel des Neuen
Palais ein Schloßtheater eingerichtet. Der vom
Farbklang Weiß, Gold und Rot beherrschte
Theaterraum vermittelt einen erhebenden, festlichen Eindruck. Nach Art eines antiken Amphi-
theaters steigen halbrunde Sitzreihen nach oben
an. Vergoldete Hermen tragen den Rang und
gliedern den Zuschauerraum. Geschnitzte vergoldete Palmen rahmen die Bühnenöffnung,
über der Thalia, die komische, und Melpomene,
die tragische Muse schweben. Die beiden Musen
tragen ein Schild mit den Initialen Friedrichs
und preisen den König als Beschützer der
Künste.

Particularly precious rarities are the mirror
frames executed in Berlin porcelain, the décor of
which continues the flower theme.

Following plans by Johann Christian
Hoppenhaupt (1709–1778/1786), who was
responsible for some very elegant interior
decoration in many buildings commissioned
by Frederick, a theatre was built in the south
wing of the New Palace. Dominated by a colour
scheme of white, gold and red, the theatre
creates an uplifting and festive impression.
Semi-circular rows of seats ascend in the style
of a classical amphitheatre. Carved gilded herms
hold up the circle and give structure to the auditorium. The stage opening is framed by gilt palm
trees and above it hover Thalia, the Muse of
Comedy, and Melpomene, the tragic Muse.
The two Muses hold a plaque featuring Frederick's initials and praising the King as the
protector of the arts.

rouge, de blanc et d'or, ce qui lui confère un
aspect impressionnant et solennel. Il est construit
en gradins semi-circulaires, tel un amphithéâtre
antique.

Des palmiers en bois doré encadrent la scène
au-dessus de laquelle planent Thalie, la Muse de
la comédie, et Melpomène, la Muse de la tragé-
die. Elles tiennent une feuille portant les initiales
de Frédéric, et, ce faisant, lui rendent hommage
comme protecteur des arts.

Après deux ans de construction, l'ouverture
du théâtre eut lieu le 18 juillet 1768 avec la
représentation d'un oratorio de Johann Adolf
Hasse (1699–1783). On y donnait aussi bien de
l'opéra – le monarque était l'auteur de plusieurs
librettos – que du théâtre français. Le théâtre du
Nouveau Palais n'a jamais cessé de remplir sa
fonction : c'est toujours une salle de spectacle où
sont représentées des œuvres d'opéra, d'art dra-
matique et des soirées musicales.

Damenschlafzimmer in der in der Wohnung des Prinzen Heinrich (links und rechts).
Für die Potsdam-Aufenthalte des Prinzen Heinrich, seinen Bruder, dem er 1744 Schloß Rheinsberg

Ladies' bedroom in Prince Henry's apartment (left and right).
Frederick the Great had an apartment in the New Palace fitted out for his brother Prince Henry, for the

La chambre des Dames dans l'appartement du prince Henri (à gauche et à droite).
Pour les séjours à Potsdam du prince Henri, son frère, auquel il avait fait don du château de Rheinsberg en

geschenkt hatte, ließ Friedrich der Große eine Wohnung im Neuen Palais einrichten, deren Ausstattung weitgehend authentisch erhalten blieb.

latter's use when he visited Potsdam. The furniture and fittings have been largely preserved in their authentic state. In 1744 the King had presented his brother with Rheinsberg Palace.

1774, Frédéric le Grand fit aménager dans le Nouveau Palais un appartement dont la décoration est restée en grande partie conservée.

Theater.

Das Theater im Neuen Palais zählt zu den schönsten erhaltenen Schloßtheatern des 18. Jahrhunderts. Die Sitzreihen sind wie in einem antiken Amphitheater im Halbrund angeordnet. Eine Königsloge, sonst in jedem Hoftheater üblich, sucht man vergeblich. Friedrich der Große verzichtete auf eine Loge, er pflegte den Aufführungen in der dritten Reihe des Parketts beizuwohnen. Die Dekoration des Zuschauerraums stammt von Johann Christian Hoppenhaupt, der auch die vergoldeten Hermen schuf, die den zweiten Rang tragen. Das Theater wird bis zum heutigen Tag bespielt.

Theatre.

The Theatre in the New Palace is one of the most beautiful 18th-century court theatres still in existence. The seats are arranged in semi-circular rows as they were in ancient amphitheatres. Anyone expecting to see a Royal box will look in vain. Frederick the Great decided to do without a box, preferring instead to watch the performances from the third row of the stalls. The auditorium was furnished by Johann Christian Hoppenhaupt, who also created the golden portrait busts which support the second tier. The Theatre is still used for performances.

Le Théâtre.

Ce théâtre compte parmi les plus beaux théâtres de château conservés du XVIII᷂e᷂ siècle. Les fauteuils sont disposés en arc de cercle comme dans un amphithéâtre antique. On y cherchera vainement la loge royale des théâtres de cour. Frédéric le Grand, en fait de loge, préférait occuper une place au troisième rang de l'orchestre. La décoration de la salle ainsi que les hermès dorés qui supportent le deuxième balcon sont de Johann Christian Hoppenhaupt. Le théâtre n'a jamais cessé de fonctionner.

Nach zweijähriger Bauzeit wurde das Theater am 18. Juli 1768 mit einem Oratorium von Johann Adolf Hasse (1699–1783) eröffnet. Im Schloßtheater wurden Opern – der König selbst schrieb mehrere Libretti – und französisches Schauspiel aufgeführt. Bis heute erfüllt das Theater seinen eigentlichen Zweck und ist Spielstätte für Oper, Schauspiel und Konzert.

Ein Gegengewicht zu der mächtigen Baumasse des Neuen Palais bilden im Garten zwei kleine Rundtempel, die nach Plänen von Gontard 1768 erbaut wurden. Den Freundschaftstempel ließ Friedrich der Große zum Andenken an seine 1758 verstorbene Lieblingsschwester Wilhelmine errichten, die Markgräfin in Bayreuth gewesen

After a construction period of two years, the theatre opened on 18 July 1768 with an oratorio by Johann Adolf Hasse (1699–1783). Subsequent programmes included opera – the King himself wrote several libretti – and French drama. To this day the theatre remains a venue for opera, drama, and concerts, thus fulfilling its original function.

Two small circular temples were built according to Gontard's plans in 1768 and created a counterbalance to the mighty architectonic mass of the New Palace. The Temple of Friendship was commissioned by Frederick the Great in memory of his favourite sister Wilhelmine, Margravine of Bayreuth, who had died in 1758.

Dans le jardin, deux petits temples ronds apportent un contrepoids à l'imposante masse du Nouveau Palais; ils furent construits en 1768 sur des plans de Gontard. Le temple de l'Amitié fut dédié par Frédéric II à la mémoire de sa sœur préférée Wilhelmine, margravine de Bayreuth, morte en 1758. Bon nombre d'artistes qui avaient travaillé pour le compte de Wilhelmine étaient partis en Prusse après sa mort. Parmi eux, deux sculpteurs, les frères Räntz, Johann David (1729–1783) et Johann Lorenz (1733–1776), qui avaient réalisé une statue de la margravine à partir d'un tableau d'Antoine Pesne, statue qui fut placée dans le temple monoptère.

Konzertzimmer im Oberen Fürstenquartier (rechts und links).
Im überreichen Dekor dieses Raumes, das Motive der Jagd verarbeitet, erreicht das friderizianische Rokoko noch einmal eine späte Blüte. Gleichwohl kündigen die kreisrunden, in die Dekoration eingebundenen Wandbilder die allmähliche Abkehr von diesem Stil an.

Music room in the Upper Royal Quarters (left and right).
The Frederician Rococo style reaches a late flowering in the lavish décor of this room, in which hunting motifs are represented. At the same time, the circular wall paintings integrated into the overall decoration herald the gradual turning away from this style.

La salle de concert dans les appartements princiers du premier étage (à gauche et à droite).
Le rococo frédéricien finissant atteint une fois encore son apogée avec la riche décoration de cette salle, dont le motif est la chasse. Mais les peintures murales aux formes arrondies qui se fondent dans la décoration annoncent déjà l'abandon progressif de ce style.

Arbeitszimmer in der Königswohnung (links),
Kommode und Armlehnstühle im Arbeitszimmer
(rechts).
Die Einrichtung seiner Privaträume im Neuen Palais
bestimmte Friedrich der Große entgegen der
Bautradition des Barock in einem Seitenflügel des
Schlosses. Über dem Sofa im Arbeitszimmer hängt ein
Altersbildnis des Königs von Johann Heinrich Christian
Franke. Die von den Brüdern Spindler gearbeitete
Kommode mit Schildpattfurnier und
Perlmuttereinlagen und die Armlehnstühle von Johann
Christian Hoppenhaupt gehören zu den Höhepunkten
friderizianischer Möbelkunst.

Study in the King's apartment (left), commode and
armchair in the study (right).

Going in the face of Baroque building tradition,
Frederick the Great ordered that his private rooms in
the New Palace should be in one of the wings. Above
the sofa in the study hangs a portrait of the King in old
age by Johann Heinrich Christian Franke. The
commode, made by the Spindler brothers, with a
tortoiseshell veneer and mother-of-pearl inlays, is one
of the high points of the cabinet maker's art during
Frederick's reign, as is the armchair by Johann
Christian Hoppenhaupt.

Cabinet de travail dans l'appartement du roi (à gauche),
commode et chaises à accoudoirs dans le cabinet de
travail (à droite).
Contrairement à la tradition architecturale de l'époque
baroque, Frédéric le Grand fit aménager ses
appartements privés du Nouveau Palais dans une aile
latérale du château. Dans le cabinet de travail, au-
dessus du sofa, se trouve un portrait du roi vieillissant,
peint par Johann Heinrich Christian Franke. La
commode au placage d'écaille et à la marqueterie de
nacre façonnée par les frères Spindler ainsi que les
chaises à accoudoirs de Johann Christian Hoppenhaupt
comptent parmi les chefs d'œuvre de l'art mobilier sous
Frédéric II.

Antikentempel (links oben). Sitzstatue der Wilhelmine und Freundschaftstempel (links unten und rechts).
Das Gebäudeensemble des Neuen Palais vervollständigen zwei kleine, nach 1768 errichtete Rundtempel. Den offenen Freundschaftstempel weihte Friedrich der Große dem Andenken der Markgräfin Wilhelmine von Bayreuth, seiner Lieblingsschwester, deren Sitzstatue das Zentrum des Bauwerks bildet. Der Antikentempel war Ausstellungsort für einen Teil der königlichen Kunstsammlung.

Temple of Antiquity (top left). Seated statue of Wilhelmine and Temple of Friendship (right and bottom left).
The ensemble of buildings constituting the New Palace is rounded off by two small circular temples erected after 1768. Frederick the Great dedicated the open Temple of Friendship to the memory of Margravine Wilhelmine of Bayreuth, his favourite sister, whose seated statue forms the focus of the structure. The Temple of Antiquity was used as a place to exhibit part of the royal art collection.

Temple antique (en haut, à gauche). Statue de Wilhelmine assise et temple de l'Amitié (en bas, à gauche et à droite).
Deux petits temples circulaires, construits après 1768, complètent l'ensemble architectural du Nouveau Palais. Frédéric le Grand dédia le temple de l'Amitié à la mémoire de la margravine Wilhelmine de Bayreuth, sa sœur préférée, dont la statue assise constitue le centre de l'édifice. Le temple antique fut un lieu d'exposition pour une partie de la collection royale d'objets d'art.

Das Belvedere auf dem Klausberg (Abb. S. 108/109).
Das 1770/72 nach Plänen von Georg Christian Unger auf einem Hügel am Rande des Parks Sanssouci errichtete Belvedere ist das letzte Bauwerk der friderizianischen Zeit in Sanssouci. Das kleine Schloß mit seinem hellen Anstrich bildete nicht nur einen markanten Blickpunkt in der Landschaft, sondern bot von seinen Säulengängen auch eine weite Aussicht.

The Belvedere on Klausberg Hill (Ill. p. 108/109).
The Belvedere was erected in 1770/72 according to plans by Georg Christian Unger on a hill at the edge of the Park of Sanssouci. It was the last building of the Frederician era at Sanssouci. While the little palace with its brightly painted exterior provided a prominent landmark itself, it also commanded long-distance views over the countryside from its colonnades.

Le belvédère du Klausberg (Ill. p. 108/109).
Le belvédère bâti de 1770 à 1772 sur des plans de Georg Christian Unger se trouve sur le Klausberg, une colline en bordure de parc. C'est la dernière construction de l'époque frédéricienne. Le petit château peint de couleur claire n'est pas seulement un point de mire du paysage, il offre aussi une belle vue sur les alentours depuis la balustrade du premier étage.

war. Viele der Künstler, die Wilhelmine in Bayreuth beschäftigt hatte, waren nach ihrem Tod nach Preußen gekommen. Dazu gehörten auch die Bildhauer Johann David Räntz (1729–1783) und Johann Lorenz Räntz (1733–1776), die nach einem Gemälde von Antoine Pesne eine Sitzstatue der Markgräfin in dem offenen, von Säulen getragenen Tempel schufen.

Der Antikentempel, den man wie die Bildergalerie als Museumsbau bezeichnen kann, wurde für die Unterbringung der Antikensammlung des Königs erbaut. Im Gegensatz zum Freundschaftstempel ist dies ein ringsum von Säulen umstellter, völlig geschlossener Bau, der sein Licht nur durch die Fensteröffnungen der das Dach bekrönenden Kuppel erhält.

Many of the artists who had worked in Bayreuth for Wilhelmine had come to Prussia after her death. Amongst them were the Räntz brothers, Johann David (1729–1783) and Johann Lorenz (1733–1776), who created a seated statue of the Margravine which was based on a painting by Antoine Pesne and was sited in the open-sided, columned temple.

The Antique Temple was built in order to house the King's collection of classical works of art and can thus also be called a museum building, like the Picture Gallery. In contrast to the Temple of Friendship, we have here an interior space that is completely enclosed and surrounded by columns, its only light source being the window openings in the dome which crowns the roof.

Le temple antique était un musée au même titre que la galerie de tableaux ; le roi en avait besoin pour abriter sa collection d'œuvres antiques. À la différence du temple de l'Amitié, il se présente comme une cella surélevée entourée de colonnes ; il n'est éclairé que par des fenêtres placées dans la coupole du toit.

DAS BELVEDERE AUF DEM KLAUSBERG

Als letztes Bauwerk Friedrichs des Großen in Sanssouci entstand in den Jahren 1770 bis 1772 auf einer Anhöhe nahe des nordöstlichen Randes des Parkes ein Belvedere. Fast scheint es, als ob der König sich mit diesem Bauwerk, gleich einem Resümee, die Möglichkeit eröffnen wollte, das seit 1744 geschaffene Gartenensemble von einem erhöhten Standort aus überblicken zu können.

Dabei ist das Belvedere mit seiner hellen Farbgebung selbst ein weithin sichtbarer Blickpunkt in der Landschaft.

Als Anregung gab Friedrich dem Baumeister Georg Christian Unger einen in der Architekturgeschichte weit zurückliegenden Bau vor, das Macellum Magnum des Kaisers Nero im antiken Rom. Wie schon bei den wenige Jahre zuvor errichteten Communs am Neuen Palais, zeigt sich auch beim Belvedere die ausgeprägte Neigung des Königs für aufwendige Säulenstellungen, die den Bauten dieser Jahre Würde und Eleganz verleihen sollten. Auch der bei friderizianischen Bauwerken immer wieder anzutreffende Bezug auf die Architektur Andrea Palladios (1508–1580) drückt sich in dieser Vorliebe aus.

Von Säulen umschlossene Umgänge in beiden Etagen des Belvederes ermöglichen weite Ausblicke über den Park und die Landschaft. Zwei Säle im Innern, der mit Jaspis verkleidete Saal im Erdgeschoß und der mit Stuckmarmor und einem

THE BELVEDERE ON KLAUSBERG HILL

The last building at Sanssouci commissioned by Frederick the Great was a gazebo, situated on an elevated spot near the north-eastern edge of the park and constructed between 1770 and 1772: the Belvedere. It almost seems as if this building was a kind of résumé with which the King wanted to open up the possibility of surveying from an elevated position the whole of the garden complex created since 1744.

At the same time, the light colours of the Belvedere make the edifice itself a landmark visible for miles around.

For inspiration, Frederick suggested that the architect Georg Christian Unger look at a building in the distant architectural past, Nero's Macellum Magnum in ancient Rome. As was the case with the Communs erected a few years previously, the Belvedere, too, illustrates the pronounced tendency of the King to employ lavish groups of columns that were intended to bestow dignity and elegance to his buildings. Furthermore, this preference expresses the ever-recurring reference to the architecture of Andrea Palladio (1508–1580) that is apparent in Frederician buildings.

Both storeys of the Belvedere feature galleries enclosed by columns, affording fine distance views over the park and the landscape. Two interior halls were used as venues for smaller parties – the jasper-faced hall on the ground floor,

LE BELVÉDÈRE DU MONT KLAUSBERG

Le belvédère, dernier édifice imaginé par Frédéric le Grand, fut construit entre 1770 et 1772 sur une hauteur de Sans-Souci, au nord-est du parc. Il semble qu'avec cette construction, le monarque ait voulu procéder à une récapitulation de son œuvre, à une vue d'ensemble du parc, dont l'aménagement avait commencé en 1744.

Mais par ses couleurs claire, le belvédère est lui-même un point de mire dans le paysage.

C'est Georg Christian Unger qui fut chargé de construire un belvédère ressemblant au Macellum Magnum, érigé à Rome pour l'empereur Néron. L'édifice qui se dresse sur la colline de Sans-Souci témoigne une fois de plus du penchant de Frédéric pour les colonnes majestueuses. Elles donnaient, selon lui, de l'élégance et de la dignité aux constructions, comme c'est le cas pour les communs du Nouveau Palais par exemple. Cette prédilection pour les ordres antiques témoigne aussi des emprunts faits à l'architecture d'Andrea Palladio (1508–1580), que l'on rencontre un peu partout dans les édifices frédériciens.

Depuis la balustrade extérieure, la vue s'étend au loin sur le parc et le paysage. L'intérieur, composé de deux salles, servait à l'époque aux petites réceptions. La pièce du rez-de-chaussée est en jaspe, celle du premier étage en stuc et décorée d'un immense plafond. Sur le versant du coteau orienté au sud, vers le parc de Sans-Souci, se trouvait le fameux vignoble où fut construit, en

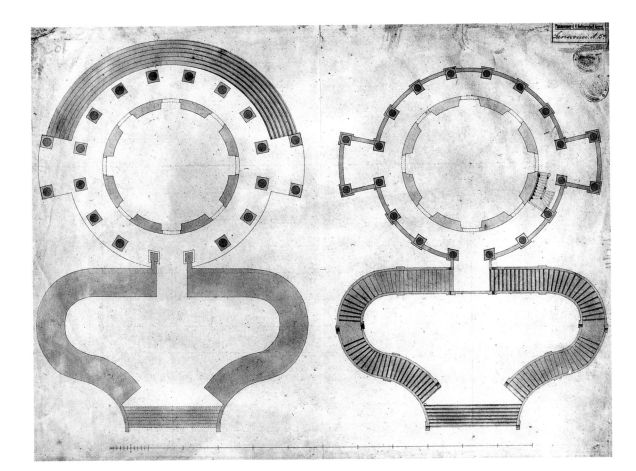

Grundrisse des Erd- und Obergeschosses.
Georg Christian Unger – Baubüro, 1770.

Groundplans of the ground and first floors.
Georg Christian Unger – architect's office, 1770.

Plan du rez-de-chaussée et du premier étage.
Bureau de construction de Georg Christian Unger, 1770.

Detail des Säulengangs im Erdgeschoß.
Detail of the ground floor colonnade.
Détail de la colonnade du rez-de-chaussée.

großen Deckenbild geschmückte Saal in der oberen Etage, dienten als Orte kleinerer Gesellschaften. Am Hang nach Süden, zum Park Sanssouci hin, lag ein Weinberg, dem als Winzerwohnung das zeitgleich mit dem Belvedere errichtete Drachenhaus beigefügt wurde. Als weitere Bauten der sich in dieser Zeit von England aus über den Kontinent verbreitenden Mode der Verwendung historisierender Bauformen, die vor allem schöne Bilder in der Landschaft abgeben sollten, plante Friedrich der Große die Errichtung eines gotischen Gasthofes und einer Moschee im Umfeld des Neuen Palais. Zur Ausführung kamen diese Bauten nicht mehr.

and the hall in the upper storey which was decorated with stucco marble and a large ceiling painting. The slope facing south, towards Sanssouci park, accommodated a vineyard. Living quarters for the vintner were provided by the Dragon House built at the same time as the Belvedere. In line with the current fashion for a historicizing architecture that served primarily to create beautiful images in a landscape setting – a fashion that had originated in England and was spreading across the Continent – Frederick the Great was planning the construction of a Gothic inn and a mosque near the New Palace. But neither of these projects was realised.

même temps que le belvédère, le pavillon des Dragons.

Frédéric le Grand avait projeté aussi d'édifier, non loin du Nouveau Palais, d'autres bâtiments dans le style de l'éclectisme historique anglais, courant qui se propageait alors sur le continent européen. L'idée de base de ce mouvement était la création de tableaux dans le paysage. Les projets en question – une auberge de style gothique et une mosquée – ne furent jamais réalisés.

zum Direktor des neugegründeten Oberhofbauamtes. Ihm verdankt Berlin das zwischen 1788 und 1791 in Anlehnung an griechische Bauwerke der Antike errichtete Brandenburger Tor, das einen wichtigen Markstein für den Aufstieg des deutschen Klassizismus darstellte. Schadow kehrte 1787 von einem dreijährigen Romaufenthalt zurück, um die Leitung der Königlichen Bildhauerwerkstatt und später der Akademie der Künste zu übernehmen. Seine der Antike und einem intensiven Naturstudium verpflichteten Plastiken wirkten schulbildend für die gesamte Entwicklung dieses Kunstgenres im Berlin des 19. Jahrhunderts. David Gilly war in seiner Breitenwirkung wichtig für die Durchsetzung des Klassizismus und neben seinem Sohn Friedrich der prägendste Lehrer für Karl Friedrich Schinkel (1781–1841).

ment. It is to him that Berlin owes the construction of the Brandenburg Gate, which played an important part in the rise of Classicism in Germany: it was built between 1788 and 1791. Schadow returned from a three-year stay in Rome in 1787 in order to take up his post as director of the Royal Sculpture Workshops and later of the Academy of Arts. Reflecting references to classical antiquity and to his own intense nature studies, Schadow's sculptural work had a most decisive effect on the whole development of that genre in 19th-century Berlin. The influence of David Gilly was felt in many areas, making him an important force in the final assertion of Classicism. Together with his son Friedrich, Gilly was the most formative teacher of Karl Friedrich Schinkel (1781–1841).

de la cour prussienne. On lui doit la porte de Brandebourg, construite entre 1788 et 1791. Inspirée des propylées de la Grèce antique, cette réalisation contribua beaucoup au développement du néoclassicisme allemand. Schadow, après avoir séjourné trois ans à Rome, revint en Allemagne en 1787 pour prendre la direction de l'Atelier royal de sculpture, et plus tard, de l'Académie des beaux-arts. Consacrée à l'Antiquité et à une étude profonde de la nature, sa sculpture fera école à Berlin au XIXᵉ siècle. Par sa grande influence, David Gilly permit au néo-classicisme de s'imposer ; il fut en outre le maître le plus marquant, en dehors de son fils Friedrich, de Karl Friedrich Schinkel (1781–1841).

DER NEUE GARTEN

Noch im Todesjahr Friedrichs des Großen, 1786, ließ Friedrich Wilhelm II. von Erdmannsdorff das sehr verwohnte Schlafzimmer des Königs im Schloß Sanssouci umgestalten. Der Raum wurde nicht renoviert, was auch möglich gewesen wäre, sondern in zeitgemäßen klassizistischen Formen völlig neu gestaltet. »Ich weiß nicht, ob der verstorbene Monarch sehr davon erbaut sein würde, wie ich seine Wohnung umgewandelt habe«, schrieb Erdmannsdorff nach getaner Arbeit an seine Frau. Zu weiteren Umgestaltungen kam es dann allerdings nicht mehr, da Friedrich Wilhelm II. schon 1787 damit begann, sich nordöstlich von Potsdam einen im Vergleich zu Sanssouci »Neuen« Garten anzulegen.

Für die Gestaltung des Neuen Gartens engagierte der König den aus Wörlitz stammenden Johann August Eyserbeck (1762–1801), der bis 1793 einen sogenannten »empfindsamen« Land-

THE NEW GARDEN

In the very year of Frederick the Great's death, 1786, Frederick William II arranged for Erdmannsdorff to refurbish completely the king's very worn bedroom in Sanssouci. The room was not renovated, which would have been one possibility, but completely redesigned using up-to-date Neoclassical forms. "I am not sure that the deceased monarch would have been exactly delighted with the way I have transformed his apartments," Erdmannsdorff wrote to his wife after the completion of the work. No further alterations were carried out, however, for in 1787 Frederick William II was already becoming involved in the establishment of a "Neuer Garten" (New Garden) to the north-east of Potsdam. For the design of this New Garden, the King commissioned Johann August Eyserbeck (1762–1801) from Wörlitz. By 1793, Eyserbeck had created a so-called "sentimental" landscape

LES NOUVEAUX JARDINS

Dès 1786, l'année de la mort de Frédéric le Grand, Frédéric-Guillaume II fit rénover la très vieille chambre à coucher du roi au château de Sans-Souci. La pièce ne fut pas simplement remise à neuf, ce qui aurait suffi, mais entièrement transformée en un style néoclassique plus moderne. « Je ne sais pas si le monarque décédé apprécierait de voir comment j'ai transformé son appartement » écrit Erdmannsdorff à sa femme à la fin des travaux. Frédéric-Guillaume II procéda à aucune autre rénovation à Sans-Souci car il était occupé, dès 1787, à la création des « Nouveaux Jardins » au nord-est de Potsdam.

Il avait engagé pour ce faire un paysagiste du nom de Johann August Eyserbeck (1762–1801), originaire de Wörlitz. Celui-ci aménagea de 1787 à 1793 un parc paysager « sensible et poétique », basé sur une séquence de tableaux pittoresques. Ce jardin ne contenait plus d'éléments baroques,

Gartenpartie mit Pyramide und Blick zum Marmorpalais (links).
Im Gesamtgefüge der Gartengestaltung bildet die 1791/92 nach Entwürfen von Carl Gotthard Langhans errichtete Pyramide ein architektonisches Gegengewicht zum Marmorpalais, dem auf der anderen Seite die Tempelfassade des Küchengebäudes entspricht. Die Pyramide wurde ursprünglich als Eiskeller genutzt.

Garden setting with Pyramid and view towards the Marble Palace (left).
The Pyramid was designed by Carl Gotthard Langhans and put up in 1791/92. Within the structural whole of the garden design, it forms an architectural counterpart to the Marble Palace, with the temple façade of the kitchen building corresponding to it on the other side. Originally, the Pyramid was used as an ice-house.

Partie des jardins avec la Pyramide et vue sur le palais de Marbre (à gauche).
La Pyramide construite de 1791 à 1792 sur des plans de Carl Gotthard Langhans, forme dans la conception d'ensemble des Nouveaux Jardins un contrepoids architectonique au palais de Marbre auquel correspond, de l'autre côté, la façade des cuisines. La Pyramide servait à l'origine de glacière.

Küchengebäude (rechts).
Die Küche des Marmorpalais liegt etwa einhundert Meter entfernt und wurde mit dem Palais durch einen unterirdischen Gang verbunden. Carl Gotthard Langhans gestaltete das Gebäude als halbversunkenen Tempel, dessen Schaufassade zum Heiligen See weist.

Kitchen building (right).
The kitchen of the Marble Palace is situated at a distance of about one hundred metres and was connected to the palace via an underground passage. Carl Gotthard Langhans designed the building as a semi-submerged tempel the display façade of which looks towards the Holy Lake.

Les cuisines du palais de Marbre (à droite).
Les cuisines se trouvent à une centaine de mètres du palais de Marbre. Un passage souterrain reliait les deux bâtiments. Carl Gotthard Langhans donna à l'édifice l'aspect d'un temple antique en ruines. La façade principale de ce temple donne sur un lac, le Heiliger See.

schaftsgarten mit malerischen Bildfolgen schuf. Dieser Garten bediente sich nicht mehr der regelmäßigen Elemente des Barock, sondern suchte die Rückkehr zu Natürlichkeit und Ursprünglichkeit. Die Pflanzen wurden ihrem natürlichen Wuchs überlassen, alles sollte so scheinen, als sei es unverfälschte, aber ideal gewachsene Natur. Im Unterschied zum späteren klassischen Landschaftsgarten englischer Prägung existierten die einzelnen Gartenräume noch relativ abgeschlossen nebeneinander und waren durch kleine Architekturen, einzelne Plastiken oder Gedenksteine geschmückt. Auf diese Weise entstanden Abfolgen von Bildern, die beim Betrachter Empfindungen und Gefühle auslösen sollten. Wie tief das Empfinden ging, hing vom Betrachter ab. War er eingeweiht in die Bedeutung der einzelnen Elemente und ihre Aussage im Gesamtgefüge, konnte er zu tieferen Empfindungen kommen, als etwa der Uneingeweihte, der »lediglich« die Schönheit und Exotik des Gartens genoß.

Friedrich Wilhelm II. gehörte der im 18. Jahrhundert unter den Anhängern der Aufklärung weit verbreiteten Bewegung der Freimaurer an und war Mitglied in dem mehr mystisch orientierten Orden der Rosenkreuzer. So haben viele der zu einer Abfolge von Bildern inszenierten Architekturformen im Neuen Garten auch Bedeutungsinhalte der Freimaurerei. Dabei konnte die Bedeutung völlig losgelöst von der eigentlichen Zweckbestimmung der Bauten existieren. Das Küchengebäude für den Schloßbau im Neuen Garten, das Marmorpalais, erhielt die Form eines halbversunkenen Tempels und der Eiskeller die Gestalt einer Pyramide. Die Bibliothek wurde »gotisch« gebaut und war über eine lange Sichtachse mit dem »Maurischen« Tempel am anderen Ende des Gartens verbunden.

Die Rückkehr zur Natürlichkeit schloß auch die Entdeckung des ländlichen Lebens ein. Im Neuen Garten gehörten Kühe zum Bild des Parks und die in gotischen Formen errichtete Meierei belieferte die königliche Küche mit Milch, Butter und Käse. Auch der Kronprinz und spätere König Friedrich Wilhelm III. huldigte diesem Ideal und richtete sich im nahe Potsdam gelegenen Dorf Paretz eine ländliche Residenz ein, wo ein einfacher Schloßbau mit Bauten eines landwirtschaftlichen Gutes verbunden wurde.

Der Neue Garten liegt am Wasser. Er wird von zwei Seen umgrenzt, dem Jungfernsee der Havel und dem Heiligen See. Die Lage am Wasser entsprach der Neigung Friedrich Wilhelms II., ausgedehnte Bootsfahrten von Schloß zu Schloß zu unternehmen. Selbst das Schloß Charlottenburg in Berlin konnte er auf dem Wasserweg von Potsdam aus erreichen, wie auch die in Sichtweite des Neuen Gartens gelegene Pfaueninsel, die er 1793 erwarb.

garden with a picturesque sequence of images. This garden no longer made use of the regular elements of the Baroque style, but strove to return to nature and naturalness. The plants were left to grow in their natural state; everything was intended to look as if it had not been interfered with, though grown to a natural ideal. In contrast to the classical landscape garden of the English type, the individual garden areas continued to exist next to each other in relative isolation, and were decorated with small edifices, individual sculptures, or commemorative stones. In this way sequences of tableaux were created which were intended to evoke sensations and emotions in the observer. If he were familiar with the significance of the individual elements and their meaning within the whole structure, he could reach deeper emotions than would have been possible for the uninitiated, who enjoyed "merely" the beauty and exotic nature of the garden.

Frederick William II was a member of the Freemasons, a movement that was widespread in the 18th century amongst the supporters of the Enlightenment. What was more, he belonged to the order of the somewhat more mystically-oriented Rosicrucians. Many of the architectural forms deployed in a series of tableaux in the New Garden also have a significance within Free masonry. What is more, it was possible for that significance to exist without any reference to the original purpose of the buildings. Thus the kitchen building for the palace in the New Garden, the Marble Palace, was given the shape of a half-sunken temple, and the ice house that of a pyramid. The library was built in the Gothic style and was connected by view over a long distance to the Moorish temple at the other end of the garden.

The return to naturalness also included the discovery of rural life. The New Garden featured cows as part of its image, and the dairy, constructed in the Gothic style, supplied the royal kitchen with milk, butter and cheese. The Crown Prince and later King Frederick William III also paid homage to this ideal. In the village of Paretz near Potsdam he established a country residence that combined a simple palace with agricultural buildings.

The New Garden is enclosed by two lakes: the Jungfernsee, part of the river Havel, and the Heiliger See. The water's proximity suited Frederick William II, who liked to undertake long boat trips from one palace to another. It was even possible for him to reach Charlottenburg Palace in Berlin by water from Potsdam, as well as Pfaueninsel (Peacock Island), which was within sight of the New Garden and which he acquired in 1793.

il recherchait le naturel et la fraîcheur. Les plantes poussaient librement et irrégulièrement, la nature paraissait non contrainte, authentique. La juxtaposition de plusieurs jardins comme l'insertion d'éléments architecturaux, de statues et de pierres commémoratives étaient encore répandues, toutes choses qui auront disparu du parc classique à l'anglaise. Les suggestions picturales qui en résultaient devaient faire naître chez le spectateur sensations et sentiments, mais leur intensité dépendait de la personne elle-même. Si elle s'était initiée au sens et à la place de chaque élément dans la structure d'ensemble, elle était en mesure d'éprouver des sentiments plus profonds que le simple profane, qui, lui, ne goûtait qu'à la beauté extérieure et à l'originalité du jardin.

Frédéric-Guillaume II était membre de la francmaçonnerie, comme beaucoup d'adeptes de la philosophie des Lumières au XVIII^c siècle ; il appartenait aussi à la confrérie de la rosecroix, société ésotérique plus mystique. Rien d'étonnant donc dans le fait que la mise en scène de nombreux objets architecturaux du Nouveau Jardin eût une signification franc-maçonne. Ce sens pouvait très bien n'avoir aucun rapport avec la véritable destination des bâtiments en question. Les cuisines du palais de Marbre, par exemple, avaient la forme d'un temple grec à demi enfoui dans le sol, et la glacière, celle d'une pyramide. La bibliothèque était dans le style « gothique » ; une longue perspective la reliait au temple « mauresque » situé à l'autre bout du jardin. Le retour à la nature s'était accompagné aussi de la découverte de la vie agreste. Des vaches paissaient dans les Nouveaux Jardins, et la laiterie de style gothique approvisionnait les cuisines royales en lait, beurre et fromage. Le prince héritier, le futur roi Frédéric-Guillaume III, prônant lui aussi cet idéal, se fit construire dans le village de Paretz près de Potsdam une résidence campagnarde composée d'un modeste pavillon et de bâtiments d'exploitation agricole.

Les Nouveaux Jardins se trouvent au bord de l'eau, cernés par deux lacs : le Jungfernsee de la Havel et le Heiliger See. La situation du parc s'explique par le goût de Frédéric-Guillaume II pour les promenades en bateau romantiques, le menant de château en château. De Potsdam, il pouvait même se rendre en bateau au château de Charlottenbourg près de Berlin ainsi qu'à l'île des Paons, achetée en 1793, que l'on aperçoit depuis les Nouveaux Jardins.

Orangerie. Sphinx am Kopfbau.

Orangery. Sphinx at the front.

L'Orangerie. Le Sphinx de l'avant-corps.

Palmensaal (links).
Deckenmalerei (rechts).
Der holzgetäfelte Palmensaal bot ideale Voraussetzungen für seine Nutzung als Konzertsaal. Bei Konzerten saßen das Orchester, Friedrich Wilhelm II., der selbst Cello spielte, und die Hofgesellschaft im Saal, das Publikum in den angrenzenden Pflanzenhallen. Die illusionistische Deckenausmalung stammt von Bartolomeo Verona. Die in den Medaillons dargestellten Kindermusikanten nehmen Bezug auf die Bestimmung des Palmensaales als Konzertsaal.

Hall of Palms (left).
Ceiling painting (right).
The wood-panelled Hall of Palms provided ideal conditions for its use as a concert hall. During the concerts, the orchestra including Frederick William II (who himself played the cello) and the society at court were seated in the Hall of Palms, while the audience were relegated to the adjoining plant halls. The illusionistic ceiling painting is by Bartolomeo Verona. The children musicians represented in the medallions refer to the designation of the Hall of Palms as a concert hall.

La salle des Palmiers (à gauche).
Fresque du plafond (à droite).
Par ses boiseries, la salle des Palmiers se prêtait idéalement aux concerts musicaux. L'orchestre (Frédéric-Guillaume participait aux concerts en tant que violoncelliste) et les membres de la cour étaient installés dans la salle, le public dans les pièces attenantes. La peinture en trompe-l'œil du plafond est de Bartolomeo Verona. Le thème des médaillons, des enfants musiciens, rappelle l'affectation de l'édifice : une salle de concert.

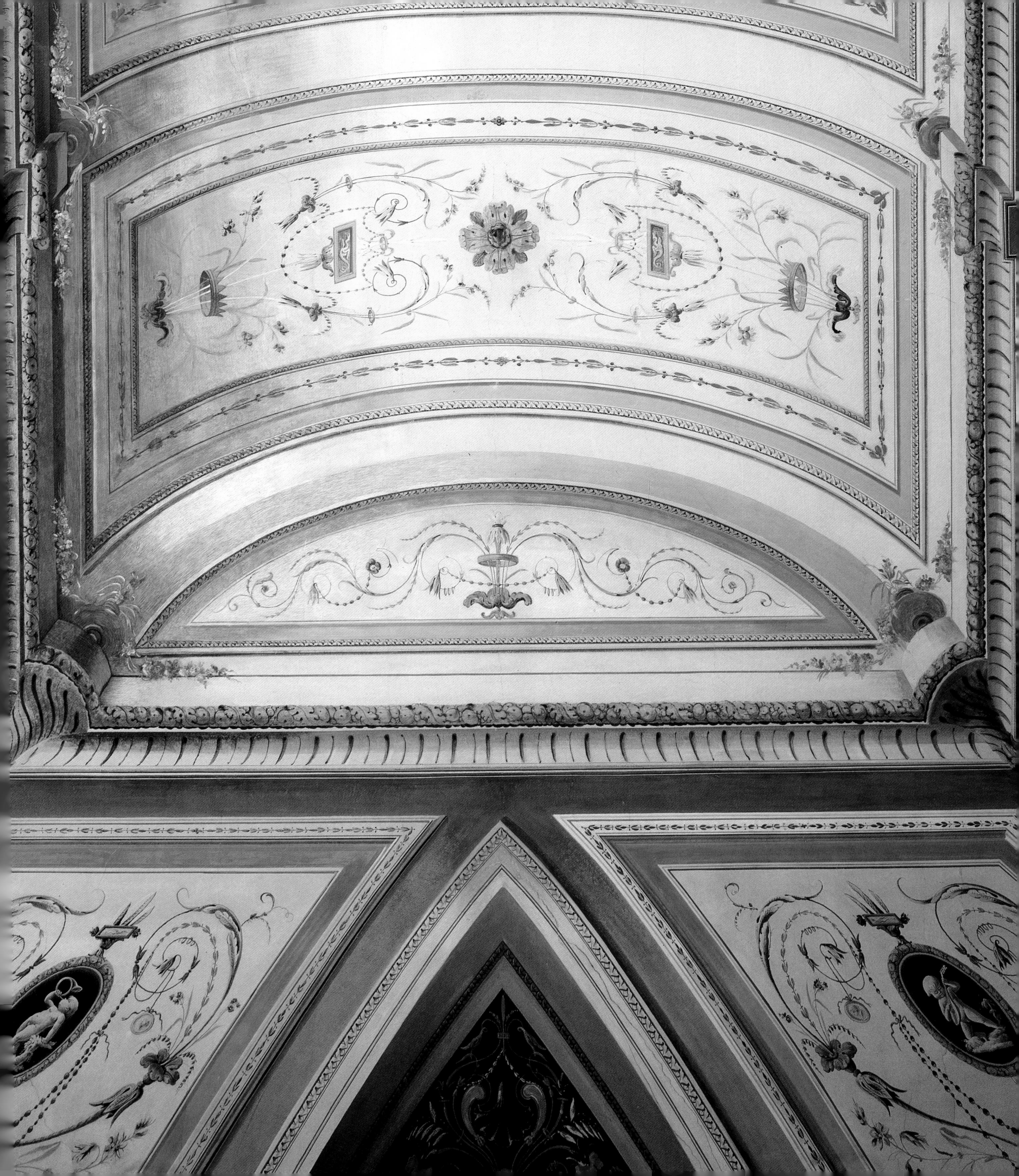

DAS MARMORPALAIS

In der Berlin-Potsdamer Baukunst ist das Marmorpalais eines der frühesten klassizistischen Bauwerke und besticht durch die Konsequenz seiner Formgebung. Mit den Plänen für das zwischen 1787 und 1791 errichtete Schloß beauftragte Friedrich Wilhelm II. Carl von Gontard, der schon in den letzten zwanzig Lebensjahren Friedrichs des Großen dessen bevorzugter Baumeister gewesen war. Als der Außenbau weitgehend fertiggestellt war, übernahm Carl Gotthard Langhans die weitere Planung. Er gestaltete vor allem die Innenräume. Bei allen Entscheidungen stand Erdmannsdorff dem König beratend zur Seite.

Auf einem quadratischen Grundriß erhebt sich der annähernd würfelförmige Baukörper, der von einem Belvedere bekrönt wird. Auf der Kuppel leuchtet weithin die vergoldete, in Kupfer getriebene Gruppe von Kindern, die einen Früchtekorb trägt. Mauerwerk aus rotem Backstein sowie Schmuck- und Gliederungselemente aus grauem Marmor bestimmen die Erscheinung der Fassaden. Die an palladianischer Architektur orientierte formale Konsequenz des Außenbaus wurde auch bei der Grundrißgestaltung der Innenräume beibehalten. In strenger Symmetrie sind die Räume um ein Zentrum, in diesem Fall das Treppenhaus, gruppiert. Das Treppenhaus reicht über die gesamte Höhe des Baues und beeindruckt mit einer in vollendeter Eleganz geführten Treppe. Die Gesellschaftsräume, in der unteren Etage der Grottensaal, im Obergeschoß der Große oder Weiße Saal, liegen zum Wasser hin.

Bald stellte sich heraus, daß die geringe Zahl der Räume im Marmorpalais für die Hofhaltung nicht ausreichte, weshalb Langhans Seitenflügel in Form von eingeschossigen Rechteckbauten anfügte, die über bogenförmige Galerien mit dem Schloß verbunden waren. Infolge des frühen Todes Friedrich Wilhelms II. blieben die Anbauten unvollendet und wurden erst nach 1840 fertiggestellt.

Die Innenräume des Schlosses sind durch zweckentfremdete Nutzung nach 1945 stark in

THE MARBLE PALACE

Within the architecture of Berlin and Potsdam, the Marble Palace is one of the earliest Neo-Classical buildings. Its significance and charm lie in the consistency of its design. The plans for the palace were commissioned by Frederick William II from Carl von Gontard, who had also been the favourite architect of Frederick the Great during the last twenty years of the latter's life. The palace was constructed between 1787 and 1791. After the exterior was more or less completed, Carl Gotthard Langhans took over further planning. It was he who was chiefly responsible for the interior design, while in all decisions, Erdmannsdorff was at the King's side to advise him.

Based on a square groundplan, the Marble Palace is roughly cube-shaped and topped by a belvedere. On its dome can be seen from some distance a sculpture made of chased and gilded copper, showing a group of children carrying a basket of fruit. The façades are red brick stonework, with grey marble used for decorative and structural elements. The formal consistency of the exterior, following Palladian principles, emerges again in the ground-plan of the interior spaces. In strict symmetrical order, the rooms are arranged around a central point, in this case the stairwell. Extending over the full height of the building, the stairwell features a most impressive staircase of the utmost elegance. The function rooms – the Grotto Room on the lower floor, and the Great or White Hall on the upper floor – overlook the water.

Soon it became apparent that the small number of rooms in the Marble Palace was insufficient for the running of the Court. Langhans therefore added side wings which were constructed as single-storey rectangles and linked with the palace by arched galleries. As a result of the early death of Frederick William II, the extensions remained unfinished and were not completed until after 1840.

The interior of the palace was very badly affected when it was used for other purposes after

LE PALAIS DE MARBRE

Ce palais est l'une des premières réalisations architecturales néo-classiques de la région de Berlin et de Potsdam. Il séduit par la grande cohérence de ses formes. C'est Carl von Gontard qui fut chargé de tracer les plans du château dont la construction dura de 1787 à 1791. Il avait été l'architecte préféré de Frédéric le Grand pendant les vingt dernières années de sa vie. Le gros de la construction terminé, c'est Carl Gotthard Langhans qui traça les derniers plans et conçut l'intérieur du château. Quant à Erdmannsdorff, il était toujours là pour conseiller le monarque dans ses prises de décision.

Le palais de Marbre se présente comme un bâtiment de plan carré, une masse cubique couronnée d'un belvédère. Un groupe de figures sculptées dans du cuivre doré – des enfants portant une corbeille de fruits – brille sur la coupole. Des murs en brique rouge et des éléments de structure et de décoration en marbre gris recouvrent les façades. La stricte cohérence formelle de l'ordonnance extérieure, reprise de l'architecture palladienne, se répète à l'intérieur. L'organisation y est d'une symétrie sévère : le centre du palais est un escalier autour duquel s'articulent les différentes salles. Cet escalier qui occupe toute la hauteur du bâtiment frappe par son élégance achevée. Les salles de compagnie et d'assemblée, la Grotte au rez-de-chaussée, la grande salle ou salle blanche au premier étage, donnent sur le lac. Mais le palais se révélant bientôt trop exigu pour loger toute la cour, Langhans projeta d'y adjoindre deux ailes rectangulaires d'un étage, reliées au château par des galeries cintrées. La mort prématurée de Frédéric-Guillaume II en interrompit la construction ; c'est après 1840 qu'elles purent être achevées.

Après la Seconde Guerre mondiale, l'intérieur

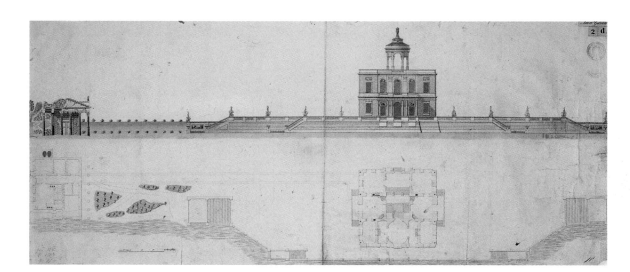

Schaufassade des Küchengebäudes und Marmorpalais (rechts). Das Marmorpalais wurde 1787/91 als Sommerresidenz für König Friedrich Wilhelm II. errichtet.

Display façade of the kitchen building and Marble Palace (right). The Marble Palace was designed as a summer residence for King Frederick William II. It was built between 1787 and 1791.

Façade principale des cuisines et le palais de Marbre (à droite). Le palais de Marbre, érigé en 1787/91, était la résidence d'été du roi Frédéric-Guillaume II.

Entwurf für das Marmorpalais von der Wasserseite mit Terrasse und Küche (links). Carl von Gontard, 1786/87.

Design for the Marble Palace seen from the lake side, with terrace and kitchen (left). Carl von Gontard, 1786/87.

Projet du palais de Marbre, vu du lac, avec terrasse et cuisines (à gauche). Carl von Gontard, 1786/87.

Mitleidenschaft gezogen worden. Trotzdem blieben viele Teile der originalen Dekoration erhalten, so daß alle Räume restauriert werden können. Hinter dem stadtseitigen Eingang des Neuen Gartens reihen sich am Weg zum Marmorpalais Häuser in holländischen Bauformen für Bedienstete. Am Ende dieser sogenannten »Holländischen Etablissements« liegt die von Langhans erbaute Orangerie, die den im Neuen Garten versammelten historischen Stilformen noch einen ägyptisierenden Kopfbau hinzufügt. Doch auch diese Eingangssituation wirkt geheimnisvoller als sie ist, denn hinter der Sphinx und den schwarzgefärbten Sandsteinfiguren ägyptischer Götter liegen Pflanzenhallen und ein stimmungsvoller holzgetäfelter Musiksaal, der Palmensaal. In dem Saal veranstaltete Friedrich Wilhelm II. abendliche Kammerkonzerte.

1945. Nevertheless, many parts of the original decoration were preserved, making it possible for all the rooms to be restored.

Behind the entrance to the New Garden facing the town, the road to the Marble Palace is lined with houses built in the Dutch style for the servants. At the end of this so-called "Dutch Row" lies the Orangery built by Langhans. With its Egyptian-style façade, it adds yet another historical style to the ones already assembled in the New Garden. But again, its entrance appears more mysterious than it actually is: for behind the sphinx and the black-tinted sandstone statues of Egyptian deities, the visitor encounters halls full of plants and an atmospheric music room with wood panelling, the Palmensaal (Palm Hall). Here Frederick William II held evening chamber

du château souffrit beaucoup de sa désaffectation. Heureusement, une bonne partie de la décoration originale ne subit aucun dommage, ce qui permit plus tard de mener à bien une restauration complète des salles.

Le long de l'allée qui mène au palais de Marbre, s'alignent, du côté ville, des maisons de style hollandais, maisons où logeait à l'origine la domesticité. À la pointe de cet « établissement hollandais », comme on l'appelait communément, se dresse l'Orangerie dont la façade égyptienne complète le catalogue des formes architecturales historiques des Nouveaux Jardins. Mais elle paraît plus mystérieuse qu'elle n'est en réalité car, derrière le sphinx et les dieux égyptiens en grès noir, on ne trouve que des pièces pour entreposer les plantes et une belle salle de concert lambrissée,

Vestibül und Treppenhaus (links).
Grottensaal (rechts).
Hinter dem Vestibül mit seinen dekorativ geaderten Säulen aus schlesischem Marmor liegt im Zentrum des Baukörpers das Treppenhaus, das über die gesamte Höhe des Marmorpalais reicht. Wanddekorationen mit Motiven aus der Meereswelt und raffiniert verspiegelte Wandschrägen bietet der als Sommerspeisesaal genutzte Grottensaal.

Vestibule and staircase (left).
Grotto Hall (right).
Behind the vestibule with its decoratively veined columns of Silesian marble is the staircase, placed in the center of the building, which extends from top to bottom of the Marble Palace. Mural decorations with marine motifs and cleverly reflecting sloping walls are a feature of the Grotto Hall, which was used as a dining room in summer.

Vestibule et cage d'escalier (à gauche).
Salle de la Grotte (à droite).
Touchant au point culminant du palais de Marbre, la cage d'escalier se trouve au centre de l'édifice, derrière le vestibule aux colonnes de marbre silésien finement ciselées. La salle de la Grotte, qui servit de salle à manger pendant l'été, présente sur les murs des décorations à motifs marins et des inclinaisons murales miroitant avec élégance.

Schreibkabinett.
Die Stimmung des nach Entwürfen von Carl Gotthard
Langhans gestalteten königlichen Schreibkabinetts wird
ganz von der aus Taxus und anderen Hölzern
gearbeiteten Wandtäfelung bestimmt.

Writing cabinet.
The atmosphere of the royal writing cabinet, designed
by Carl Gotthard Langhans, is totally dominated by
the wall panelling of yew and other woods.

Cabinet de correspondance.
C'est le lambris mural, fabriqué à base d'if et d'autres
bois, qui crée entièrement l'atmosphère émanant du
cabinet de correspondance royal, conçu selon les plans
de Carl Gotthard Langhans.

Nordöstlich oberhalb des Neuen Gartens erhebt sich der Pfingstberg, der zu dieser Zeit noch
Judenberg hieß, da an seinem Hang der Potsdamer jüdische Friedhof lag. Friedrich Wilhelm II.
plante auf dem Berg in Weiterführung der gotischen Architekturen des Neuen Gartens die Errichtung eines 45 Meter hohen »Gothischen Tur-
mes«. Der Turm sollte mit einem Anbau für
Wohn- und Gesellschaftsräume versehen werden.
Dem am Ufer des Heiligen Sees gelegenen klassizistischen Marmorpalais wäre so ein neugotisches
Bauwerk auf der Höhe des Judenbergs gegenüber-
gestellt worden. Anregungen für ein solches Gefüge architektonischer Beziehungen in einer gestalteten Landschaft gingen sicher auch hier von
der Sommerresidenz des Fürsten Leopold Friedrich Franz von Anhalt-Dessau (1740–1818) in

concerts at which he himself played the cello in a
masterly manner.

To the north-east and above the New Garden
rises the Pfingstberg (Pentecost Hill). At the time
it was still known as the Judenberg (Jews' Hill)
since Potsdam's Jewish cemetery lay on its slopes.
As a continuation of the Gothic edifices of the
New Garden, Frederick William II planned the
erection of a 45-metre-high Gothic Tower on the
hill. It was intended that the tower should have
an extension for living accommodation and
function rooms. The Neo-Classical building of the
Marble Palace on the shore of the Heiliger See
would therefore have been faced with a Neo-
Gothic construction on the top of the Judenberg.
Presumably the inspiration was again to be found
in the summer palace of Prince Leopold Friedrich

la salle des Palmiers. Frédéric-Guillaume II y
organisait des concerts en soirée, concerts auxquels il participait brillamment en tant que
violoncelliste.

Au nord-est des Nouveaux Jardins s'élève le
Pfingstberg, le mont de la Pentecôte, qui s'appelait encore à l'époque le mont des Juifs parce qu'il
abritait le cimetière juif de Potsdam. Frédéric-
Guillaume avait prévu d'y construire une « tour
gothique » de 45 mètres de haut pour parachever
l'architecture néo-gothique du parc. La tour
devait être complétée par une adjonction de salles
de société et de pièces d'habitation, et construite
sur le mont des Juifs, face au palais de Marbre
néo-classique des bords du Heiliger See. La
résidence d'été wörlitzienne du prince Leopold
Friedrich Franz von Anhalt-Dessau (1740–1818)

Viertelkreisförmige Galerien mit dekorativen
Ausmalungen, die an die vatikanischen Loggien in Rom
erinnern sollen, verbinden die Seitenflügel mit dem
Hauptbau.

South link gallery.
Quadrant-shaped galleries with ornamental painting,
designed to be reminiscent of the Vatican loggias in
Rome, link the wings with the main building.

Galerie de communication au sud.
Des galeries en quart de cercle aux peintures
décoratives rappelant les loggias du Vatican à Rome
relient les ailes latérales au bâtiment principal.

Wörlitz aus. Auch dort gab es als zweites Wohn-
gebäude neben dem klassizistischen Schloß ein
Gotisches Haus. Der »Gothische Turm« in Potsdam wurde allerdings aufgrund zu hoher Grund-
stückspreise nicht verwirklicht.

Nach 1817 überarbeitete Peter Joseph Lenné
(1789–1866) den Neuen Garten. Er beseitigte
dessen Kleinteiligkeit und schuf großartige Sichtachsen, die weite Gartenräume entstehen ließen.
Durch Blickbeziehungen zu den Parkanlagen von
Sacrow, der Pfaueninsel, Nikolskoe, Glienicke
und Babelsberg ordnete Lenné den Neuen Garten
in seinen »Verschoenerungsplan der Umgebung
von Potsdam« ein.

Franz von Anhalt-Dessau (1740–1818) at
Wörlitz. There, too, a Gothic house had been put
up as a second residential building beside the
Neoclassical palace. In the end, the Gothic Tower
in Potsdam was never built, since the cost of
buying the land proved too high.

The New Garden was reworked by Peter
Joseph Lenné (1789–1866) after 1817. He did
away with its piecemeal approach and created
grand views that opened up large areas of the
garden and made one forget its narrow width.
Lenné's layout of the New Garden made it
possible to have views from there to the parks of
Sacrow, to the Peacock Island, to the Nikolskoe,
to Glienicke and to Babelsberg.

a très certainement inspiré ce paysage architectural planté dans un décor naturel aménagé. À
l'instar de Wörlitz, le château néoclassique était
complété par une seconde résidence, la maison
gothique. Pour réaliser la « tour gothique », il
aurait fallu acheter un terrain, mais les prix
fonciers étaient tels que le roi renonça à son idée.

Peter Joseph Lenné (1789–1866) remania les
Nouveaux Jardins à partir de 1817. Il supprima
l'organisation en petites entités au profit d'axes
visuels ; ce moyen permettait de suggérer de
vastes espaces paysagers et de « gommer »
l'étroitesse du parc. Lenné intégra les Nouveaux
Jardins dans son « plan d'embellissement des
environs de Potsdam » par des liens optiques
établis avec les parcs de Sacrow, l'île des Paons,
Nikolskoe, Glienicke et Babelsberg.

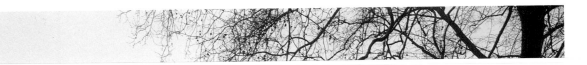

Das Schloß. Fassade zum Jungfernsee (links).
Fassadenausschnitt (rechts).
Das Schloß wurde 1794 im Auftrag Friedrich Wilhelms
II. von dem Hofzimmermeister Johann Gottlieb

Teezimmer.
Wie in den meisten anderen Räumen im Schloß blieb auch im Teezimmer die Einrichtung original erhalten und vermittelt ein authentisches Bild höfischer Wohnkultur um 1800.

Tea room.
As is the case with the majority of the rooms in the palace, the original furnishings of the tea room have been preserved. They convey an authentic picture of interior decoration and the Court's style of living around 1800.

Le salon de thé.
Tout comme dans la plupart des salles du château, le décor du salon de thé a pu être conservé dans son état d'origine; il donne ainsi une image authentique de la vie à la cour vers 1800.

Saal im Obergeschoß (links). Schlafzimmer im Obergeschoß (rechts).

Saal im Obergeschoß (links). Schlafzimmer im Obergeschoß (rechts).
In dem auch als Konzertraum genutzten Saal überrascht die, bis auf den Kamin und die Reliefs über den Türen, vollständig aus verschiedenen naturfarbenen Hölzern gearbeitete frühklassizistische Wanddekoration. Das an den Saal grenzende Schlafzimmer wurde von der Königin Luise genutzt, zu deren bevorzugten Aufenthaltsorten die Pfaueninsel gehörte.

Hall on the upper floor (left). Bedroom on the upper floor (right).
A somewhat surprising feature of this hall, which was also used as a concert hall, is the wall decoration. With the exception of the fire-place and the reliefs above the doors, it consists entirely of a variety of natural woods and is executed in the early Neoclassical style. The bedroom adjoining the hall was used by the Queen Louisa. The Peacock Island was one of her favourite places of residence.

Salle du premier étage (à gauche). Chambre à coucher du premier étage (à droite).
Cette salle qui, à l'occasion, servait de salle de concert, nous surprend par sa décoration murale d'un néo-classicisme naissant ; hormis la cheminée et les reliefs qui surmontent les portes, l'aménagement mural a été réalisé à partir de divers bois laissés dans leurs teintes naturelles. La chambre à coucher attenante à cette salle était occupée par la reine Louise qui aimait beaucoup séjourner sur l'île des Paons.

märchenhafter Ort inmitten der Havel und entwickelte sich zu einem der beliebtesten Aufenthaltsorte der königlichen Familie. Friedrich Wilhelm III. bereicherte das Bild vor allem durch die Haltung exotischer Tiere auf der Insel. Aus der anfänglich bescheidenen Menagerie entstand bald ein beachtlicher Tierbestand, zu dem unter anderem Affen, Känguruhs, Schafe, Lamas, Bären, Schweine und Adler gehörten. Die Pfaueninsel avancierte zu einer Sehenswürdigkeit und war zweimal in der Woche für die Öffentlichkeit freigegeben. Im Jahr 1842 hatte der Tierbestand einen solchen Umfang erreicht, daß Friedrich Wilhelm IV., der Sohn und Thronfolger Friedrich Wilhelms III., entschied, den Großteil davon an den Berliner Zoologischen Garten abzugeben.

Das spektakulärste Gebäude der Pfaueninsel war das 1830/31 nach einem Entwurf von Karl

island into a landscape garden which incorporated a large number of edifices. The resulting island appeared like a magical place adorned with flowers set in the middle of the river Havel. It soon became one of the most popular places of residence of the royal family. Frederick William III further increased its attraction by keeping exotic animals on the island. What had initially been a modest menagerie soon turned into a considerable number of animals which included, amongst others, monkeys, kangaroos, sheep, lamas, bears, pigs, and eagles. The Peacock Island rose to the status of a popular attraction and was opened to the public twice a week. By the year 1842 the animal population had reached such proportions that Frederick William IV, son of Frederick William III and successor to the

musique avec son orchestre de chambre, ainsi que dans la salle des Palmiers de l'Orangerie des Nouveaux Jardins.

Conformément à l'idée de jardin sentimental, l'île des Paons conserva son aspect originel ; seuls furent aménagés les abords du château. Sur cet îlot de vertu et de naturel agrestes, le roi fit construire une laiterie, comme aux Nouveaux Jardins, avec une façade de représentation de style gothique.

L'île doit sa tournure actuelle à Frédéric-Guillaume III (1770–1840), fils et successeur de Frédéric-Guillaume II. Celui-ci la remania en un jardin anglais, orné de multiples éléments architecturaux. Jardin de conte de fées, havre fleuri au milieu de la Havel – cet îlot devint un des lieux de séjour préférés de la famille royale. Frédéric-Guillaume III paracheva son image en le

Friedrich Schinkel errichtete Palmenhaus. In dem an drei Seiten von Glaswänden umgrenzten Gebäude bildete eine indisch-islamische Innen-architektur den Rahmen für die dort arrangierte Palmensammlung. Der Gedanke der späteren Palmenhäuser mit filigranen, verglasten Eisenkon-struktionen war damit auf der Pfaueninsel schon vorweggenommen. Durch das Aufsetzen einer glä-sernen indischen Kuppel wurde die Erscheinung des Hauses im Gefüge der Architekturen auf der Insel 1845 noch aufgewertet. Im Jahr 1880 zer-störte ein Feuer das Palmenhaus, von dessen Großartigkeit seitdem nur noch bildliche Darstel-lungen und Beschreibungen einen Eindruck ver-mitteln können.

Unter Friedrich Wilhelm III. wurden noch weitere Gebäude auf der Pfaueninsel errichtet oder schon vorhandene mit bedeutungsvollen

Crown, decided to send most of them to the Zoological Gardens in Berlin.

The Palm House was the most spectacular building on the Peacock Island and was built in 1830/31 after a design by Karl Friedrich Schinkel. Glass walls enclose the building on three sides. The interior draws on Indian and Islamic influences and supplies the framework for the palm trees it houses. The concept of later palm houses built of filigree glazed iron had thus already been anticipated on the Peacock Island. The appearance of the Palm House within the whole network of buildings on the island was further enhanced in 1845 when an Indian glass dome was added. In 1880 the Palm House was destroyed by fire, and today only pictures and descriptions survive to convey some idea of its former splendour.

peuplant d'animaux exotiques. Modeste à l'origine, la ménagerie s'agrandit jusqu'à devenir une réserve peuplée de singes, de kangourous, de moutons, de lamas, d'ours, de cochons et d'aigles. L'île des Paons fut bientôt réputée, et ouverte au public deux fois par semaine. Le peuplement de la ménagerie avait tellement augmenté en 1842 que le fils de Frédéric-Guillaume III, Frédéric-Guillaume IV, décida de faire don d'une grande partie des animaux au Jardin zoologique de Berlin.

Le palmarium, construit en 1830/31 sur des plans de Karl Friedrich Schinkel, était le bâtiment le plus spectaculaire de l'île. Trois des murs extérieurs étaient en verre, et l'intérieur de style indo-islamique constituait un cadre approprié à la collection de palmiers. C'est sur l'île des Paons qu'apparut en germe l'idée de base des futurs

Fassaden versehen. Das Kavalierhaus etwa bekam die spätgotische Fassade eines Hauses aus Danzig vorgeblendet. Ein kleiner Gedächtnisplatz für die Königin Luise, die 1810 verstorbene Frau des Königs, entstand, als der Sandsteinportikus vom Mausoleum der Königin aus dem Charlottenburger Schloßpark auf die Insel versetzt wurde. Der König wünschte auch die Verschönerung des Hanges gegenüber der Insel. Dort baute man ein russisches Blockhaus, das nach dem späteren Zaren Nikolaus I. (1796–1855) »Nikolskoe« benannt wurde. Dieser Zar war mit einer Tochter Friedrich Wilhelms III., Charlotte, der Zarin Alexandra Feodorowna (1798–1860), verheiratet. Unweit davon errichtete August Stüler (1800–

Under Frederick William III further buildings were erected on the Peacock Island, while others already existing were given new façades. The Kavalierhaus (Nobleman's House), for instance, received the late-Gothic façade of a house from Danzig. A small memorial to Queen Luise, the King's late wife, was created when the sandstone portico from the Queen's mausoleum was transported to the island from the palace gardens at Charlottenburg.

The King also ordered the beautification of the hillside opposite the island. A Russian log cabin was built there which was named "Nikolskoe" after the future Tsar Nicholas I (1796–1855), who was married to Charlotte, Tsarina Alexandra

palmariums à charpente métallique et en verre. L'adjonction en 1845 d'une coupole en verre, de style indien, lui donna plus de valeur encore par rapport à l'ensemble architectural de l'île. Un incendie survenu en 1880 détruisit le palmarium. Il ne reste que les témoignages figuratifs et littéraires pour nous donner une idée de sa majesté.

Sous Frédéric-Guillaume III, d'autres bâtiments furent construits sur l'îlot, ou pourvus de façades significatives. On donna, par exemple, au « Kavalierhaus » (Maison des Cavaliers) la façade néo-gothique d'une maison de Dantzig. Un emplacement fut choisi pour le mausolée de la reine Louise, femme de Frédéric-Guillaume III.

Luisentempel (links).
Die kleine, an einen antiken Tempel erinnernde Gartenarchitektur diente der Erinnerung an die Königin Luise.
An der Rückwand der von vier dorischen Säulen getragenen Halle steht eine von Christian Daniel Rauch
angefertigte Büste der früh verstorbenen Königin.

Temple for Louisa (left).
This small garden building, reminiscent of a classical
temple, was a memorial to Queen Louisa. The hall is
supported by four Doric pillars. On its back wall is a
portrait bust of the Queen, who died young, by
Christian Daniel Rauch.

Temple de la reine Louise (à gauche).
Cette petite architecture de jardin, qui rappelle un
temple antique, commémorait la reine Louise. Un buste
de Christian Daniel Rauch représentant la jeune reine
disparue précocement, se trouve au fond du hall
soutenu par quatre colonnes doriques.

Fontäne (rechts).
Die von einem Wasserschleier umspielte Schalenfontäne
macht nicht nur einen reizvollen gartenkünstlerischen
Effekt, sie liefert gleichzeitig das zur Bewässerung der
Insel benötigte Wasser.

Fountain (right).
A misty, watery veil playfully surrounds the basin and
fountain and creates an attractive garden feature. The
fountain, however, also provides the water necessary to
irrigate the island.

Fontaine (à droite).
Cette fontaine en forme de coquillage où semblent
jouer des voiles d'eau, ne séduit pas uniquement par
son charme, elle fournit aussi l'eau dont l'île a besoin.

1865) zwischen 1834 und 1837 die Kirche St.
Peter und Paul, die mit ihrer Zwiebelkuppel eben-
falls an die verwandtschaftlichen Beziehungen der
Hohenzollern zum Zarenhaus erinnern sollte.
Aussichtsplattformen vor der Kirche wie auch am
Blockhaus boten weite Ausblicke in die Havel-
landschaft.

Feodorovna (1798–1860), one of Frederick
William III's daughters. Not far from the
Nikolskoe, August Stüler (1800–1865)
constructed the Church of SS. Peter and Paul
between 1834 and 1837. Its onion dome was a
further reference to the family ties between the
Hohenzollern and the Russian royal family. Both
the church and the log cabin incorporated
vantage points from which one could enjoy
uninterrupted views over the landscape of the
river Havel.

Le roi avait décidé aussi de meubler la pente
située en face de l'îlot. On y éleva tout d'abord
une maison russe en rondins, baptisée « Nikolskoe », du nom du futur tsar Nicolas Iᵉʳ (1796–
1855) qui avait épousé une fille de Frédéric-
Guillaume III, Charlotte, l'impératrice Alexandra
Feodorovna (1796–1860). Plus tard, de 1834 à
1837, August Stüler (1800–1865) construisit, à
quelque distance de là, l'église Saint Pierre et Saint
Paul. Des belvédères offraient, depuis l'église et la
maison en bois, de beaux points de vue sur les
paysages de la Havel.

Kavalierhaus.
Als im Jahre 1823 in Danzig ein spätgotisches
Patrizierhaus abgerissen wurde, konnte in einem Akt
von früher Denkmalpflege die architektonisch wertvolle
Fassade geborgen werden. Friedrich Wilhelm III. ließ
die Fassade von Karl Friedrich Schinkel auf der
Pfaueninsel am Kavalierhaus wiedererrichten. Als nach
den Zerstörungen des Zweiten Weltkriegs Danzig
wiederaufgebaut wurde, erstand die Fassade am originalen Ort als Kopie von der Pfaueninsel wieder neu.

Kavalierhaus (Nobleman's House).
When a late Gothic patrician house was pulled down
in Danzig in 1823, an early act of conservation ensured
the safe recovery of its façade which is of considerable
architectural value. Under Frederick William III the
façade was reassembled by Karl Friedrich Schinkel at
the Nobleman's House on the Peacock Island. When
Danzig was rebuilt after the ravages of the Second
World War, a copy of the façade taken from the
Peacock Island original was reconstructed in its former
place.

La maison des Cavaliers.
En 1823, à Dantzig, on démolit une demeure
patricienne de style gothique tardif mais, comme si l'on
avait anticipé la protection du patrimoine, la façade fut
sauvée. Frédéric-Guillaume III demanda à Karl
Friedrich Schinkel d'intégrer cette façade dans la
maison des Cavaliers de l'île des Paons. Au moment de
la reconstruction de Dantzig après la Seconde Guerre
mondiale, on reconstitua cette façade en son lieu
d'origine en prenant copie de celle de l'île des Paons.

FRIEDRICH WILHELM III. – RESIDENZEN FÜR DIE PRINZEN

FREDERICK WILLIAM III – RESIDENCES FOR THE ROYAL PRINCES
FRÉDÉRIC-GUILLAUME III – RÉSIDENCES PRINCIÈRES

König Friedrich Wilhelm III. Friedrich Wilhelm Schadow, 1810.
Königin Luise. Joseph Grassi, 1802 (links).

King Frederick William III. Friedrich Wilhelm Schadow, 1810.
Queen Louisa. Joseph Grassi, 1802 (left).

Le roi Frédéric-Guillaume III. Friedrich Wilhelm Schadow, 1810.
La reine Louise. Joseph Grassi, 1802 (à gauche).

Schloß auf der Pfaueninsel. Wandausschnitt im Ankleidezimmer mit einer Ansicht der Schloßanlage in Paretz bei Potsdam (rechts). Zugeschrieben Franz Hillner, um 1800.

Palace on the Pfaueninsel. Detail of wall in the dressing room with a view of the grounds of Schloß Paretz near Potsdam (right). Attributed to Franz Hillner, c. 1800.

Château de l'île de Paons. Détails des murs du vestiaire avec vue sur le château de Paretz, près de Potsdam (à droite). Attribué à Franz Hillner, vers 1800.

Friedrich Wilhelm III. (1770–1840) regierte Preußen 43 Jahre, fast ein halbes Jahrhundert lang. In seiner Regierungszeit trat der preußische Staat in ein neues Zeitalter ein, in dem Produktion, Handel und Verkehr einen stürmischen Aufschwung nahmen. Das diese Entwicklung tragende Bürgertum forderte staatliche Strukturen zur weiteren Entfaltung.

Die bestimmenden Ereignisse dieser Zeit waren der Untergang des alten, noch weitgehend friderizianisch geprägten Preußen in der Schlacht gegen die napoleonische Armee im Jahr 1806, die anschließenden Reformen, welche die Grundlagen für ein modernes Staatswesen legten, und die Befreiungskriege 1813 bis 1815 gegen Napoleon, die die Erwartungen nach nationaler Einigung beflügelten. Nach dem Wiener Kongreß 1815 setzte eine gezielte Restaurationspolitik fürstlicher Machterhaltung ein. Jegliche Bestrebungen nach demokratischen Veränderungen wurden im Keim erstickt. Die folgende allgemeine Ernüchterung auf der einen und sehnsüchtige Träume von einem verheißungsvollen Zeitalter altdeutscher Größe auf der anderen Seite fanden ihren Zeitausdruck in Biedermeier und Romantik.

Friedrich Wilhelm III. verhielt sich den drängenden Fragen seiner Zeit gegenüber abwartend und zögernd. Tiefgreifende Entscheidungen fällte er erst, wenn die Umstände ihm keine andere Wahl mehr ließen. Sein »preußisches« Pflichtge-

The reign of Frederick William III (1770–1840) over Prussia lasted for 43 years, almost half a century. During that time the Prussian state entered a new era which saw a turbulent upswing in production, trade and traffic. The middle class who supported this development demanded a framework of structures from the state in order to maintain it further.

The era was marked by a series of important events. These included the fall of the old Prussia (still largely characterised by Frederician values) in the battle against Napoleon's army in 1806, and the subsequent reforms that provided the foundations for a modern state system, as well as the Wars of Liberation in 1813–15 against Napoleon which further spurred expectations of German national unification. After the Congress of Vienna in 1815, however, policies were employed aimed at the preservation of royal authority. Any efforts to achieve democratic changes were nipped in the bud. The general disillusionment that followed, on the one hand, and the wistful dreams of ancient German greatness on theother, found their contemporary expression in Biedermeier and Romanticism.

The attitude of Frederick William III in the face of the urgent problems of his time was one of procrastination. He made far-reaching decisions only when circumstances left him no other option. His Prussian sense of duty and his

Le règne de Frédéric-Guillaume III (1770–1840) dura 43 ans, presque un demi-siècle. Pendant cette période, la Prusse connut de rapides et profonds changements. La production, le commerce et les transports avaient pris un essor extraordinaire. La bourgeoisie, à l'origine de la croissance économique, demanda la création de structures étatiques afin de maintenir l'expansion.

Mais de graves événements marquèrent aussi cette période. L'ancienne Prusse, celle du grand Frédéric, était morte en 1806 sur les champs de bataille napoléoniens. En procédant à certaines réformes libérales, le gouvernement prussien posa les premières pierres d'un État moderne. Les guerres de libération de 1813–15 contre Napoléon renforcèrent les aspirations vers une unité nationale. Mais une politique de restauration du pouvoir aristocratique se mit rapidement en place après le Congrès de Vienne en 1815. Toute tentative de démocratisation fut étouffée dans l'œuf. La désillusion générale qui s'ensuivit et les rêves de grandeur germanique trouvèrent leur expression dans le style Biedermeier et le romantisme.

Frédéric-Guillaume III qui était d'une grande irrésolution ne répondait qu'avec prudence et hésitation aux questions urgentes de son temps. Il ne prenait de décision grave que lorsque les circonstances l'y obligeaient. Il était connu pour son sentiment du devoir « prussien » et son sens de l'économie. Son mode de vie correspondait parfaitement à sa réputation : il menait une vie

Plan zur Umgestaltung des Parkes Sanssouci (Ausschnitt). Peter Joseph Lenné, 1816.
Hätte Lenné diesen Plan verwirklichen können, wäre im Zuge einer radikalen Umgestaltung aus dem Park des 18. Jahrhunderts ein moderner, auf der Höhe der Zeit stehender Landschaftsgarten entstanden.

Plan for the redesigning of the park of Sanssouci (Detail). Peter Joseph Lenné, 1816.
Had Lenné been able to put his plan into practice, his radical ideas for the redesigning of the 18th-century park would have transformed it into a modern, up-to-date landscape garden.

Plan de réaménagement du parc de Sans-Souci (Détail). Peter Joseph Lenné, 1816.
Si Lenné avait pu réaliser ses plans, un réaménagement radical du parc du XVIII° siècle aurait permis la création d'une œuvre paysagère à la mesure de son temps.

Entwerfen Sie mir einen Plan in Berücksichtigung der Worte, die ich eben zu Ihnen gesprochen.«

Lenné brauchte von den Ideen des Königs nicht erst überzeugt zu werden. Er, der 1824 zum Generaldirektor der königlich-preußischen Gärten ernannt worden war, hatte längst Überlegungen angestellt, »alles vereinzelt Schöne der historischen Überlieferungen in der Umgebung Potsdams durch eine verschönerte Landschaft harmonisch zu vereinigen«. Dazu wollte er auch die schon bestehenden Anlagen, Sanssouci und den Neuen Garten, landschaftsgärtnerisch überformen. Fast programmatisch wirkt vor diesem Hintergrund sein Plan zur Umgestaltung des Parkes Sanssouci, den Lenné noch im Jahr seiner Ankunft in Potsdam 1816 zeichnete. Ihm mußte klar sein, daß dieser radikale Plan, der mit bezwingender Konsequenz den alten friderizianischen Garten in einen auf der Höhe der Zeit stehenden Landschaftsgarten verwandeln wollte, zunächst keine Chance zur Verwirklichung hatte.

So liest sich dieser Plan wie eine frühe Absichtserklärung Lennés für sein Wirken in Potsdam. Ein Wirken, das über ein halbes Jahrhundert bis zu seinem Tode 1866 dauern sollte. Stück für Stück fügten sich in den Jahren die einzelnen Teile zu dem großen Vorhaben zusammen: der überarbeitete Neue Garten und die Pfaueninsel, Glienicke, Babelsberg, Sacrow, die Pfingstberganlage, Umgestaltungen in Sanssouci, Lindstedt und vieles mehr. Eindrucksvoll veranschaulicht der »Verschoenerungsplan der Umgebung von Potsdam« aus dem Jahr 1833 das

As for Lenné, he did not need convincing regarding the King's ideas. He had been appointed Director of the Royal Gardens in 1824, and had for a long time given his thoughts to how "all the individual works of beauty bequeathed by history to Potsdam and its surroundings could be harmoniously united by means of a more beautiful landscape". As part of this enterprise he wanted to re-landscape the already existing gardens of Sanssouci and the New Garden. And so the bold design proposals for Sanssouci which Lenné had drawn up in 1816, his very first year in Potsdam, appear almost programmatic. It must have been clear to him that initially there was no chance of realizing such a radical plan, but with compelling logic he set out to change the old Frederician garden into an up-to-date landscape garden.

This ambitious task was to last for more than half a century, until Lenné's death in 1866. Over the years, the various parts were combined together, piece by piece, to complete the great project: the re-designed New Garden and the Peacock Island, Glienicke, Babelsberg, Sacrow, the Pfingstberg complex, alterations at Sanssouci, Lindstedt, and many more. The "Plan for the Beautification of the Surroundings of Potsdam" dating from the year 1833 impressively lays out the extent of the plans. The cultivated landscape along the lakes of the river Havel was to extend from Karlsberg hill near Baumgartenbrücke in the east, to the Peacock Island in the west. The intensively landscaped royal gardens formed the heart of this grandiose scheme. The intention was to plant deciduous woodlands

Schloß Babelsberg. Karl Friedrich Schinkel. Aus: Schinkel, Sammlung Architektonischer Entwürfe, Blatt 136.

Babelsberg Palace. Karl Friedrich Schinkel. From: Schinkel's collection of architectural designs, folio 136.

Château de Babelsberg. Karl Friedrich Schinkel. Schinkel : Collection des dessins d'architecture, folio 136.

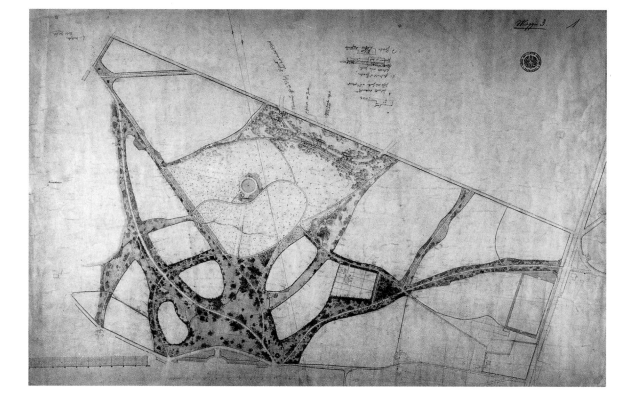

Plan vom Ruinenberg.
Peter Joseph Lenné, nach 1841.
Nach der Thronbesteigung Friedrich Wilhelms IV. ergab sich für Lenné endlich die Möglichkeit, auch die Landschaft nördlich von Sanssouci zu gestalten.

Map of the Ruinenberg (Mount of Ruins).
Peter Joseph Lenné, after 1841.
After Frederick Willim IV's accession to the throne, Lenné was at last given the opportunity to redesign also the grounds north of Sanssouci.

Plan du mont des Ruines.
Peter Joseph Lenné, après 1841.
Après l'accession au trône de Frédéric-Guillaume IV, Lenné eut enfin la possibilité de d'aménager le paysage situé au nord de Sans-Souci.

ENTWURF FÜR DAS LANDHAUS DES PRINZEN WILHELM K. H. AUF DEM BABELSBERGE BEI POTSDAM.

Ausmaß der Planungen. Die Kulturlandschaft entlang der Havelseen sollte vom Karlsberge bei Baumgartenbrück im Osten bis zur Pfaueninsel im Westen reichen. Die Herzstücke bildeten die intensiv gestalteten königlichen Gärten. Davon ausgehend sollten einige Havelufer mit Laubwäldern bepflanzt, vorhandene Wälder zum Teil parkartig erschlossen und Feldfluren und Hügel bewaldet werden.

Friedrich Wilhelm IV. war das überragende Künstlertum von Peter Joseph Lenné wohl bewußt. Er ehrte seinen Gartendirektor auf ungewöhnliche Weise. Noch zu Lebzeiten, schon 1848, ließ er eine Herme Lennés nach einem Entwurf von Christian Daniel Rauch (1777–1857) in der Nähe des Neuen Palais aufstellen.

along stretches of the banks of the Havel, outward from that heart, as well as to develop parts of already existing woodlands into parks, and to establish further woodlands in field and hill locations.

Frederick William IV was well aware of Peter Joseph Lenné's outstanding artistic genius. He honoured the Director of his Royal Gardens in an unusual way: in 1848, during the latter's own lifetime, he arranged for a bust of Lenné to be designed by Christian Daniel Rauch (1777–1857), and to be erected not far from the New Palace.

Potsdam » qui date de 1833 révèle l'ampleur du projet. Le paysage qui allait être créé le long des lacs de la Havel s'étendrait d'est en ouest, du mont Karlsberg près de Baumgartenbrück à l'Île des paons. C'est au cœur de ce complexe que se trouveraient les jardins aménagés. Quelques rives de la Havel devaient être plantées de bois feuillus, les forêts existantes être remaniées en parc, des champs et des collines être boisés.

Frédéric-Guillaume IV était conscient d'avoir en Lenné un paysagiste de grand talent. Il lui rendit honneur de son vivant de façon inhabituelle. En 1848, il commanda un buste de Lenné d'après un modèle de Christian Daniel Rauch (1777–1857), et le fit placer à proximité du Nouveau Palais.

SCHLOSS GLIENICKE

Die Schloßanlage in Glienicke bildete für die Entwicklung Potsdams und seiner Umgebung zu einer übergreifenden Kulturlandschaft einen wichtigen Baustein. Der Schloßpark liegt an der Nahtstelle zwischen der heutigen Berliner Stadtgrenze und Potsdam, wo schon der Große Kurfürst 1660 die erste Brücke über die Havel bauen ließ. Die schöne landschaftliche Lage dieses Ortes, die einen weiten Blick über den sich hier seenartig verbreiternden Fluß erlaubt, und die direkte Anbindung an die Chaussee nach Berlin mögen die Motive abgegeben haben, hier bald auch mit dem Bau eines Jagdschlosses mit Lustgarten nebst einem Weinberg zu beginnen. Nach dem Tode des Kurfürsten wurde das Jagdschloß zweckentfremdet und die dazu gehörenden Besitzungen aufgeteilt. Nördlich der Chaussee entstand ein Landgut, das Graf Lindenau (1755–1842) nach 1796 landschaftsgärtnerisch überformte. Lindenau hatte sich bereits in Machern in der Nähe von Leipzig mit der Anlage eines auf der Höhe der Zeit stehenden empfindsamen Landschaftsgartens einen Namen gemacht.

Im Jahr 1811 mietete der preußische Staatskanzler Fürst Hardenberg das Landgut, bevor er den Besitz 1814 endgültig kaufte. Hardenberg übertrug Lenné 1816 die Gestaltung des Pleasuregrounds, des zwischen Schloß und Straße gelegenen, mit kunstvoll modellierten Rasenflächen, die von elegant geschwungenen Spazierwegen durchzogen sind, intensiv gestalteten Gartenraums. Es war einer der ersten Aufträge für den 27jährigen, gerade nach Potsdam gekommenen Lenné. Die Arbeiten fanden infolge des Todes Hardenbergs 1822 ein plötzliches Ende.

Doch schon 1824 ergab sich die Gelegenheit zur Weiterarbeit. Prinz Carl (1801–1883) erwarb das Anwesen für sich und seine spätere Frau Marie von Sachsen-Weimar (1808–1877).

Im Vergleich zu seinen Brüdern Friedrich Wilhelm IV. und Wilhelm I. ist Prinz Carl, der eine erfolgreiche militärische Laufbahn absolvierte, eher unbekannt. Ein Persönlichkeitsbild von ihm läßt sich schwer zeichnen. Das Urteil von Zeitgenossen über ihn ist widersprüchlich. Allgemein hervorgehoben wird sein Kunstinteresse, das sich in einer leidenschaftlichen Sammeltätigkeit niederschlug, wofür der Klosterhof in Glienicke beeindruckendes Beispiel bietet. Das geistige Klima am Hofe des Prinzen wurde sicher auch wesentlich von seiner Frau bestimmt, die nicht nur als Schönheit beschrieben wird, sondern die auch eine exzellente Bildung – einer ihrer Lehrer war Johann Wolfgang von Goethe – genossen hatte. Zu ihrem Kreis, den sie regelmäßig nach Glienicke einlud, gehörten der Wissenschaftler Alexander von Humboldt (1769–1859), Schinkel, Lenné, Ludwig Persius (1803–1845), der Bildhauer Christian Daniel Rauch, die Maler Carl Begas (1794–1854), Franz Krüger (1797–1857) und andere.

GLIENICKE PALACE

An important element in the development of Potsdam and its surroundings was the palace complex in Glienicke. The palace grounds are situated at the border between the present-day city boundaries of Berlin and Potsdam – the point where, in 1660, the Great Elector constructed the first bridge across the river Havel. The beautiful scenic situation allows panoramic views over the lake-like expanses of the river. That, and the direct connection to the main avenue to Berlin, might have been the reason why the Elector soon began the construction of a hunting lodge along with a pleasure-ground and a vineyard. After the death of the Great Elector, the hunting lodge was used for different purposes and the estate divided up. To the north of the main avenue a country estate was established which after 1796 was re-landscaped by Count Lindenau (1755–1842). Lindenau had already made a name for himself when he established, with great sensitivity, a landscape garden after the latest fashion in Machern near Leipzig.

In the year 1811 the Prussian State Chancellor Prince Hardenberg rented the country estate and finally bought the property in 1814. In 1816 Hardenberg commissioned Lenné to lay out the pleasure-ground. Situated between the palace and the road, this garden featured elaborately modelled lawns traversed by elegantly winding footpaths. It was one of the first commissions for the 27-year-old Lenné, who had just arrived in Potsdam. The project came to a sudden halt when Hardenberg died in 1822.

However, in 1824 an opportunity to continue the work arose when Prince Carl, the youngest of Frederick William III's sons (1801–1883), purchased the estate for himself and his later wife Marie von Sachsen-Weimar (1808–1877).

Prince Carl, who completed a successful military career, is relatively unknown compared to his elder brothers Frederick William IV and William I, and it is difficult to describe his personality. Contemporary opinions about him are full of contradictions. What is generally stressed is his interest in art, which made him a passionate collector. The Klosterhof building forming part of the Glienicke Palace complex is an impressive example of this passion. The Prince's wife also made a considerable contribution to the intellectual climate at his court. She was not only described as a beauty but had also enjoyed an excellent education, numbering amongst her teachers Johann Wolfgang von Goethe (1749–1832). The circle of friends whom she regularly invited to Glienicke included the scientist Alexander von Humboldt (1769–1859), Schinkel, Lenné, the architect Ludwig Persius (1803–1845), the sculptor Christian Daniel Rauch, the painters Carl Begas (1794–1854) and Franz Krüger (1797–1857) and many others.

LE CHÂTEAU DE GLIENICKE

Le château de Glienicke est un des éléments essentiels de l'immense paysage créé autour de Potsdam. Le parc est situé à la limite actuelle de la ville de Berlin et de Potsdam, à l'endroit précis où le Grand Électeur fit construire en 1660 le premier pont sur la Havel. La belle situation de ce lieu, d'où l'on peut voir le paysage de lacs formé par la rivière, et le raccordement à la route menant à Berlin peuvent expliquer la décision d'y construire un pavillon de chasse et d'y planter un jardin d'agrément et une vigne. À la mort du Grand Électeur, le pavillon de chasse fut désaffecté et la propriété morcelée. Au nord de la route, se constitua un domaine que le comte de Lindenau (1755–1842) transforma en 1796 en parc paysager. Le comte s'était fait un nom en créant à Machern près de Leipzig un jardin à l'anglaise très à la mode.

Le chancelier de Prusse, le prince Hardenberg, loua le domaine jusqu'en 1811 avant de l'acheter en 1814, et de confier en 1816 l'aménagement d'un pleasure ground à Lenné. Il était situé entre le château et la route, avec des pelouses joliment façonnées, des allées élégantes et sinueuses, des espaces aménagés à l'extrême. C'était une des premières commandes de Lenné, qui venait d'arriver à Potsdam, âgé de vingt-sept ans à peine. Mais la mort soudaine en 1822 de Hardenberg arrêta la manne de travaux pour le jeune horticulteur.

Pourtant, dès 1824, son activité reprit grâce à une circonstance inattendue. Le prince Carl (1801–1883) acheta le domaine pour sa future femme, Marie von Sachsen-Weimar (1808–1877), et lui-même.

Comparé à ses frères, Frédéric-Guillaume IV et Guillaume Ier, le prince Carl, un militaire accompli, est peu connu. Il est difficile de brosser un portrait de lui, l'opinion de ses contemporains divergeant notablement. On évoque toutefois son goût prononcé pour les arts qui en fit un collectionneur passionné ; le Klosterhof, un ancien monastère italien reconstruit à Glienicke par Carl pour abriter une de ses collections d'art, en est un exemple frappant. L'ambiance intellectuelle qui régnait à la cour du prince était très certainement à mettre sur le compte de sa femme : non contente d'être belle, elle avait en plus une excellente instruction. Elle avait eu pour professeur Johann Wolfang von Goethe. Parmi les habitués de Glienicke se trouvaient Alexandre von Humboldt, le célèbre naturaliste et voyageur (1769–1859), Schinkel, Lenné, Ludwig Persius, l'architecte (1803–1845), Christian Daniel Rauch, le sculpteur (1777–1857), les peintres Carl Begas, (1794–1854) et Franz Krüger (1797–1857), et bien d'autres encore.

L'intention du prince Carl avait toujours été de transformer Glienicke en un parc paysager. En 1822, peu de temps avant d'acquérir la propriété,

Ansicht von Süden.
Nach Plänen von Karl Friedrich Schinkel entstand in den Jahren 1824/27 im Auftrag des Prinzen Carl aus einem alten Gutshaus ein klassizistischer Schloßbau.

View from the south.
Between 1824 and 1827, an old mansion house was transformed into the Neoclassical palace building on the orders of the Prince Carl. The plans were drawn up by Karl Friedrich Schinkel.

Vue du sud.
En 1824/27, le prince Carl fit transformer un ancien manoir en ce château néoclassique d'après des plans de Karl Friedrich Schinkel.

Von Anfang an verfolgte Prinz Carl das Ziel, Glienicke in einen großen Landschaftsgarten umzugestalten. Kurz bevor er das Anwesen erwarb, hatte er gemeinsam mit seinem Vater 1822 eine Italienreise unternommen und war begeistert über die dort erlebte Harmonie von Landschaft, Architektur und Antike nach Preußen zurückgekehrt. Es sollte Schinkel und Lenné nicht schwerfallen, den Prinzen für ihre Pläne zu einer der schönsten und gleichzeitig eigentümlichsten Schloß- und Gartenschöpfungen in der Umgebung von Potsdam zu gewinnen.

Right from the start it was Prince Carl's intention to turn Glienicke into a big landscape garden. In 1822, shortly before he acquired the estate, he had travelled to Italy with his father. He returned to Prussia full of enthusiasm for the harmonious relationship of landscape, architecture and classical antiquity he had experienced there. It was therefore easy for Schinkel and Lenné to win the Prince's support for their plans to realize one of the most beautiful and at the same time most unusual palace and garden creations in the Potsdam area. When, after several

il avait accompagné son père dans un voyage en Italie; il en était revenu enthousiasmé par l'harmonie entre paysage et architecture, et avait rapporté des antiquités. Schinkel et Lenné n'eurent aucune difficulté à gagner le prince à leur idée de création de parc, qui allait devenir un des plus beaux et des plus singuliers des environs de Potsdam. Les travaux, étalés sur des décennies, métamorphosèrent Glienicke en un décor de rêve italien planté dans un paysage de la Marche. Les travaux débutèrent en 1824 avec la transformation d'une ancienne maison de billard

Die über Jahrzehnte reichenden Arbeiten, nach deren Abschluß Glienicke wie ein italienischer Traum in der märkischen Landschaft wirkte, begannen noch 1824 mit dem Umbau eines alten Billardhauses zu einem Casino genannten Landhaus. Der Standort am Hochufer der Havel bot die Möglichkeit, das Haus zu einem weit in die Landschaft ausstrahlenden Bauwerk zu entwickeln. Bis heute verbindet eine der schönsten Sichtachsen in der Potsdamer Kulturlandschaft das Casino mit dem Marmorpalais.

Das Billardhaus, ursprünglich ein einfaches Gebäude auf rechteckigem Grundriß mit einem steilen Walmdach, war um 1800 schon um zwei Seitenflügel erweitert worden. Durch ebenso einfache wie radikale Eingriffe schuf Schinkel ein völlig verändertes Haus. Er entfernte das hohe Dach und setzte ein zweites Stockwerk auf.

decades, the work was finally completed, Glienicke appeared like an Italian dream amidst the countryside of the Brandenburg Marches.

Work began in 1824 with the conversion of an old billiard house to a country house called the Casino. Its situation on the banks of the river Havel provided the opportunity to develop the house in such a way that it made a great impact on the landscape. The Casino and the Marble Palace in the New Garden are still connected by one of the most enchanting views in Potsdam.

Originally the billiard house had been a simple building with a rectangular groundplan and a steeply hipped roof. It had been extended by two side wings in 1800. By means of several simple but radical alterations, Schinkel changed the house completely. He removed the high roof and added a second storey. The central section and the

en une villa appelée casino. Le site – les berges de la Havel – était idéal pour en faire un objet architectural visible de très loin dans le paysage. Une des plus belles perspectives de Potsdam lie le casino avec le palais de Marbre.

La maison de Billard n'était au départ qu'un cube monumental coiffé d'un toit en croupe, mais deux ailes y avaient été adjointes vers 1800. Schinkel recourut à un moyen simple mais radical pour transformer la maison : il supprima le toit pour y ajouter un second niveau. Le corps central et les ailes furent surélevées, le toit plat dissimulé derrière l'attique. De longues pergolas parallèles à la Havel vinrent compléter la maison et souligner l'orientation horizontale du plan. Une seconde pergola, de la longueur du bâtiment et construite un peu plus bas, relie le casino et le bord de la Havel. La villa est entièrement

Casino an der Havel (links).
Die erste Arbeit Schinkels in Glienicke war 1824 der Umbau eines alten Billardhauses zu dem ganz auf die Landschaft ausgerichteten Casino.

Casino on the river Havel (left).
Schinkel's first project at Glienicke in 1824 was the conversion of an old billiard house into a Casino which was fully integrated into the landscape.

Casino au bord de la Havel (à gauche).
La première réalisation de Schinkel à Glienicke, fut le réaménagement, en 1824, de l'ancienne maison de Billard pour en faire un casino qui s'inscrivait parfaitement dans le paysage.

Casino. Wandausschnitt der Gartenseite (rechts).
Casino. Partial view of the wall to the garden (right).
Casino. Détail mural du côté jardin (à droite).

Mittelbau und Seitenflügel erhielten eine Höhe, das neue flache Dach wurde hinter einer Attika verborgen. Parallel zum Ufer an beiden Flügeln des Hauses angefügte langgestreckte Pergolen betonten die horizontale Ausrichtung dieser Architektur. Nur wenig tiefer wurde eine über die ganze Gebäudebreite reichende zweite Pergola angelegt, die das Casino mit dem tiefer liegenden Havelufer verband. Das Gebäude wurde vollkommen auf die Seeseite, die Landschaft ausgerichtet, zu deren Betrachtung ein Altan vor dem Erdgeschoß und kleine Balkone am Obergeschoß der Seitenflügel einluden. Die Attrappe einer am Seeufer ankernden Fregatte vervollständigte das nun entstandene, ganz italienisch wirkende Bild.

Auf der Gartenseite wurde der mittig gelegene alte Zugang geschlossen und an der Fassade und

side wings were made the same height, and the new flat roof was hidden behind an attic storey. The horizontal character of the architecture was emphasized with the addition of long pergolas to both wings of the house parallel to the river bank. Another pergola, situated only a little lower and connecting the Casino with the lower bank of the river Havel, was established all along the width of the building. The whole orientation of the building was directed entirely towards the lakeside, which could be contemplated from a large terrace added to the ground floor and from small balconies on the upper storey of the side wings. The desired Italianate picture was completed by a dummy frigate lying at anchor on the shore of the lake.

On the garden side, the original central entrance was closed, and a large number of

orientée vers le lac; une terrasse au rez-de-chaussée et des petits balcons au premier étage invitent à contempler le paysage. Une frégatte attrape ancrée sur la rive du lac complète ce tableau si italien.

L'ancienne entrée médiane fut fermée du côté jardin, de nombreuses œuvres d'art antiques furent placées devant la façade et dans le jardin. Pour entrer dans le casino, il fallait passer par les pergolas et la terrasse; traverser la maison était une expérience raffinée : les perspectives étaient changeantes et en partie réfléchissantes, la réalité et l'illusion étaient si bien confondues qu'elles déconcertaient le visiteur. Schinkel créa une décoration antiquisante pour le cabinet et la salle du corps central ; au premier étage, il aménagea un salon et une chambre à coucher. L'ancienne maison domaniale de Glienicke fut

im Garten davor eine Vielzahl antiker Kunstwerke arrangiert. Zugänge zum Casino ergaben sich dadurch nur noch über die Pergolen an den Seitenflügeln und über den Altan, was eine raffinierte Wegeführung durch das Gebäude mit plötzlich wechselnden, sich teilweise spiegelnden Ausblicken und einer verwirrenden Durchdringung von Realität und Illusion ermöglichte. Für den Saal im Mittelbau und ein Kabinett entwarf Schinkel eine antikisierende Dekoration, im Obergeschoß befanden sich Wohn- und Schlafzimmer.

Das alte Gutshaus in Glienicke wurde zwischen 1824 und 1827 zum Schloß umgebaut. Schinkel ging dabei ganz ähnlich wie beim Casino vor. Auch hier, wie wenig später in Charlottenhof,

classical works of art were arranged in front of it along the façade and in the garden. Thus the Casino could now be entered only via the pergolas on the side wings and via the main terrace. This opened up the possibility of devising ingenious routes through the building, incorporating suddenly changing and partly reflected views and resulting in a bewildering fusion of vision and reality. For the large hall in the centre of the building and for one room, Schinkel designed decoration in a Neoclassical style. Living quarters and bedrooms were situated on the upper floor.

Between 1824 and 1827 the old manor house at Glienicke was converted into a palace, with

transformée en château entre 1824 et 1827. Schinkel opéra de la même manière qu'au casino. Ici, comme plus tard à Charlottenhof, il travailla en étroite collaboration avec Ludwig Persius, qui dirigeait les travaux à sa place. Bien qu'il eût gardé en gros le plan de la maison, et n'eût procédé qu'à quelques changements minimes, qui se révélèrent d'importance pour la distribution extérieure, la villa de style néoclassique qu'il élabora n'avait plus rien à voir avec l'ancienne.

Pour ce faire, l'architecte supprima d'abord le toit en croupe et simplifia la façade par un attique dissimulant la nouvelle couverture plate. Quelques éléments furent couverts de toits en

Casino. Saal (links).
Die schon am Außenbau sichtbare der Antike verpflichtete Gestaltung des Casinos setzt sich auch im Saal fort, der sich mit drei großen Fenstertüren zur Havel öffnet.

Casino. Hall (left).
The exterior of the Casino is clearly modelled on classical antiquity. The classical inspiration continues inside the hall with its three large French windows opening out onto the river Havel.

Casino. Salle (à gauche).
La conception d'inspiration antique, déjà visible de l'extérieur, se retrouve aussi dans la salle où trois grandes portes fenêtres donnent sur la Havel.

Casino. Wandausschnitt im Saal (rechts).
Casino. Detail of the wall in the hall (right).
Casino. Détail des murs da la salle (à droite).

arbeitete er eng mit Ludwig Persius zusammen, der die Ausführung seiner Entwürfe vor Ort leitete. Obwohl der Grundriß des alten Hauses im wesentlichen beibehalten und nur in einigen Teilen verändert wurde, die für die Abfolge und die Stellung der Gebäudeflügel zueinander von Bedeutung waren, entstand ein völlig neues Gebäude in der Form einer klassizistischen Villa. Schinkel beseitigte das Walmdach und vereinfachte die Fassadenansicht durch eine Attika, die das neue, flachgeneigte Dach verdeckte. Einige Bauteile bekamen flache Satteldächer, die sichtbar blieben, was die Staffelung der Gebäudeteile zueinander belebt. Durchgehende Gesimse betonen die Fassadengliederung in der Horizontalen, während die Fensteröffnungen die vertikale Gliederung schaffen. Wie beim Casino wurde neuer Putz aufgetragen, dessen eingeritzte Fugen eine Steinquaderung vortäuschen.

Die Flügel des Schlosses umschließen einen Innenhof, der sich nur mit zwei Durchgängen, dafür aber sehr effektvoll und durch Pergolen beziehungsweise einen Gitterzaun strukturiert, zum Park öffnet. Eine entlang der Fassade geführte Pergola, die den Rahmen für die Blicke in den mit Blumen und Antikenfragmenten geschmückten Hofraum abgibt, bindet Bauwerk und Garten harmonisch zusammen. Auch den Eingang zum Schloß erreicht man über den Innenhof, wo er abseits, wie zufällig liegt. Konsequent vermieden Schinkel und Lenné jede reprä-

Schinkel proceeding on similiar lines to the Casino. As was the case soon afterwards at Charlottenhof, Schinkel worked on this project in close collaboration with Ludwig Persius, who was in charge of the execution of Schinkel's plans on site. No significant alterations were made to the groundplan of the old manor house: only those parts were changed that were important for the sequence and the positioning of the various wings of the building in relation to one another. Yet what emerged was an entirely new building in the form of a Neoclassical villa. Schinkel removed the mansard roof and simplified the façade by means of an attic storey that covered up the new flat, gently sloping roof. Some parts of the building had flat saddle roofs added to them that remained visible, increasing the interest of the various levels of the buildings. The horizontal structuring of the façade was achieved by means of continuous cornices, while the vertical emphases were provided by the window casements. As with the Casino, the exterior plasterwork was made to resemble blocks of stone.

Enclosed by the palace wings lies an inner courtyard. It opens onto the park only through two passageways and is designed to great effect with pergolas and a latticework fence. One pergola running along the façade supplies the framework for views into the courtyard, decoratively adorned with flowers and antique fragments, and forms a harmonious link between

bâtière, visibles, animant ainsi l'échelonnement des différentes parties du bâtiment. Des corniches continues soulignaient l'horizontalité de la façade, les ouvertures sa verticalité. Un enduit en bossage imitant la pierre de taille équarrie fut appliqué sur la façade, comme au casino.

Les ailes du château forment une cour intérieure; reliée au parc par deux passages seulement, elle est joliment structurée par des pergolas et un treillage. La pergola qui court le long de la façade lie le château et le jardin en un cadre pictural pour les fleurs et les fragments d'œuvres antiques qui décorent la cour. L'entrée du château, presqu'à l'écart, est également accessible par cette cour intérieure. Schinkel et Lenné ont évité tout surenchérissement de la construction en établissant, par exemple, des liens axiaux entre château et jardin. C'est en se laissant guider le long des allées que le visiteur découvre l'étendue et le charme du château, une suite de tableaux et de perspectives étonnantes.

Il est difficile de se faire une idée de l'intérieur. Les informations sont insuffisantes; les changements d'affectation et de propriétaires ont été trop fréquents aussi pour que les installations aient pu être conservées en état. C'est tout récemment, au cours des années quatre-vingt, que fut entreprise progressivement la reconstruction de certaines salles.

La dominante de cette construction horizontale, c'est la verticalité, que lui apporte une tour

Grundriß des Erdgeschosses (S. 159, links).
Unbekannter Zeichner, zwischen 1832 und 1840. Im unteren Teil des Plans ist das eigentliche Schloß dargestellt, dessen Haupträume nach Süden liegen. Darüber quer liegt der Kavalierflügel, in dessen Erdgeschoß sich der Pferdestall befand, daran schließt sich die Wagenremise an.

Groundplan of the ground floor (p. 159, left).
Anonymous draughtsman, between 1832 and 1840. The actual palace with its main rooms oriented towards the south is shown in the lower part. Diagonally above it is the Gentlemen's Wing in whose ground floor the stables were situated. Adjoining the stables was the coach-house.

Plan du rez-de-chaussée (p. 159, à gauche).
Dessinateur anonyme, entre 1832 et 1840. Le château lui même dont les pièces principales sont orientées au sud, est représenté en bas du plan. Au-dessus, on voit, disposée diagonalement, l'aile des cavaliers dont le rez-de-chaussée abritait les écuries et la remise des voitures qui leur est attenante.

sentative Überhöhung, wie etwa direkte axiale Bezüge zwischen Schloß und Garten. Nur im Gehen, im Wandeln auf den Wegen, die dabei die »stummen Führer« abgeben, erschließen sich in einer Folge immer neuer Bilder und überraschender Aussichten der Reiz und die Ausdehnung der Schloßanlage.

Über die Innenräume des Schlosses gibt es nur spärliche Informationen. Zu oft wechselten die Besitzer und die Nutzung, als daß viel von der Innenarchitektur und der Ausstattung hätte erhalten bleiben können. Erst Mitte der achtziger Jahre unseres Jahrhunderts konnte die allmähliche Rekonstruktion einiger Räume in Angriff genommen werden.

Dem horizontal betonten Schloßensemble setzt ein von Schinkel entworfener Turm seit 1832 eine markante Höhendominante entgegen. Um 1840 erhielt die straßenseitige Ansicht des Schlosses durch den Löwenbrunnen eine Aufwertung. Zwei vergoldete, auf von hohen Säulen getragenen Podesten stehende Löwen speien Wasser in einen Brunnen mit einer Fontäne in der Mitte. Rechts davon entstand eine überdachte Rundbank, eine Exedra, die – wie die Exedra in Charlottenhof – einen weiten Ausblick in die Landschaft erlaubt, hier auf das Bild von Potsdam. Zuvor, 1835, hatte Schinkel, einer Idee des Kronprinzen Friedrich Wilhelm folgend,

the building and the garden. The entrance to the palace is also reached through the inner courtyard, where its off-centre situation makes it appear as if it were put there by accident. Schinkel and Lenné were consistent in their efforts to avoid any signs of excessive grandeur, such as direct linear connections between the palace and the garden. Only when walking along the footpaths does one become fully aware of the charm and the expanse of the palace grounds that open up in a series of ever new scenic tableaux and unexpected views.

Only sparse information is available concerning the palace's interior. The owners and the purpose for which it was used changed too often for much of the interior architecture and furnishings to remain intact. It was not until the 1980s that the gradual reconstruction of some of the rooms could finally be tackled.

Schinkel countered the horizontal emphasis of the palace ensemble with the striking vertical thrust of a tower that was erected in 1832. Around 1840 the façade facing the road was visually enhanced by the instalment of a Lion Fountain. Two gilded lions standing on pedestals on top of high columns spout water into a central basin. To the right of it an exedra was built, a semicircular recess with raised seats protected by a roof, which – like the exedra at Charlottenhof –

ajoutée en 1832 par Schinkel. En 1840, la fontaine des Lions vint embellir la vue du château depuis la rue. Deux lions dorés posés sur des portiques crachent de l'eau dans un bassin agrémenté d'un jet d'eau. À droite, se trouvait une exèdre couverte qui, comme celle de Charlottenhof, offrait une vaste vue sur le paysage. En 1835, sur une idée du prince héritier Frédéric-Guillaume, Schinkel fit installer un kiosque pour le thé au sud-ouest du parc, kiosque assez grand pour accueillir de nombreux invités. Cet endroit surélevé baptisé « Große Neugierde » (Grande Curiosité) offrait un panorama magnifique sur le parc de Glienicke, sur Babelsberg, où le jeune prince Guillaume était en train d'aménager son propre parc, et Potsdam. De la « Grande Curiosité », située au bord de la route Berlin-Potsdam, on pouvait observer en toute tranquillité l'intense activité qui animait cette voie de circulation. Le contraire de ce kiosque tourné vers le monde actif était le « Kleine Neugierde » (Petite Curiosité); c'était un pavillon de thé lui aussi, mais il avait la forme d'un temple antique et donnait sur la nature, sur le paysage arcadien du pleasure ground.

Le Prince Carl décida peu de temps après « d'installer des jeux d'eau pour décorer les endroits charmants du parc et égayer la végétation ». Pour faire fonctionner ces « éléments

an der südwestlichen Peripherie des Parks einen Pavillon, der als Teehaus für eine größere Gesellschaft genutzt werden konnte, gestaltet. Der Große Neugierde genannte Pavillon gestattet von einem erhöhten Standort aus einen Rundblick über den Glienicker Park, nach Babelsberg, wo sich Prinz Wilhelm gerade einen eigenen Park anlegte, und nach Potsdam. Da die Große Neugierde direkt an der Berlin-Potsdamer Chaussee lag, konnte man ungestört das Treiben auf der vielbenutzten Straße beobachten. Einen Gegensatz zu diesem, der Welt zugewandten Platz, bildete die an einen antiken Tempel erinnernde Kleine Neugierde, die, ebenfalls ein Teepavillon, sich nur zu dem arkadischen Landschaftsbild des Pleasuregrounds öffnete.

Bald bestimmte Prinz Carl »durch eine ausgedehnte Anlage von Wasserkünsten, die vielen anmuthigen Punkte des Gartens und Parks zu schmücken und der Vegetation durch ein belebendes Element zu Hülfe zu kommen«. Zur Förderung des »belebenden Elements« entwarf Persius 1836 ein Dampfmaschinenhaus, das durch den Umbau eines alten Gärtnerhauses entstand. Um einen kräftigen Turm verband Persius die verschieden großen, kubisch geformten

commanded scenic views, in this case of the townscape of Potsdam. Earlier, in 1835, Schinkel had taken up an idea proposed by Crown Prince Frederick William and constructed a pavilion at the south-western periphery of the park suitable for larger tea parties. The pavilion was named Große Neugierde (Large Curiosity) and from its elevated position allowed panoramic views across Glienicke park towards Babelsberg (where Prince William was just in the process of establishing a park of his own) and towards Potsdam. Since the Large Curiosity was located directly on the main Berlin-Potsdam thoroughfare, it was a good vantage point from which to watch the bustling activity on the busy road. A marked contrast was supplied by another pavilion elsewhere in the park, the Kleine Neugierde (Little Curiosity). Reminiscent of an antique temple in appearance, the Little Curiosity opened up only towards the Arcadian landscape setting of the pleasure-ground.

Prince Carl soon decided "to enhance the many delightful points of the garden and the park by means of an extensive system of elaborate waterworks, and to assist the vegetation through an enlivening element". To supply this "enliven-

Wandauschnitt im Innenhof (rechts).
Zahlreiche Fragmente antiker Kunstwerke aus der Sammlung des Prinzen Carl schmücken die Wände des Innenhofs.

Detail of wall in the inner courtyard (right).
The walls of the inner courtyard are decorated with numerous fragments of classical works of art from the collection of Prince Carl.

Détail d'un mur dans la cour intérieure (à droite).
De nombreux fragments d'œuvres d'art datant de l'Antiquité ornent les murs de la cour intérieure, ils proviennent de la collection du prince Carl.

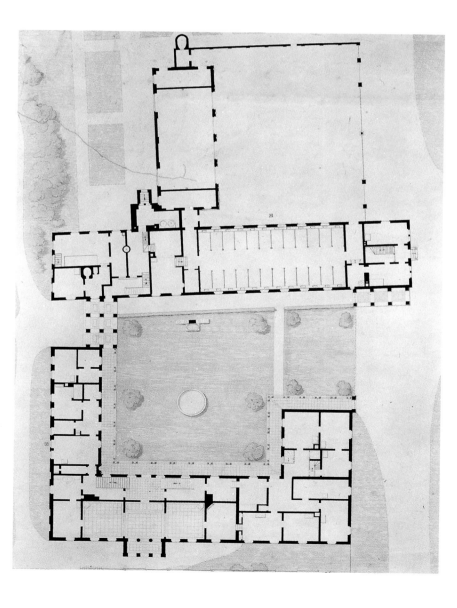

Raumflucht im Obergeschoß. Blick vom Blauen Eckkabinett in den Weißen Salon.
Infolge jahrzehntelanger Fremdnutzung blieb von der originalen Ausstattung des Schlosses bis auf wenige Reste nichts erhalten. Die Räume im Obergeschoß wurden 1995 neu eingerichtet.

Suite of rooms on the upper floor. View from the Blue Room towards the White Salon.
As a result of decades of use for other purposes, nothing of the palace's original decoration and furnishings has been preserved, with the exception of very few bits and pieces. In 1995 the rooms on the upper floor were newly furnished.

Enfilade des salles du premier étage. Vue du Cabinet bleu d'angle sur le Salon blanc.
Après des décennies d'utilisation à d'autres fins, il reste très peu de choses de la décoration d'origine. Les salles du premier étage ont été remeublées en 1995.

Weißer Salon.
Der Raum wurde entsprechend der ursprünglichen
Fassung restauriert.

White Salon.
The salon was restored in accordance with its original
style.

Salon blanc.
Cette pièce a été restaurée conformément à l'original.

und auf verschiedenen Ebenen liegenden Bauteile durch einen hohen Torbogen zu einer spannungsvollen Komposition. Nur die Gesimse und die Fenster bestimmen den strengen vertikalen und horizontalen Rhythmus der Fassade. Unter fast gänzlichem Verzicht auf ornamentalen Schmuck entwickelte Persius in der für ihn typischen Auffassung nur aus den Bauformen und ihrer asymmetrischen Anordnung die architektonische Wirkung des Dampfmaschinenhauses. Da der Turm einen markanten Punkt in der Landschaft bildete, wurde er auch gern als Aussichtsturm, als Belvedere, genutzt. Seine technischen Funktionen, er verbarg den Schornstein des Dampfmaschinenhauses, und in seiner obersten Etage befand sich ein Wasserreservoir, waren von außen nicht sichtbar.

Nach 1840, als Friedrich Wilhelm IV. den preußischen Thron bestiegen hatte, förderte der neue König die von Prinz Carl schon lange angeing element", Persius designed a pump house in 1836 by converting an old gardener's house. The various building components were of different sizes, cubic in shape, and situated on different levels. Persius arranged them all around a tower and connected them by means of a high archway, thus creating an exciting composition. The cornices and the windows alone determine the strictly vertical and horizontal rhythm of the façade. Persius relied for the architectural effect of the pump house entirely on the constructional elements and their asymmetrical arrangement, renouncing ornamentation almost entirely in line with his own architectural thinking. Since the tower constituted a widely visible landmark, it was often used as a belvedere. Nothing in its exterior betrayed its technical functions: it concealed the chimney of the pump house and housed a water reservoir on its top floor.

After 1840, when Frederick William IV had égayants », Persius transforma en 1836 une ancienne maison de jardinier en pavillon de pompe à vapeur. Sa structure était intéressante : une arche réunissait tous les éléments cubiques, de hauteurs différentes, autour d'une tour massive. La scansion verticale et horizontale de la façade n'était produite que par les corniches et les fenêtres. Persius, renonçant comme toujours à presque toute décoration, créa un effet architectural uniquement à partir des formes et de leur ordonnance asymétrique. La tour étant un point de mire dans le paysage, on s'en servait souvent comme plateforme panoramique, comme belvédère. Ses installations étaient invisibles de l'extérieur : la cheminée était cachée à l'intérieur et le réservoir se trouvait au premier étage.

Après son avènement en 1840, Frédéric-Guillaume IV encouragea l'agrandissement du parc de Glienicke, tant souhaité par le prince

Roter Saal mit Blick in den Grünen Salon.
Das Gemälde rechts neben der Tür zeigt die Frau des Prinzen Carl, Prinzessin Marie von Sachsen-Weimar.

Red Hall with view towards the Green Hall.
The painting to the right of the door shows the wife of Prince Carl, the Princess Marie von Sachsen-Weimar.

Salon rouge avec vue sur le Salon vert.
Le tableau à droite, près de la porte, représente la princesse Marie von Sachsen-Weimar, l'épouse du prince Carl.

Roter Saal (rechts).
Der Raum diente als kleiner Festsaal des Schlosses. Die vergoldete Sitzgarnitur entwarf Schinkel um 1825. Ebenfalls nach seinem Entwurf entstand um 1830 der Kronleuchter mit Glasbehang und Bleiornamenten.

Red Hall (right).
This room was used as the small banqueting hall of the palace. The gilded chairs were designed by Schinkel around 1825. He also designed the chandelier with its glass and lead ornaments which was executed around 1830.

Salon rouge (à droite).
Cette pièce servait de petite salle de réception. Les sièges dorés ont été conçus par Schinkel vers 1825, tout comme le lustre de cristal et son décor de plomb qui, lui, date de 1830.

strebte Erweiterung des Glienicker Parks. Der Prinz betätigte sich dabei selbst als Gartengestalter und ließ in den entstehenden Landschaftsgarten eine Vielzahl von Findlingen, künstlichen Felsen und Brücken einfügen. Beraten wurde er dabei von Fürst Hermann von Pückler-Muskau (1785–1871), der zur selben Zeit auch an der Gestaltung des Babelsberger Parks beteiligt war.

Viele Anregungen Pücklers, die er in den wildromantischen Landschaftsgärten in den Bergen Schottlands und Irlands erhalten hatte, fanden sich in Glienicke wieder. Auch einige, das Landschaftsbild belebende kleine Bauwerke und Tore, wurden nun – wie in Babelsberg – in gotischen Formen ausgeführt.

ascended to the Prussian throne, the new King further promoted Prince Carl's long-standing efforts to extend the park at Glienicke. The Prince himself took on the role of garden architect and arranged for a large number of boulders, artificial rocks and bridges to be integrated into the gradually developing landscape garden. His adviser in this matter was Prince Hermann von Pückler-Muskau (1785–1871), who at the same time was also involved in the design of the park at Babelsberg.

Glienicke reflected many of the ideas and impressions which Pückler had received in wildly romantic landscape gardens in the mountains of Ireland and Scotland. As at Babelsberg, some of the small edifices and gateways livening up the landscape were now created in Gothic style.

Carl. Paysagiste par goût, Carl imagina d'intégrer au parc paysager une série de blocs erratiques, de rochers artificiels et de ponts. Comme conseiller, il avait à sa disposition le prince Hermann von Pückler-Muskau (1785–1871) qui à cette époque participait aussi à l'aménagement du parc de Babelsberg.

De nombreuses idées que Pückler avait glanées dans les jardins romantiques écossais et irlandais se retrouvent à Glienicke. Certains petits édifices et portails qui animent un paysage y furent construits, comme à Babelsberg, dans un style néo-gothique d'inspiration britannique.

Ansicht von Osten.
Der schlichte, an eine antike Villa erinnernde Schloßbau entstand 1826 durch den Umbau eines alten Gutshauses nach Plänen von Karl Friedrich Schinkel als
Sommerwohnsitz für das Kronprinzenpaar.

View from the east.
The austere palace building is reminiscent of a classical
villa. It was built in 1826 as summer residence for the
Crown Prince and his wife converted from an old
mansion house. The plans were drawn up by Karl
Friedrich Schinkel.

Vue de l'est.
Ce château sobre qui rappelle les villas antiques date
de 1826. Résidence d'été du couple princier et héritier
de la couronne, il est le fruit du réaménagement d'une
ancienne demeure domaniale sur des plans de Karl
Friedrich Schinkel.

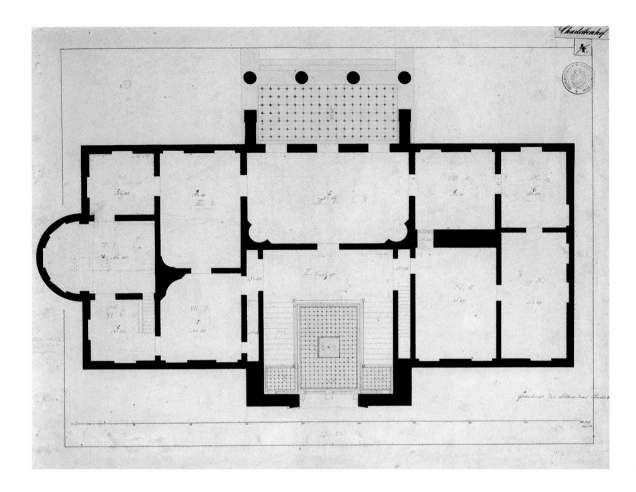

Grundriß. Ludwig Persius, 1826.
Groundplan. Ludwig Persius, 1826.
Plan au sol. Ludwig Persius, 1826.

er geht. Die Wege liegen tiefer als die Wiesen und sind an den Schwüngen dicht bepflanzt, so daß der Blick ihrem Verlauf nicht zu folgen vermag. Die Wiesen erscheinen dadurch als große geschlossene Flächen. Im Umfeld der Architekturen verdichtet sich die Gestaltung zu einer reich gegliederten Folge verschiedener Gartenräume.

Als erstes Bauwerk entstand 1826 durch den Umbau des alten, aus dem 18. Jahrhundert stammenden Gutshauses auf dem Areal das Wohnhaus, Schloß Charlottenhof, als Landhaus für den Kronprinzen und seine Frau Elisabeth von Bayern (1801–1873). Karl Friedrich Schinkel, der gemeinsam mit Ludwig Persius für die Bauten in Charlottenhof verantwortlich war, verfügte nur über einen schmalen Etat. Er mußte also möglichst viel von der alten Bausubstanz belassen. Ähnlich wie beim Casino in Glienicke ist es bewundernswert, wie es Schinkel verstand, durch die radikale Vereinfachung eines vorhandenen Gebäudes ein gänzlich anderes Haus zu schaffen. Schinkel beseitigte das hohe Walmdach des Gutshauses und entwickelte unter Beibehaltung des alten Mittelrisalits einen auf beiden Seiten mit Dreiecksgiebeln gekrönten Querbau, der sich mit einem flachen Satteldach über die Seitenflügel erhebt. Das flache Dach der Seitenflügel wurde hinter einer Attika verborgen. Das hohe Sockelgeschoß blieb erhalten und diente der Unterbringung von Wirtschafts- und Personalräumen.

Die Ost- und die Westfassade des Schlosses Charlottenhof bilden ein Gegensatzpaar. Der

the bends so that it is impossible to see where they lead. This makes the meadows appear as large, enclosed areas. In the vicinity of buildings, the design becomes more dense, resulting in a richly structured series of different garden areas.

The first building to be established in the grounds was Charlottenhof palace, which was created in 1826 by converting the old 18th-century manor house. It served as the residence of the Crown Prince and his wife Elisabeth von Bayern (1801–1873). Karl Friedrich Schinkel, who together with Ludwig Persius was responsible for the palace conversion, had only a small budget at his disposal. This meant he had to retain as much as possible of the fabric of the existing buildings. It is admirable how Schinkel managed, as he had with the Casino at Glienicke, to create a completely new building by radically simplifying the already existing one. Schinkel removed the high hipped roof of the manor house and, retaining the old central projection, developed a horizontally laid-out building topped on both sides with triangular gables and with its flat saddle roof rising above the side wings. This flat roof was concealed by an attic storey. The ground floor remained intact and was used to accommodate domestic offices and servants' quarters.

A contrast is found between the eastern and western façades of Charlottenhof palace. The strict, forbidding western side is offset by an

doit décider quelle direction prendre. Les chemins sont plus bas que les pelouses, et, dans leurs courbures, si touffus que l'œil ne peut les suivre. Les pelouses ressemblent à de grandes surfaces closes. À proximité des éléments architecturaux, le jardin devient plus dense, et se présente comme une séquence d'espaces richement structurés.

Le château de Charlottenhof fut le premier édifice à avoir été terminé, en 1826, à la suite des transformations de la maison domaniale préexistante. Cette grande villa était destinée à devenir la résidence d'été du prince héritier et de sa femme Elisabeth von Bayern (1801– 1873). Karl Friedrich Schinkel, responsable conjointement avec Ludwig Persius des édifices de Charlottenhof, ne disposait que d'un petit budget. Il lui fallait donc conserver une bonne partie de la construction. Comme il l'avait déjà prouvé avec le Casino de Glienicke, Schinkel avait le don de métamorphoser un bâtiment en le simplifiant radicalement. À Charlottenhof, il enleva le toit en croupe de la maison de maître, et tout en gardant l'avant-corps central, plaça un corps de logis transversal surmonté, des deux côtés, de frontons triangulaires. Coiffé d'un toit en bâtière, ce corps de bâtiment était plus élevé que les ailes; leur toit plat fut caché derrière un attique. Schinkel conserva l'entresol pour le transformer en chambres de domestiques et en communs.

Les façades de devant et de l'arrière sont très différentes. Celle du devant est sévère, fermée;

ernsten, geschlossenen Westseite antwortet ein offener, einladend wirkender klassischer Portikus, der von vier Säulen getragen wird. Während die Westansicht die tatsächliche Höhe des Hauses zeigt, wurde im Osten eine über das ganze Sockelgeschoß reichende Terrasse aufgeschüttet. Die Terrasse ermöglicht ganz nach Art der »maison de plaisance« des 18. Jahrhunderts den unmittelbaren Zugang zum Garten.

Die Wohnräume im Schloß Charlottenhof zeichnet eine schlichte, kultivierte Bürgerlichkeit aus. Nichts verkörpert mehr das aufwendige fürstliche Repräsentationsbedürfnis des wenige hundert Meter entfernten und nur sechzig Jahre früher errichteten Neuen Palais. Trotzdem folgt der Grundriß in einigen, die Wohnlichkeit und die Einbindung in den Garten betreffenden Details dem Typ des französischen Lustschlosses des 18. Jahrhunderts. So liegt der Übergang vom Festsaal in den Garten auf einer Ebene und die Abfolge

open, inviting, classical portico supported by four columns. While the western façade shows the actual height of the house, on the east side the ground was raised along the whole length of the basement to create a terrace. From that terrace one has immediate access to the garden, a feature in keeping with the 18th-century "maison de plaisance".

The interiors of the Charlottenhof palace are characterized by a simple but cultivated middle-class atmosphere. No longer is there any hint of the lavish and costly need for prestige on the part of the prince, as embodied in the New Palace situated only a few hundred yards away and built only sixty years previously. Nevertheless, in some details the groundplan still follows the style set by the French summer residences of the 18th century, particularly in regard to the integration of house and garden and the organisation of the interior. Thus the transition from the ban-

sur l'arrière, elle est ouverte, aimable avec un portique classique de quatre colonnes. La façade d'entrée montre la vraie hauteur de la maison alors que, sur l'arrière, une terrasse en remblai court le long de l'entresol. Par cette terrasse, très dans l'esprit des « maisons de plaisance » du XVIIIᵉ siècle, on accédait directement au jardin.

L'intérieur du château est d'une simplicité bourgeoise, confortable et cultivée. Rien n'incarne mieux le caractère princier, le besoin de représentation du Nouveau Palais, élevé, non loin de là, soixante ans plus tôt seulement. Pourtant, le plan suit celui des châteaux français du XVIIIᵉ siècle, par son confort et son intégration au jardin. Ainsi la salle des fêtes est-elle au même niveau que le jardin, et les portes sur un seul axe, en enfilade. L'entrée principale se trouve de l'autre côté, où deux hautes portes coulissantes ouvrent sur le grand vestibule. Des fenêtres en verre coloré représentant des étoiles

Teil der Westfassade mit Blick in den Park.
Die weiß/blau gestrichenen Fensterläden deuten auf die bayrische Herkunft der Kronprinzessin Elisabeth.

Part of the west façade with view across the park.
The window shutters are painted blue and white, a reference to the Bavarian origin of the Crown Princess Elisabeth.

Partie de la façade ouest avec vue sur le parc.
Les volets peints en bleu et blanc évoquent les origines bavaroises de la princesse Elisabeth.

Vestibül (rechts). Blick vom Speisesaal ins Vestibül (links).
Das große Brunnenbecken und die vergoldete Brüstung mit Reliefs gehören nicht zur Originalausstattung des ursprünglich sehr viel schlichteren Vestibüls. Die farbigen Glasfenster über den Schiebetüren weisen nach Westen, zur untergehenden Sonne.

Vestibule (right). View from the dining room into the vestibule (left).
The large fountain basin and the gilded parapet with its reliefs are not part of the original furnishings of the vestibule, which had been designed on much plainer lines. The coloured glass windows above the sliding doors point to the west, towards the setting sun.

Vestibule (à droite). Vue de la salle à manger sur le Vestibule (à gauche).
La grande fontaine et la balustrade dorée à reliefs ne font pas partie de la décoration d'origine de ce Vestibule qui était beaucoup plus sobre. Les vitraux de couleur au dessus des portes coulissantes donnent vers l'ouest et le couchant.

Speisesaal mit Blick ins Kupferstichzimmer und Rote Eckkabinett (links).
Der Speisesaal ist der größte Raum und liegt in der Mittelachse des Schlosses. Drei hohe Fenstertüren ermöglichen den direkten Zugang zur Gartenterrasse.

Rotes Eckkabinett (rechts).
Im Gegensatz zu vielen anderen Möbeln in Charlottenhof wurden die Mahagonimöbel in diesem Raum nicht speziell für das Schloß entworfen und kamen wahrscheinlich aus Beständen des Berliner Stadtschlosses.

Dining hall with view into the copperplate print room and the Red Room (left).
The dining hall is the largest room and is situated on the central axis of the palace. Three tall French windows allow direct acces onto the garden terrace.

Red Room (right).
In contrast to many other items of furniture at Charlottenhof, the mahogany furniture in this room were not designed especially for the palace. Presumably they came from stocks held at the city palace in Berlin.

Salle à manger avec vue sur la salle des Estampes et le Cabinet rouge d'angle (à gauche).
La salle à manger, la pièce la plus grande, se trouve dans l'axe central du château. Trois grandes portes-fenêtres permettent d'accéder directement à la terrasse.

Cabinet rouge d'angle (à droite).
Contrairement à beaucoup d'autres meubles du château du Charlottenhof, le mobilier d'acajou qui se trouve dans cette pièce n'a pas été créé spécialement pour le château. Ces meubles proviennent vraisemblablement du château urbain de Berlin.

Schreibkabinett der Kronprinzessin Elisabeth (links unten). Blick aus dem Schreibkabinett ins Schlafzimmer und in das Arbeitszimmer des Kronprinzen (links oben). Schreibtisch (rechts).
Die versilberten Möbel wurden, mit Ausnahme des Stuhls, von Schinkel maßgerecht für diesen Raum entworfen. Die Gegenstände auf dem Schreibtisch, u.a. Schreibgarnituren, Schmuckkästchen, eine Tagebuch-kassette und ein Gebetbuch, stammen aus dem Besitz Elisabeths.

Study of the Crown Princess Elisabeth (bottom left). View from the study towards the bedroom and the study of the Crown Prince (top left). Writing table (right).
With the exception of the chair, the silver-plated furniture was designed exactly to size for this room by Schinkel. The objects on the writing table all belonged to Elisabeth. They include amongst other things writing sets, jewel-cases, a diary case, and a prayer-book.

Cabinet de correspondance de la princesse Elisabeth (en bas, à gauche). Vue du cabinet de correspondance sur la chambre à coucher et sur le cabinet de corres-pondance du prince héritier (en haut, à gauche). Bureau (à droite).
Hormis la chaise, le mobilier argenté a été crée par Schinkel à l'échelle de cette pièce. Les objets posés sur le bureau, entre autres les accessoires de bureau, les coffrets à bijoux, une cassette pour journal et un livre de prières appartenaient à Elisabeth.

der Türen ist in einer Achse, einer Enfilade, ausgerichtet. Man betritt den Bau auf der Westseite, wo zwei hohe Schiebetüren den Eingang zum Vestibül bilden. Farbglasfenster, die einen blauen Abendhimmel mit goldenen Sternen vorstellen, tauchen das Vestibül in ein gedämpftes Licht. Die Stille dieses Entrées wird nur vom Plätschern eines Brunnens in der Raummitte unterbrochen. Zwei seitliche Treppenläufe führen zur Wohnetage. Direkt hinter dem Vestibül liegt der Speisesaal, der sich mit drei Fenstertüren zur Gartenterrasse hin öffnet. Gegenüber der kühlen Farbigkeit des Vestibüls verleiht der in dem Saal vorherrschende Farbklang aus Weiß, Gold und Karminrot diesem Raum einen festlichen Charakter.

Angesichts der geringen Grundrißfläche überrascht die Vielzahl und die überlegte Disposition der Räume, die auch vor ungewöhnlichen Lösungen nicht halt macht. Im Arbeitszimmer des Kronprinzen wurde die vom angrenzenden Schlafzimmer ins Erdgeschoß führende Bedienstetentreppe hinter einem schrankartigen Einbau verborgen, der dicht mit Graphiken behängt wurde. In der

queting hall to the garden is on one level, and the sequence of doors is arranged along a corridor. Access to the palace is gained from the west side, where two tall sliding doors form the entrance to the vestibule. Stained-glass windows representing a blue evening sky with golden stars steep the vestibule in a subdued light. The burbling of a central well is the only sound to interrupt the quiet of this entrance hall. Two flights of stairs along the sides lead up to the living quarters. Directly behind the vestibule is the dining hall with three French windows that open onto the garden terrace. While the colour scheme of the vestibule is rather cool, the dining hall is dominated by the colours white, gold and carmine, lending it a festive character.

It is surprising how many rooms there are and how well they are arranged, considering the small size of the groundplan. Neither have unusual solutions been avoided. In the Crown Prince's study a partition was constructed which served to hide the servants' staircase that led from the adjoining bedroom down to the

dorées dans un ciel bleu vespéral plongent la salle dans une lumière tamisée. Le silence n'est troublé que par le gargouillement de la fontaine du bassin. Deux volées d'escalier latérales mènent à l'étage. Derrière se trouve la salle à manger dont les deux fenêtres ouvrent sur la terrasse du jardin. Comparés à la froideur des couleurs du hall d'entrée, l'ivoire, le rouge et le doré donnent à cette salle un caractère festif.

Vu la surface réduite de la maison, le nombre et la distribution des pièces paraissent étonnants, les solutions trouvées inhabituelles. Dans le cabinet de travail du prince héritier, l'escalier de service attenant à la chambre à coucher a été encastré dans une sorte de placard, lui-même caché derrière un mur de gravures. Le choix des gravures comme l'ameublement sont révélateurs de la vision de la vie et de l'art du couple princier. Dans le cabinet de travail de Frédéric-Guillaume, les paysages arcadiens de Claude Lorrain (1600–1682), des eaux-fortes décorant les murs, font écho à la nature, au jardin si bien aménagé devant les fenêtres. Dans la chambre à

Arbeitszimmer des Kronprinzen Friedrich Wilhelm IV.
Maßgerecht fügen sich der Schreibtisch und der
Drehstuhl aus Mahagoni in den Raum ein. Auf dem
Schreibtisch steht ein Faltschirm aus Berliner
Eisenkunstguß. Die Stiche und Radierungen an den
Wänden stammen aus der Sammlung des Prinzen.

Study of the Crown Prince Frederick William IV.
The mahogany desk and swivel-chair are as if made to
fit the proportions of the room. A decorative iron-cast
artefact from Berlin stands on the table. The etchings
and engravings on the walls are from the prince's
collection.

*Cabinet de travail du prince héritier Frédéric-
Guillaume IV.* Le bureau et la chaise pivotante en
acajou s'harmonisent très bien au reste de la pièce.
Sur le bureau se trouve un abat-jour articulé en fonte
de Berlin. Les gravures et les eaux-fortes sur les murs
proviennent de la collection du prince.

Auswahl der Graphiken, wie überhaupt der Einrichtung im Schloß Charlottenhof, offenbart sich
immer wieder die Lebens- und Kunstauffassung
des Kronprinzenpaares. Im Arbeitszimmer des
Kronprinzen korrespondieren die arkadischen
Landschaften Claude Lorrains (1600–1682), die
als Radierungen die Wände schmücken, mit der
ideal gestalteten Natur, die sich vor den Fenstern
ausbreitet. Beim Schlafzimmer wich Schinkel von
dem vorgefundenen Grundriß ab und fügte einen
halbrunden Erker an, dessen drei Fenster auf
vollendete Weise die Betrachtung der Gartenlandschaft ermöglichen. Das überdimensionierte Bett,
das die Raumproportionen schier sprengt, legt die
Vermutung nahe, es sei nicht, wie die meisten
anderen Möbel, speziell von Schinkel für das
Schloß entworfen worden, sondern schon vorhan-
den gewesen. Von besonderer Originalität ist das
nach Art römischer Feldherrenzelte gestaltete

ground floor. This partition was densely hung
with prints and drawings which, like the
furnishings in Charlottenhof in general, reflected
the philosophy of art and life nurtured by
the Crown Prince and his wife. The Arcadian
landscapes by Claude Lorrain (1600–1682)
which adorn the Crown Prince's study in the
form of etchings correspond to the ideally
designed nature visible outside the windows. In
the case of the bedroom, Schinkel deviated from
the existing groundplan. He added a semicircular
bay window offering a perfect view of the
garden landscape. The oversize bed, virtually
too big for this modest room, had perhaps
already been in place and was not specially
designed by Schinkel for the palace, as most of
the other furniture was. Particularly original is
the "Tent Room" designed in the style of the
tents of Roman military commanders. This is

coucher, Schinkel a dérogé au plan original en
ajoutant un encorbellement semi-circulaire, lequel
parachève la vue sur le paysage du parc. Le lit
sur-dimensionné qui désaccorde les proportions
de la pièce semble n'avoir pas été conçu par
Schinkel, comme les autres meubles, mais s'être
trouvé déjà là avant. Une pièce originale est la
chambre conçue comme une tente de général
romain, et où dormaient les dames d'honneur
de la princesse. Les murs et le plafond sont
tapissés de bleu et de blanc. Sur le sol, une toile
cirée fleurie achevait l'illusion d'une tente plantée
dans une prairie. Les volets sont peints en bleu et
blanc, les couleurs de la Bavière dont la princesse
était originaire. Malgré son originalité, cette pièce
n'était pas si inhabituelle, d'autres créations de ce
genre voyaient le jour un peu partout en Europe
à cette époque, ainsi au château d'Arenenberg
près du lac de Constance.

Auf dem Tisch vor dem raumfüllenden Ehebett steht ein Waschgeschirr aus grünem Glas, bestehend aus Schüssel, Krug, Spülglas, Seifendose, Cremedose und zwei Bürstendosen.

Bedroom.

Most of the room is taken up by the marriage bed. On the table in front of the bed are washing utensils made of green glass. They include a bowl, jug, rinsing glass, soap dish, ointment jar, and two brush cases.

Chambre à coucher.

Sur la table placée devant le grand lit conjugal, on voit des utensiles de toilette en verre de couleur verte composé d'une cuvette, d'un broc, d'un verre à rincer, d'une boite à savon, d'un pot à crème et de deux étuis à brosses.

Zeltzimmer, wo die Hofdamen der Kronprinzessin schliefen. Wände und Decke in diesem Raum sind mit einer blau-weiß gestreiften Tapete beklebt. Eine mit einem bunten Blumenmuster bedruckte Fußtapete aus Wachstuch vervollständigte die Illusion von einem Zelt auf der Wiese. Die Farbkombination Blau-Weiß taucht noch einmal beim Anstrich der Fensterläden auf und ist wohl als Hinweis auf die bayrische Herkunft der Kronprinzessin zu verstehen. Bei aller Originalität war die Einrichtung eines Zeltzimmers nicht ungewöhnlich, ähnliche Raumschöpfungen finden sich mehrfach in dieser Zeit in Europa, wie etwa im Schloß Arenenberg nahe dem Bodensee.

Die Terrasse wird im Süden von einer Pergola begrenzt, die einen allmählichen Übergang in den Garten schafft, wie sie umgekehrt aus der Natur ins Haus führt. Den östlichen Abschluß der Terrasse bildet eine große halbrunde Marmor-

where the ladies-in-waiting to the Crown Princess slept. The walls and ceiling of the room are decorated with blue-and-white striped wallpaper. The illusion of a tent in a meadow was completed by a floor covering made from wax-cloth and printed with a colourful flower pattern. The colour combination of blue and white is found again in the painted window shutters and was probably meant to allude to the Bavarian origin of the Crown Princess. Despite all this originality, the establishment of a tent room was not that unusual. Several examples of similar interiors can be found during this period in Europe, for example in the palace of Arenenberg near Lake Constance.

On the south side the terrace is bounded by a pergola which provides a gradual transition into the garden, just as vice versa it forms the transition from nature into the house. The eastern end

Une pergola bornait la terrasse au sud; elle servait de passage jusqu'au jardin, mais conduisait aussi en sens inverse, de la nature vers le château. La terrasse s'achevait à l'est par une exèdre semi-circulaire en marbre; surmontée d'un dais, elle offrait de l'ombre ainsi qu'une belle vue du parc jusqu'au Nouveau Palais. Au nord, une pelouse s'étalait en pente douce jusqu'à une pièce d'eau ornée d'un buste; cette sculpture, due au ciseau de Christian Friedrich Tieck (1776–1851), et qui représente la princesse Elizabeth, était posée sur une colonne.

La vue à l'est était arrêtée par le mur haut de l'exèdre; seule dépassait la cheminée en forme de candélabre du pavillon de la pompe à vapeur, construit au bord de l'étang de la machine. L'eau indispensable aux jardins de Charlottenhof était puisée avec une pompe à vapeur. L'eau, source de vie, se retrouve partout

bank, eine Exedra, die, von einem Zelt über-spannt, den hier Ausruhenden Schatten und eine weite Sicht in den Park bis hin zum Neuen Palais bietet. Im Norden neigt sich die Rasenfläche sanft zu einem Wasserbassin hin, in dessen Mitte sich eine Säule mit der Büste der Kronprinzessin Elisabeth von Christian Friedrich Tieck (1776–1851) erhebt.

Die Sicht nach Osten wurde von der hohen Umwandung der Exedra aufgefangen und nur von dem als Kandelaber verkleideten Schornstein des Dampfmaschinenhauses, das am Ufer des Ma-schinenteichs stand, überragt. Die Kraft einer Dampfmaschine förderte das zum Gedeihen des Charlottenhofer Gartenreichs notwendige Wasser. Wasser als Lebensquell findet man in der Ost-West-Achse, in die das Schloß eingebunden ist, immer wieder, gleich ob in einem Kanal, Brunnen oder Teich, auch in Form einer Fontäne. Das Dampfmaschinenhaus lieferte aber nicht nur das Wasser, es verkörperte zugleich auch die höchst-entwickelte Technik in dieser Zeit. Darum galten rauchende Schornsteine als Symbole des Fort-schritts, weshalb der Kandelaber auch genau in der zentralen Schloßachse steht. Das Maschinen-haus wurde später abgerissen, heute markiert eine Brunnenschale seinen ehemaligen Standort. Zwischen Maschinenteich und Terrasse liegt der zum Schloß gehörende Blumengarten, in dem im Sommer über einhundert hochstämmige Rosen-stöcke duften. Die streng geometrischen Formen des Blumengartens folgen Anregungen, die Lenné von einem Englandaufenthalt mitbrachte.

Vor der Westseite des Schlosses, die Achse von Maschinenhaus, Blumengarten, Terrasse und Schloß fortsetzend, liegt der Dichterhain. Er trägt seinen Namen nach den Dichterhermen (Stelen mit Porträtbüsten), die die Baumreihen des Haines an zwei Seiten rahmen. Auf der einen Seite stehen die Hermen von Goethe, Schiller, Herder und Wieland, auf der anderen die von Ariost, Tasso, Dante und Petrarca. Die Auswahl der Her-men, die gleichsam die Geisteswelt des Nordens und die des Südens symbolisieren, verrät viel von der philosophischen Programmatik, die der Ge-staltung von Charlottenhof zugrunde liegt. Unter dem Eindruck der Beschäftigung mit Italien, dem Studium der Antike, dem Einfluß der deutschen Klassik schuf sich der Kronprinz Friedrich Wil-helm einen Ort, an dem sich eine ideal gestaltete Natur mit ideal gestalteten Bauwerken zu einem vollkommenen, in sich abgeschlossenen Lebens-raum zusammenfügt. Der Kronprinz bezeichnete Charlottenhof als »Siam«, das »Land der Freien«, mit dem er dem Sanssouci Friedrichs des Großen seinen eigenen Lebensentwurf gegenüberstellte.

Aus den Archiven und Plankammern läßt sich ein exakter Nachweis über die schöpferischen Anteile der bei der Gestaltung tätigen Künstler schwer ermitteln. In erster Linie muß Charlotten-hof als Gemeinschaftswerk von Peter Joseph

of the terrace is marked by a large semicircular exedra. Spanned by a tent, it invites the stroller to rest in its shade, and also affords long-distance views over the park as far as the New Palace. To the north the lawn gently slopes towards a water basin in whose centre is placed a column topped by a bust of the Crown Princess Elisabeth by Christian Friedrich Tieck (1776–1851).

Towards the east the view is restricted by the high walls around the exedra, with only the chimney (disguised as a candelabrum) of the pump house towering above them. The power of a steam engine was used to pump round the water necessary for the gardens at Charlotten-hof. Water as the source of life comes up again and again upon the east-west axis along which the palace is established, whether in the form of canal, well, pond, or fountain. The pump house did not merely supply the water, however; it also embodied the most sophisticated techno-logy of its time. Smoking chimneys were regarded as symbols of progress. The candelabrum chimney is exactly aligned along the same east-west axis as the palace. The pump house was later demolished, and today its former position is marked by a fountain basin.

Between the pump house reservoir and the terrace lies the palace flower garden, in which more than one hundred tall-stemmed roses sweeten the summer air with their scent. Lenné's strictly geometrical design of the flower garden was inspired by one of his sojourns in England. In front of the western façade of the palace, and continuing the axis running from the pump house through the flower garden, terrace and palace, lies the Poets' Grove. It was named after the poets' busts on stone plinths that frame the tree lined grove on two sides. On one side we find the busts of Goethe, Schiller, Herder and Wieland, and on the other side those of Ariosto, Tasso, Dante and Petrarch. Much of the philosophical outlook on which the design of Charlottenhof is based can be deduced from the choice of these busts, since they symbolize, as it were, the intellectual world of the north and the south. Crown Prince Frederick William was very involved in the study of things Italian and classi-cal antiquity, and was also influenced by Ger-man Classicism. All this culminated in his creation of a place where ideally designed nature was combined with ideally designed architecture in order to form a complete, perfect, self-contained living space. The Crown Prince referred to Charlottenhof as "Siam", the "land of the free", comparing his own philo-sophy of life to that represented by Frederick the Great's Sanssouci.

From the material available in the archives it is difficult to establish with certainty which artists were responsible for which parts of the

sur l'axe est-ouest, celui du château, que ce soit sous forme de canal, de fontaine ou d'étang, voire de jet d'eau. La pompe à vapeur n'approvisionnait pas seulement en eau, elle représentait de surcroît le plus haut niveau de la technologie de l'époque. Les cheminées fumantes symbolisaient le progrès, ce qui explique la présence du candélabre dans l'axe central du château. Plus tard, le pavillon fut démoli; une vasque marque aujourd'hui son ancien emplacement. Entre l'Étang de la machine et la terrasse, s'étendait un jardin d'ornement d'où montaient, l'été, les senteurs de cent rosiers à haute tige. Les formes très géométriques de ce jardin de fleurs émanent d'idées que Lenné avait ramenées d'un séjour en Angleterre.

Le bosquet des Poètes est situé dans l'axe du pavillon de la machine, du jardin de fleurs, de la terrasse et du château, sur son flanc ouest. Ce nom tire son origine des hermès de poètes qui, sur deux rangées, encadrent les arbres du bosquet. D'un côté, se trouvent les portraits de Goethe, de Schiller, de Herder et de Wieland, de l'autre, ceux d'Arioste, du Tasse, de Dante et de Pétrarque. Les hermès, symboles du monde intellectuel du Nord et du Sud, sont sympto-matiques des idées philosophiques qui sous-tendaient la réalisation de Charlottenhof. Sous l'influence de l'Italie, de l'art antique qu'il admirait et du classicisme allemand, Frédéric-Guillaume s'était bâti un havre où une nature façonnée idéalement par l'homme et des édifices aux formes idéales se fondaient en un cadre de vie parfait. Le prince héritier appelait Charlot-tenhof son « Siam », « le pays des hommes libres »; c'était en fait sa propre vision de la vie qu'il opposait au Sans-Souci de Frédéric le Grand. Les archives et les cabinets de con-signation des plans ne sont pas assez explicites sur le partage des tâches lors de l'aménagement du domaine de Charlottenhof. Cette réalisation doit être cependant considérée comme une œuvre commune de Peter Joseph Lenné, Karl Friedrich Schinkel et Frédéric-Guillaume, bien

Zeltzimmer.
Tent Room.
Chambre de la Tente.

Wohnzimmer (rechts).
Der Raum war den Hofdamen als Wohnzimmer vorbehalten. Unter den Möbeln ragt der aus Mahagoni, Ahorn und Silberpappel gearbeitete Schreibschrank von Karl Friedrich Schinkel heraus. Links daneben hängt die Ansicht eines Hafens von Caspar David Friedrich, entstanden 1815.

Drawing room (right).
This room was reserved as a drawing room to the ladies-in-waiting. Outstanding amongst the items of furniture is the writing cabinet by Karl Friedrich Schinkel which is made from mahogany, maple, and white poplar. The picture to the left of the writing cabinet shows a harbour scene and was painted by Caspar David Friedrich in 1815.

Salle de séjour (à droite).
Cette pièce réservée aux dames d'honneur leur servait de salle de séjour. Un secrétaire de Karl Friedrich Schinkel en acajou, érable et peuplier argenté ressort de l'ensemble du mobilier. A sa gauche, on voit un tableau de Caspar David Friedrich, peint en 1815, et représentant un port.

Lenné, Karl Friedrich Schinkel und Friedrich Wilhelm gesehen werden. Neuere Forschungen lassen allerdings den Schluß zu, daß der künstlerische Einfluß Friedrich Wilhelms wesentlich prägender war, als bisher angenommen.

Den Abschluß der Ost-West-Achse bildet ein dichtes Waldstück, in dem am Abend die Sonne versinkt. Vor dem Waldstück steht die Kopie eines berühmten antiken Skulpturenpaares aus dem ersten Jahrhundert v. Chr., die Ildefonso-Gruppe. Sie stellt zwei Jünglinge dar, von denen einer eine nach unten geneigte Fackel hält. Die Gruppe verkörpert ein Sinnbild für das Verlöschen des Tages. Geht man in das Waldstück hinein, ist die Überraschung groß, wenn sich dieses plötzlich zu einem großen Freiraum, einem Hippodrom öffnet. Wie so oft in Charlottenhof folgte die Gestaltung Beschreibungen des römischen Dichters Plinius d. J. (um 61–113) über seine Villen. Der 150 x 55

complex. Essentially, Charlottenhof must be regarded as a joint work by Peter Joseph Lenné, Karl Friedrich Schinkel and Crown Prince Frederick William himself. Recent research suggests, however, that the artistic influence of Frederick William played a much greater role than had previously been assumed.

The east-west axis is concluded by a dense copse behind which the sun sets in the evening. In front of the woodland is a copy of a pair of famous antique sculptures from the first century BC, the Ildefonso group. It represents two youths, one of whom is holding a torch pointed downwards. The group thus symbolizes the dying day. A great surprise lies in store on entering the piece of woodland, for it suddenly opens up to reveal the large open space of a hippodrome. As was so often the case at Charlottenhof, its design was based on descrip-

que de nouvelles recherches aient mis en lumière le rôle plus grand qu'on ne l'imaginait jusqu'à maintenant de Frédéric-Guillaume.

Le soir, le soleil disparaît derrière un bois épais qui se dresse au bout de l'axe est-ouest. La copie d'une célèbre sculpture antique, le groupe Ildefonse, datant du Ier siècle av. Jésus-Christ, a été installée devant ce bois. Elle représente deux éphèbes dont l'un tient le flambeau du jour la mèche en bas – une belle allégorie du jour qui s'achève. Entré dans le bois, on est surpris de trouver une grande aire libre, l'hippodrome. Comme c'est fréquent à Charlottenhof, il a été réalisé d'après une description du poète romain Pline le Jeune (vers 61–113). Cet espace de 150 x 55 mètres, conçu sur le modèle des arènes antiques, était à l'époque une plantation de peupliers, de pins, de marronniers, de tilleuls, de lilas et de jasmin en gradins. On y avait aménagé

Meter große Gartenraum wurde von einer abgestuften Bepflanzung aus Pyramidenpappeln, Kiefern, Kastanien, Linden, Flieder und Jasmin begrenzt, ähnlich der Anordnung der Sitzreihen in den antiken Arenen. Im Inneren des Hippodroms luden überdachte Ruheplätze an einem Brunnen zu Entspannung und Selbstreflexion ein. Die Mitte war, entsprechend einer Beschreibung Schinkels, für »einen gesellschaftlichen Tanz, welcher die Szene belebt« bestimmt.

tions of his villas by the Roman poet Pliny the Younger (c. AD 61–113). This garden space, measuring 150 x 55 metres, was bordered by Lombardy poplars, pine trees, chestnuts, limes, lilacs and jasmine all planted in terraced gradation like rows of seats in Roman amphitheatres. Inside the hippodrome, covered resting-places arranged around a fountain offered opportunities for relaxation and reflection. The centre of the hippodrome was intended, according to a description by Schinkel, for a "social dance to enliven the scene".

aussi un lieu couvert, près d'une fontaine, pour la détente et la méditation, tandis que le milieu était, selon une description de Schinkel, destiné aux « danses qui égaient le décor ».

Blick über den Maschinenteich zum Schloß (Abb. S. 182/183). Zum Stimmungsbild des Parkes Charlottenhof gehört auch der künstlich angelegte Maschinenteich, an dessen Ufer früher ein Maschinenhaus stand, das Wasser für den Park förderte.

View across the Engine Lake towards the Palace (Ill. p. 182/183). The man-made Engine Lake plays an integral part in the overall atmosphere of Charlottenhof Park. In the past there used to be an engine house on its shore which pumped the water for the park.

Vue sur l'étang aux machines et sur le château (Ill. p. 182/183). Cet étang artificiel donne aussi au parc de Charlottenhof son atmosphère particulière. Autrefois une maisonnette, qui renfermait les machines devant alimenter le parc en eau, se trouvait sur ses berges.

DIE RÖMISCHEN BÄDER

Unweit des Schlosses Charlottenhof liegt die Gebäudegruppe der Römischen Bäder, die in langer Bauzeit zwischen 1829 und 1844 entstand. Während das Schloß aus der Entfernung die vornehme Eleganz einer antiken Villa atmet, wirken die Römischen Bäder auf den ersten Blick wie ein, allerdings ideal überhöhtes, italienisches Landhaus bäuerlicher Herkunft. Doch kaum ist der Spaziergänger bei den Römischen Bädern angelangt, erschließt sich schon die räumliche Tiefe und Disposition der Gebäudegruppe. Was zunächst wie eine Aneinanderreihung verschiedener Bauteile erscheint, ist eine intelligente Verschachtelung aus italienischem Landhaus, antiker Villa und antikem Tempel, die durch Pergolen, Arkaden und Gartenräume miteinander verbunden sind. Dabei kann man die Römischen Bäder auch als eine Schule der Architekturgeschichte sehen. Für den Kronprinzen war dieses Bauensemble vor allem eine Stätte der Erinnerungen an Italien, das ihn 1828 bei seiner ersten Reise dorthin so sehr begeistert hatte. Die Reise hatte ihn in seinen Bestrebungen bestärkt, die gesamte Landschaft um Potsdam mit italienisierenden Bauten zu schmücken.

Elemente der Architektur der Römischen Bäder, wie der ans Haus angefügte Turm, der als Höhendominante die Landschaft prägt, oder die zwischen Haus und Garten vermittelnde Pergola, wirkten bald vorbildhaft für den Potsdamer Villenstil. Wesentlichen Anteil daran hatte Ludwig Persius, der bei der Entstehung der Römischen

THE ROMAN BATH

Not far from Charlottenhof palace lies the Roman Bath, a complex of buildings which were constructed during the long period from 1829 to 1844. While from a distance the palace radiates all the noble elegance of an antique villa, the Roman Bath appears at first sight like an Italian country house in the vernacular style, albeit somewhat idealized. However, as soon as the casual stroller reaches the Roman Bath, the spatial depth and architectural arrangement of the ensemble become apparent. What at first looked like a mere concatenation of various building components now reveals itself as an intelligent and sophisticated arrangement consisting of an Italian country house, an antique villa and an antique temple, all linked together by pergolas, arcades and garden areas. One could even turn to the Roman Bath for instruction in the history of architecture. For the Crown Prince, this architectural group was above all a reminiscence of Italy, the country that had so fired his enthusiasm when he first travelled there in 1828. That journey had strengthened his resolve to enhance the whole of the landscape around Potsdam with Italianate buildings.

Some architectural features of the Roman Bath were soon to be integrated into the style of Potsdam villas: the tower attached to the house providing a dominant landmark, for instance, and the pergola linking house and garden. The original plans for the Roman Bath were conceived

LES THERMES ROMAINS

Non loin du château de Charlottenhof, se dressent les thermes dont les travaux de construction durèrent longtemps, de 1829 à 1844. Si le château, vu de loin, a l'élégance d'une villa romaine, les bains romains font penser d'abord à une ancienne maison de paysans italienne, dans un style poussé à son point extrême. En s'approchant, le promeneur se rend compte de la profondeur spatiale et de l'ordonnance du complexe. Ce qui, de loin, ressemblait à une simple juxtaposition de divers éléments, se révèle être en fait une composition intelligente de maison de campagne italienne, de villa romaine et de temple antique, réunis par des pergolas, des arcades et des jardins. On peut considérer les thermes comme une école de l'histoire de l'architecture. Pour le prince héritier, ils représentaient cette Italie qu'il avait tant admirée en 1828. Son voyage l'avait conforté dans l'idée d'agrémenter le paysage de Potsdam d'édifices italiénisants.

Certains éléments architecturaux, ainsi la tour qui domine le paysage de par sa hauteur, ou la pergola, médiation entre la maison et le jardin, servirent bientôt de modèles pour les villas italiennes de Potsdam. C'est Ludwig Persius qui, conducteur des travaux, fut le grand responsable de la réalisation des thermes. Les plans originaux étaient dus à Karl Friedrich Schinkel, mais le prince héritier ne cessa de les retoucher. Persius, chargé des modifications, fut finalement investi de responsabilités plus grandes que prévues.

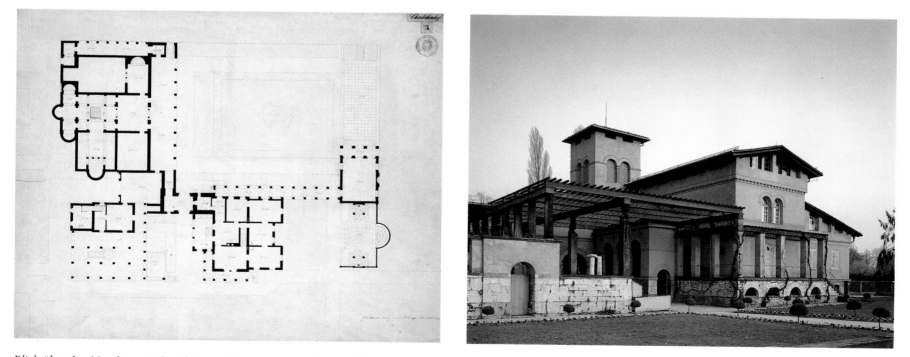

Blick über den Maschinenteich auf Teepavillon, Pergola, Gärtnerhaus und Arkadenhalle (links).

Römische Bäder. Grundriß der Gesamtanlage (rechts innen). Unbekannter Zeichner.

Gärtnerhaus mit Großer Laube (rechts außen).

View of the Tea Pavilion, Pergola, Gardener's House and Arcade Hall (left).

Roman Bath. Groundplan of the entire site (near right). Unknown artist.

Gardener's House with the Great Arbour (far right).

Vue du Pavillon chinois, de la Pergola, de la maison du jardinier et les arcades (à gauche).

Thermes romains. Plan de l'ensemble (à droite). Dessinateur anonyme.

Maison du jardinier avec les arcades (à droite).

Große Laube (links). Eine weiträumige Pergola, die große Laube, bildet den Eingang zur Gebäudegruppe der Römischen Bäder.

Gedächtnisplatz für die Königin Luise und König Friedrich Wilhelm III. (rechts).

Great Arbour (left). The Great Arbour is a spacious pergola which forms the entrance to the group of buildings that make up the Roman Baths.

Memorial site for Queen Louisa and King Frederick William III (right).

Maison du jardinier avec les Grandes Arcades (à gauche). Une grande pergola constitue l'entrée des bâtiments des thermes.

Espace commémoratif en l'honneur de la reine Louise et du roi Frédéric-Guillaume III (à droite).

Bäder Bauleiter war. Die Pläne stammten von Karl Friedrich Schinkel, wurden aber unter dem Einfluß des Kronprinzen im Laufe der Jahre immer wieder überarbeitet. Die Umplanungen wurden Persius übertragen, so daß ihm bei der Entwicklung der Römischen Bäder ein erheblicher Anteil zukommt.

Der erste Bau des Ensembles war das Gärtnerhaus, in dem der mit der Ausführung von Lennés Planungen in Charlottenhof beauftragte Hofgärtner Hermann Sello wohnte. Im oberen Stockwerk befanden sich Gästezimmer. Das wesentlich kleinere Gärtnergehilfenhaus, ebenfalls in den Formen eines italienischen Landhauses, steht gegenüber. Eine weiträumige Pergola bildet eine Große Laube für den Eintretenden, in der ein von Antikenzitaten umgebener erhöhter Sitzplatz, den zwei Dionysoshermen rahmen, zum Ausruhen einlädt. Eine Treppe führt in die Höhe zum Altan, der Gelegenheit zur Betrachtung des Charlotten-

by Karl Friedrich Schinkel, but over the years they continued to be revised under the influence of the Crown Prince. As executive architect for the project, Ludwig Persius was made responsible for the revisions, and thus played a significant role in the final development of the Roman Bath.

The first building of the ensemble was the gardener's house. Here lived Hermann Sello, the court gardener, charged with the supervision of the execution of Lenné's plans at Charlottenhof. The upper storey housed the guest rooms. Facing the gardener's house is the considerably smaller house for the assistant gardener, which is also built in the style of an Italian country house. On entering the ensemble one finds oneself in a spacious bower, the Grosse Laube, in which a raised seat surrounded by classical quotations and framed by two busts of Dionysus invites the viewer to rest. A flight of

Le complexe des thermes se compose de deux maisons de jardinier et des bains romains proprement dits. Le premier élément terminé fut la maison de Hermann Sello, l'horticulteur de la cour chargé de réaliser l'aménagement des jardins de Lenné. Le premier étage de la maison abritait des chambres d'hôtes. En face se trouve la maison de l'aide-jardinier, de style italien également mais nettement plus petite. Les « grandes arcades » constituées par l'ample pergola invitent à se reposer au milieu d'antiquités, dont un stibadium surélevé entouré de deux hermès de Bacchus. Un escalier conduit au balcon qui offre un beau point de vue sur le parc. Dans la cour, du côté de la maison du jardinier, s'étend une pergola couverte de vigne vierge, qui conduit directement à un pavillon de thé. Cette petite construction imitant un temple romain donne sur la berge de l'étang de la machine. Frédéric-Guillaume fit aménager un espace commémoratif en l'honneur de ses

hofer Gartenreiches bietet. An der Innenhofseite des Gärtnerhauses führt eine weinberankte Pergola zum direkt an der Ufermauer des Maschinenteiches errichteten Teepavillon, der einem römischen Tempel nachempfunden ist. Im kleinen Garten hinter dem Teepavillon ließ Friedrich Wilhelm einen Gedächtnisplatz für seine Eltern anlegen. Unter von Säulen getragenen Baldachinen, die über eine Rundbank verbunden sind, stehen die Bronzebüsten der Königin Luise und Friedrich Wilhelms III., beides Arbeiten von Christian Daniel Rauch.

Das Gefüge von Gärtnergehilfenhaus, Großer Laube, Turm, Gärtnerhaus, Pergola und Teepavillon bildet die spannungsvoll gestaffelte, parkseitige Ansicht der Römischen Bäder. Hinter dem Gehilfenhaus erstreckt sich eine Arkadenhalle, die auch als Orangerie benutzbar war, indem die Arkadenbögen im Winter verglast wurden. Über die Arkadenhalle gelangt man ins Römische Bad, das dem ganzen Bauensemble den Namen gab. Die Abfolge der Räume mit Empfangsraum (Atrium), einem Raum mit offenem Dach, durch das Regenwasser in ein rechteckiges Sammelbecken fallen kann (Impluvium), Baderaum mit in den Fußboden eingelassenem Badebecken (Caldarium), und dem im Osten liegenden, mit immergrünen Pflanzen angelegten Garten (Viridarium) entspricht dem Vorbild antiker Villen. Wirklich gebadet wurde in den Römischen Bädern allerdings nie, vielmehr entspringt dieser mehr museal gemeinte Ort der romantischen Erinnerung des Kronprinzen an Italien. Die östliche Begrenzung der Römischen Bäder bildet ein in den Maschinenteich mündender, von weinberankten Bögen überwölbter Wasserlauf. Den regelmäßig gestalteten Garten im Innenhof belebt in der Mitte eine Brunnenfontäne. Zum Maschinenteich ist der Garten offen, so daß die Terrasse vor dem Teepavillon weite Blicke erlaubt. Vor der Parkseite der Römischen Bäder breitete sich ehemals, den südlichen Charakter der Anlage untermalend, das »Italienische Kulturstück« mit einer Bepflanzung aus Weinre-

stairs leads up to the terrace, offering ample opportunity to contemplate the gardens of Charlottenhof. A vine-clad pergola leads along the inner courtyard of the gardener's house directly to the Tea Pavilion. The pavilion is constructed in the style of a Roman temple and lies directly by the lakeside wall of the pump house reservoir. In the small garden behind the pavilion Frederick William built a memorial to his parents. Baldacchinos supported by columns and connected by a round bench shelter the bronze busts of Queen Luisa and Frederick William III. Both busts were executed by Christian Daniel Rauch.

The assistant gardener's house, the Grosse Laube, the tower, the gardener's house, the pergola and the Tea Pavilion all combine to create the richly-structured park façade of the Roman Bath. Behind the assistant's house lies an arcaded hall which could also be used as an orangery by glassing in the arches in winter. From here one gains access to the Roman Bath from which the whole architectural ensemble took its name. The sequence of the rooms follows the example of an antique villa: reception room (atrium), a room with an open roof through which rainwater could fall into a cistern (compluvium), bathing room with baths sunk into the floor (caldarium), and an inner courtyard enclosed by high walls (viridarium). However, nobody ever really took a bath here: this rather museum-like place was primarily the visual manifestation of the Crown Prince's romantic memories of Italy. To the east, the Roman Bath is bordered by a watercourse spanned by vine-covered arches and flowing into the pump house reservoir. A central fountain basin adds interest to the regular layout of the garden in the inner courtyard. The garden is open towards the pump house reservoir so that distant views are possible from the terrace in front of the Tea Pavilion. In front of the side of the Roman Bath facing the park was once an "Italian garden", planted with vines, pumpkins, sweetcorn,

parents dans le petit jardin, derrière le pavillon de thé. Des baldaquins, soutenus par des colonnes et liés par un banc semi-circulaire, couronnent des bustes en bronze de la reine Louise et de Frédéric-Guillaume III. Ces œuvres étaient de Christian Daniel Rauch.

Depuis le parc, les bains romains se présentent comme un ensemble architectural échelonné, animé, se composant de la maison de l'aide-jardinier, des arcades, de la tour, de la maison du jardinier, de la pergola et du pavillon de thé. L'arrière de la maison de l'aide-jardinier donne sur une galerie qu'on vitrait l'hiver pour en faire une orangerie. Pour accéder aux thermes, qui ont donné leur nom au complexe, il faut passer par cette galerie. Les bains ont été construits sur le modèle des villas romaines. On pénètre d'abord dans l'atrium, une cour intérieure entourée d'un portique couvert où un bassin central (impluvium) recueillait l'eau de pluie; puis dans la seconde salle équipée d'une piscine creusée dans le sol (caldarium); enfin dans une autre cour intérieure à murs plus hauts. On ne se baignait jamais dans les thermes romains; pour le prince, c'était un souvenir romantique de l'Italie, un hommage muséal rendu à ce pays. Un cours d'eau borne les bains romains à l'est. Il passe sous un berceau de vigne vierge avant de se jeter dans l'étang de la machine. Une fontaine met de la vie dans le jardin très géométrique de la cour intérieure. Le jardin s'ouvrant sur l'étang, on a depuis la terrasse du pavillon de thé une vue magnifique sur le lointain. Côté parc, une portion de terrain, la fameuse « parcelle de culture italienne » (« das italienische Kulturstück »), était plantée de vigne, de courges, de maïs, de broccoli, d'artichauts, de mûres, de figues et de bien d'autres choses encore.

Voici ce qu'écrivit Schinkel sur les thermes dans son *Recueil de projets architectoniques* : « Ils forment un tout pittoresque, offrant des vues plaisantes et variées, des lieux de repos, des chambres agréables et des espaces ouverts pour jouir de la vie champêtre; ils peuvent par nature

Arkadenhalle und Blick aus der Arkadenhalle zum Teepavillon.

Arched hall and view from the arched hall towards the Tea Pavilion.

Les arcades et le Pavillon de thé vu des arcades.

Teepavillon (links und rechts).
Der mit Sitzmöbeln von Schinkel ausgestattete Teeplatz bildet durch seine sich nach drei Seiten hin öffnenden großen Fenster ideale Bedingungen zur Betrachtung der Gartenlandschaft.

Tea Pavilion (left and right).
The Tea Pavilion is the ideal place from which to view and observe the surrounding garden landscape thanks to the three large windows opening out in three directions. The seating was designed by Schinkel.

Pavillon de thé (à gauche et à droite).
Avec ses grandes fenêtres ouvrant sur trois cotés, cet endroit destiné à prendre le thé, meublé de sièges créés par Schinkel, est le lieu idéal pour contempler le paysage.

Blick aus dem Atrium in die Vorhalle des Viridariums.
View from the Atrium into the portico of the Viridarium.
Vue du portique du Viridarium depuis l'Atrium.

Blick aus dem Impluvium durch das Atrium und die Arkadenhalle in den Innenhof.
Die große Schmuckwanne aus grünem Jaspis schenkte der russische Zar Nikolaus I. seinem Schwager Friedrich Wilhelm IV.

View from the Impluvium through the Atrium and the arched hall into the inner courtyard.
The great decorative bath tub made from green jasper was a present from the Russian Tsar Nicholas I to his brother-in-law Frederick William IV.

Vue de l'impluvium sur la cour intérieure, au travers de l'atrium et des arcades.
La grande baignoire de jaspe verte est un cadeau offert par le tsar Nicolas Ier à son beau-frère Frédéric-Guillaume IV.

Tür vom Atrium in die Vorhalle des Viridariums
(links). Billardzimmer mit aufgeschlagener Tür vom
Atrium (rechts).

Door leading from the Atrium into the portico of the
Viridarium (left). Billiard room with door opened from
the Atrium (right).

Porte menant de l'atrium au portique du viridarium
(à gauche). Salle billard avec la porte de l'atrium
ouverte (à droite).

Schloss Babelsberg

Als dritte Sommerresidenz für einen Sohn Friedrich Wilhelms III. in und um Potsdam entstand nach den Schlössern für die Prinzen Friedrich Wilhelm in Charlottenhof und Carl in Glienicke ab 1833 für den Prinzen Wilhelm die Schloßanlage Babelsberg. Während Charlottenhof und Glienicke durch Umbauten schon vorhandener Häuser entstanden, war Schloß Babelsberg ein Neubau. Friedrich Wilhelm III. hatte lange gezögert und seinen Sohn immer wieder hingehalten, ehe er im Jahre 1833 die Einwilligung zum Erwerb des Geländes am Babelsberg gab.

Ein wichtiger Initiator für die Bemühungen um Babelsberg war Peter Joseph Lenné. Ihm war schon bei seinen Arbeiten in Glienicke dieser, die Potsdamer Seenlandschaft nach Südwesten hin abschließende Höhenzug aufgefallen. Dieser bot ideale Voraussetzungen für die Entwicklung weiter Sichtachsen in die Landschaft. Einen einflußreichen Partner fand Lenné im Kronprinzen Friedrich Wilhelm IV., den die zum Tiefen See der Havel hin abfallenden Hänge reizten, sie mit Architekturen zu verschönern. Ein gutes Argument für ein Schloß des Prinzen Wilhelm auf dem Babelsberg war außerdem, daß sich dann zwei »Bruderschlösser« rechts und links der Havel gegenüber liegen und ergänzen würden. Frühe Ideenskizzen des Kronprinzen zeigen eine ausgedehnte Bebauung in den Formen einer italienischen Villa beziehungsweise eines normannischen Kastells. Ludwig Persius, Meisterschüler Schinkels, der mit ersten Entwürfen beauftragt war,

Babelsberg Palace

1833 saw the beginning of the construction of Babelsberg Palace. It was intended for Prince William and was the third summer palace to be built for one of Frederick William III's sons in and around Potsdam, the two previous ones being Charlottenhof for Prince Frederick William, and Glienicke for Prince Carl. Whereas Charlottenhof and Glienicke were conversions of already existing houses, Babelsberg was an entirely new building. Frederick William III had hesitated for a long time and repeatedly put his son off before finally agreeing, in 1833, to the purchase of the grounds at Babelsberg.

Peter Joseph Lenné played an important part in arousing the King's interest. During his work at Glienicke he had made a mental note of the range of hills closing off the lakeland region of Potsdam towards the south-west, since it offered ideal conditions for the development of long-distance scenic views. Lenné found an influential supporter in the person of the Crown Prince, who was tempted to enhance the slopes down to the Havel with works of architecture. Furthermore, a good argument in favour of a palace for Prince William on Babelsberg hill was the prospect of two "brother palaces" on the right and the left banks of the river Havel, complementing one another. William's early sketches show an extensive building complex incorporating the forms of an Italian villa and a Norman castle. In 1831 Ludwig Persius, who had been commissioned to supply the first drafts, drew a

Le Château de Babelsberg

Le château de Babelsberg est la troisième résidence d'été princière de la région de Potsdam. Frédéric-Guillaume III avait offert Charlottenhof à Frédéric-Guillaume et Glienicke à Carl, il fit don de Babelsberg à Guillaume en 1833. Si les deux premiers châteaux provenaient de transformations de maisons qui existaient déjà, Babelsberg était une construction entièrement neuve. Frédéric-Guillaume avait longtemps hésité avant de donner le domaine à son fils cadet.

L'initiateur du projet de Babelsberg était Lenné en personne; en travaillant à Glienicke, il avait remarqué la chaîne de collines qui bornait le paysage de lacs et se prêtait idéalement à l'aménagement d'autres perspectives. Il trouva en Frédéric-Guillaume, le prince héritier, un soutien influent que l'idée d'orner d'objets architecturaux les pentes descendant jusqu'au lac de la Havel séduisait. Un autre argument de poids était que deux « châteaux frères » se retrouveraient face à face, Babelsberg à gauche, Glienicke à droite de la Havel, et qu'ils se compléteraient admirablement. Sur d'anciens croquis du prince, c'était une villa italienne ou plutôt un château fort normand qu'il était question de bâtir à Babelsberg. Mais Ludwig Persius, chargé des premiers plans, dessina dès 1831 un château à l'apparence gothique; ainsi indiquait-il déjà l'orientation stylistique de la future construction.

Il est probable que le couple princier ait demandé à Persius de choisir le style néo-

zeichnete schon 1831 ein gotisch erscheinendes Schloß und gab damit eine stilistische Perspektive für den späteren Bau.

Mit großer Wahrscheinlichkeit hatte Persius einen direkten Auftrag des Prinzenpaares für die Wahl dieses Stiles. Der Wunsch nach Bauten im gotischen Stil entsprach durchaus dem Empfinden der Zeit. Genauso wie man sich für die klaren Formen italienischer Baukunst antiker Prägung begeisterte, sah man auch in der gotischen Architektur englischer Herkunft ein nachahmenswertes Stilreservoir. In Deutschland vermischte sich dieser Einfluß mit einer verklärten Sicht auf das Mittelalter als einer Zeit altdeutscher Größe. Mittelalterliche Burgen wurden als Symbole einer vereinten deutschen Nation angesehen und gewannen Vorbildfunktion für eine Richtung der

palace in the Gothic style, thus setting a stylistic precedent for the future building.

It is highly likely that Persius chose this style in response to a direct order from the Crown Prince and his wife. In 1829 Prince William had married Princess Augusta von Sachsen-Weimar (1811–1890), who was an ardent supporter of the Gothic style. She was intelligent and open-minded. Like her sister Marie, who was married to William's brother, Prince Carl, Augusta had enjoyed an excellent education at the Weimar court. A joint journey by William and Augusta to the river Rhine in 1830 encouraged the couple in their predilection for the Gothic style in artistic matters. The experience of Rheinstein castle, its romantic mood, and the way it was integrated into the landscape, all provided

gothique. Construire dans ce style correspondait tout à fait à la sensibilité de l'époque. Autant on s'enthousiasmait pour les formes limpides de l'architecture italienne, autant on voyait dans le néo-gothique anglais un réservoir stylistique digne d'être imité. En Allemagne, cette influence se mélangea avec une vision transfigurée du Moyen Âge, perçu alors comme une ère de grandeur allemande. Les châteaux forts furent considérés comme le symbole de la nation allemande unie, et devinrent le modèle d'un courant architectural appelé plus tard « Burgenstil » (style château fort).

Le prince héritier était marié depuis 1829 avec la princesse Augusta von Sachsen-Weimar (1811– 1890), une grande admiratrice du style néo-gothique. Elle était intelligente et cosmo-

Baukunst, die man später als »Burgenstil« bezeichnete.

Prinz Wilhelm war seit 1829 mit der Prinzessin Augusta von Sachsen-Weimar (1811–1890) verheiratet, die eine ausgesprochene Anhängerin des gotischen Stils war. Sie war klug und weltoffen und hatte, genau wie ihre Schwester Marie (1808–1877), die mit Wilhelms Bruder Prinz Carl verheiratet war, am Weimarer Hof eine exzellente Bildung genossen. Eine gemeinsame Reise Wilhelms und Augustas an den Rhein 1830 förderte die Bevorzugung der Gotik in den künstlerischen Ansichten des Paares. Das Erlebnis der Burg Rheinstein und ihrer romantischen Ausstrahlung und Einbindung in die Landschaft lieferte Motive, die sich beim Schloßneubau wiederfinden sollten.

In Babelsberg begleiteten von Anfang an zwei Erschwernisse den Fortgang der Arbeiten. Die ständige Knappheit der Mittel hatte vor allem für die Gartenanlagen die Konsequenz, daß Lenné nur in kleinen Schritten vorankommen konnte. Beim Schloßbau waren die architektonischen Vorstellungen des Prinzenpaares, vor allem Augustas, sehr festgefügt, so daß Meinungsverschiedenheiten mit Karl Friedrich Schinkel, der 1833 mit den endgültigen Plänen beauftragt wurde, vorhersehbar waren. Prinzessin Augusta besaß fundierte Kenntnisse über die englische gotische Baukunst und hatte die Werke der führenden Architekturtheoretiker dieses Stils studiert. In

motifs which were to re-emerge in the new palace building. At the same time, the desire for buildings executed in the Gothic style was perfectly in keeping with contemporary sentiment. Just as the clear forms of classically-inspired Italian architecture were taken up with great enthusiasm, Gothic architecture in the English style was also regarded as a stylistic treasure trove worth imitating. In Germany this influence became bound up with a romanticized view of the Middle Ages as a time of Teutonic greatness. Medieval castles were regarded as symbols of a united German nation and became ideal models for a trend in architecture that was later referred to as "Burgenstil" (Castle Style).

Right from the start there were two factors which made progress at Babelsberg difficult. The constant shortage of money was felt particularly hard in the establishment of the garden where, as a consequence, Lenné was only able to proceed in small stages. As far as the construction of the palace was concerned, the royal couple – in particular Augusta – had rather inflexible ideas as to the architecture. It was therefore foreseeable that there would be differences of opinion with Karl Friedrich Schinkel, who in 1833 had been commissioned to supply the final plans. Princess Augusta possessed a real familiarity with English Gothic architecture and had studied the works of the

polite, et comme sa sœur Marie (1808–1877) mariée avec le frère de Guillaume, le prince Carl, avait reçu une excellente éducation. En voyageant jusqu'au Rhin en 1830, Guillaume et Augusta découvrirent le gothique et se mirent à le préférer à tout autre style. La vision du château de Rheinstein, son charme romantique et son lien intime avec la nature, leur suggérèrent des idées qu'on retrouve dans le château de Babelsberg.

Deux obstacles entravèrent la construction de celui-ci dès le début des travaux. Le manque constant de moyens financiers retarda l'aménagement du parc, Lenné n'avançant que pas à pas dans ses travaux. Les idées du couple princier, surtout d'Augusta, sur la construction du château étaient si arrêtées que la divergence d'opinions avec Schinkel qui avait été chargé des plans définitifs en 1833, désaccord prévisible, finit par se produire. La princesse avait de solides connaissances sur l'architecture néo-gothique anglaise et avait étudié les théoriciens de ce style. Dessinant bien, elle mettait ses idées sur le papier. Le plan de Schinkel, quant à lui, illustrait une construction qui commençait par une pergola, laquelle s'ouvrait sur le paysage et s'achevait par une tour massive. Les formes ouvertes de cette construction très clairement structurée augmentaient en hauteur et se fermaient de plus en plus à droite.

Voltaireterrasse hinter dem Schloß.
Standbild des Erzengels Michael im Kampf mit dem Drachen.

Voltaire terrace behind the palace.
Statue of the Archangel Michael fighting with the dragon.

Terrasse de Voltaire derrière le château.
Statue de Saint Michel archange luttant contre le dragon.

eigenen Skizzen formulierte sie ihre Ansprüche an
die Gestaltung des Schlosses. Beginnend mit einer
zur Landschaft vermittelnden Pergola und endend
mit einem mächtigen Turm zeigt Schinkels Entwurf einen klar gegliederten, sich in der Höhe von
links nach rechts von offenen zu immer geschlos-
seneren Formen entwickelnden Bau.

Allen Beteiligten war klar, daß der Gesamtent-
wurf zunächst Vision bleiben mußte, da der König nur Mittel für einen Bau in der Größe eines
»Cottage«, eines Landhauses, bereitstellte und
Prinz Wilhelm seine Vorstellungen zur Gesamtanlage zwar schon planen, aber noch nicht umsetzen
konnte. Der Bau wurde in der ersten Etappe bis
zum Oktogon des Speisesaals ausgeführt, das in
Schinkels Entwurf wie ein Scharnier zum zurück-
gesetzten zweiten Flügel überleitet, der in einem
mächtigen runden Turm seinen Abschluß findet.
Die Mauern sind aus gelbem Backstein, einzelne

leading architectural theorists on the subject. In
her own sketches she set out her ideas for the
design of the palace. Starting with a pergola
linking house and landscape, and ending with a
mighty tower, Schinkel's design shows a clearly
structured building complex rising in height
from left to right in a succession of increas ingly
closed architectural forms.

It was clear to all involved, however, that, at
least for the time being, the overall design would
have to remain no more than a vision, since the
King had only made available funds for a building the size of a cottage on the English scale.
Although Prince William was able to plan his
ideas concerning the whole ensemble, he was thus
as yet unable to put his plans into practice. In the
first stage of construction the building was carried
out as far as the octagon of the dining hall. In
Schinkel's plan this leads like a hinge to the

Pour toutes les personnes concernées, il était
évident que les plans ne resteraient qu'un projet,
une simple vision : le roi ne mettait en effet à la
disposition de son fils qu'un budget limité, juste
de quoi construire un « cottage », une demeure
campagnarde. Guillaume faisait des plans mais
sans pouvoir les réaliser. La première phase des
travaux s'arrêta à la construction de la salle à
manger octogonale. Dans le projet de Schinkel,
cette salle, véritable charnière du château, reliait
la première aile avec la seconde, un peu en re-
trait, et close par une tour massive. Les murs
sont en brique jaune, certains éléments de
façade en grès. Construit en gros sur le plan
de Schinkel, le château fut inauguré en 1835.
Il semble que les divergences entre la maîtresse
de maison et l'architecte sur l'architecture
intérieure aient été insurmontables puisque
Schinkel ne daigna pas venir à la fête

Fassadenelemente aus Sandstein. Dieser Bauteil entstand im wesentlichen nach Schinkels Entwurf und wurde 1835 eingeweiht. Bei der Gestaltung der Innenräume scheint es zwischen der Bauherrin und Schinkel zu unüberbrückbaren gegensätzlichen Auffassungen gekommen zu sein, so daß der Baumeister der Einweihungsfeier fernblieb. Schinkel hatte maßvoll proportionierte gotische Dekorationen empfohlen, wie etwa in dem von einem Sternengewölbe überkrönten Oktogon des Speisesaals, während der Bauherrin mehr ein überreicher, ganz ihrem persönlichen Geschmack folgender Dekor vorschwebte.

Gemeinsam hatten Lenné und Schinkel den Platz ausgewählt, der das Schloß so harmonisch in die Landschaft einband. Vor dem Zugang zum Vestibül reichte der Ausblick über die von Bäumen und Großbüschen akzentuierte Rasenfläche des von Lenné angelegten Bowlinggreen, den Fluß und die Glienicker Brücke hinweg und noch weiter, tief in die Havelseen hinein. Rechts im »Bild«, über den alten Jagdschloßgarten hinweg, erschien Glienicke, das »Bruderschloß«, mit der Großen Neugierde im Vordergrund. Für das Auge fügten sich die drei Parks zu einer Einheit zusammen, die vor dem Betrachter ein Stück ideal gestalteter Landschaft zur ästhetischen Erbauung ausbreitete. Dieses Bild bereicherte wenige Jahre später eine über 40 Meter hohe aus der Havel emporspringende Fontäne. Der Wechsel von Höhen und Niederungen im Gelände bot Lenné hervorragende Bedingungen für einen spannungsreichen Wegeplan, der den Spaziergänger zu besonders eindrucksvollen Blickpunkten führte.

Eine zweite intensive Phase der Gestaltung begann in Babelsberg nach 1840, als Wilhelms Bruder Friedrich Wilhelm den Thron bestieg. Da die Ehe Friedrich Wilhelms kinderlos geblieben war, avancierte Wilhelm zum Kronprinzen, was gesteigerte Repräsentationsaufgaben nach sich zog. Die bis dahin eher bescheidene Sommerresidenz sollte nun erweitert werden. Schinkel, der mit den Planungen beauftragt wurde, starb 1841. Ludwig Persius, sein Nachfolger als »Architekt des Königs«, übernahm den Auftrag. Er versuchte, in seinen Entwürfen die Ausgewogenheit des Schinkelplanes beizubehalten, sah sich aber mit tiefgreifenden Änderungswünschen des Bauherrn und seiner Gemahlin konfrontiert.

Ein großer Festsaal, ein hallenartiger Speisesaal und Wohnungen für die beiden Kinder des Kronprinzenpaares sollten in dem neuen Flügel Platz finden. Als Persius 1845 starb, standen erst die Fundamente des Neubaus. Die Weiterführung übernahm Johann Heinrich Strack (1805–1880), dessen baukünstlerische Auffassungen den Vorstellungen des Kronprinzenpaares besser entsprachen. Die Klarheit und Geschlossenheit der Entwürfe von Schinkel und Persius wurde zugunsten einer mit Türmen, Erkern, vielfach variierten Fenstern und Höhensprüngen reich gegliederten

second wing which is set back and finished off by a massive round tower. The walls are made of yellow brick, while some elements of the façade are made of sandstone. This first part of the building essentially follows Schinkel's draft and was inaugurated in 1835. As far as the interior furnishings are concerned, however, there seem to have been irreconcilable differences of opinion between the Princess and Schinkel, so much so, in fact, that the latter did not attend the inaugural ceremony. Schinkel had recommended Gothic decoration of moderate proportions, such as the starry ceiling vault above the octagonal dining hall, for instance. The Princess, however, had in mind a much more lavish décor entirely reflecting her personal taste.

The location that incorporated the palace so harmoniously into the landscape had been chosen by Lenné and Schinkel together. From the entrance to the vestibule one could look across the bowling green laid out by Lenné, its lawn interspersed with trees and large shrubs, out over the river and the Glienicke bridge and on even further, far across the lakes of the Havel. To the right, beyond the old hunting lodge garden, one could make out the "brother palace" of Glienicke with the Große Neugierde in the foreground. For the eye, the three parks fused into one unity and opened out in front of the viewer as a single, ideally designed landscape for his aesthetic edification. This picture was further enhanced only a few years later by a fountain soaring up from the river Havel to a height of more than 40 metres. The alternation between elevated and low-lying ground within the park provided Lenné with superb conditions for a network of exciting footpaths leading the walker to particularly impressive viewpoints.

A second and intensive design phase began in Babelsberg after 1840 when William's brother Frederick William ascended the throne. Since Frederick William's marriage had remained childless, William rose to the position of Crown Prince, which brought with it an increase in prestigious functions. What up to then had been a rather unassuming summer palace was now to be extended. Schinkel, who had been entrusted with the task of drawing up the plans, died in 1841. The commission was taken over by Ludwig Persius, his successor as the "King's architect". Persius tried to retain in his designs the balance evident in Schinkel's plan. He found himself confronted, however, with the wish for profound changes on the part of his client and his wife. A large ballroom, a hall-like dining room, and apartments for the two children of the Crown Prince and Princess were now to be accommodated in the new wing. When Persius died in 1845, only the foundations had been completed. The project was taken over by Johann Heinrich Strack (1805–1880), whose

d'inauguration. Il aurait aimé une décoration gothique modérée, comme celle de la salle à manger octogonale, mais la princesse avait imposé son goût pour les décors chargés. C'est conjointement avec Lenné que Schinkel avait choisi le meilleur emplacement pour intégrer le château dans le paysage. Depuis l'entrée du grand vestibule, on apercevait le « bowling-green », le grand jardin de fleurs que Lenné agrémenta d'arbres et de grands buissons, la Havel et le pont de Glienicke, et plus loin encore, le paysage des lacs. Et, à droite, au-delà du vieux jardin du pavillon de chasse, se dressait le « grand frère », Glienicke, accompagné de la « Grande Curiosité », le kiosque de thé, au premier plan. Le regard saisissait les trois parcs comme une seule et même entité; le spectateur voyait déployé devant lui un paysage aménagé idéalement par l'homme, un moyen d'édification esthétique. Quelques années après, une fontaine de plus de 40 mètres de haut vint enrichir le tableau en s'élevant au-dessus de la Havel. L'alternance de hauteurs et de creux offrait à Lenné des conditions idéales pour tracer un réseau de chemins animé qui guidait le promeneur vers les points de vue les plus extraordinaires.

Une seconde phase de travaux commença à Babelsberg après 1840 lorsque le frère de Guillaume, Frédéric-Guillaume, fut monté sur le trône. Le mariage du roi restant sans enfant, Guillaume devint prince héritier, ce qui lui imposait des obligations en matière de représentation. Il lui fallait donc agrandir sa résidence plutôt modeste de Babelsberg. Schinkel qui avait été chargé des plans mourut en 1841. Persius, devenu à son tour « architecte du roi » reprit le travail de Schinkel. Il essaya de garder l'équilibre harmonieux de la réalisation schinkélienne, mais se vit très vite confronté à la volonté du couple princier de procéder à des transformations en profondeur.

On éleva une nouvelle aile comprenant une grande salle de fêtes, une salle à manger de la taille d'un hall et d'appartements pour les deux enfants du couple. Lorsque Persius mourut en

Decke im Tanzsaal.
Mittelalterliche Handschriften lieferten das Vorbild für die Ausmalung der Decke mit Blattwerk und musizierenden Putten.

Ceiling in the ballroom.
The ceiling is painted with foliage and putto musicians – themes taken from Medieval manuscripts.

Plafond de la salle de bal.
Des manuscrits du Moyen Âge ont servi de modèle pour les fresques du plafond, ornées de feuillage et d'angelots musiciens.

und sehr bewegten Fassade aufgegeben. Die unruhig gestaffelte Fassade erschwerte eine übersichtliche Abfolge der Innenräume.

Persius übernahm für den Tanzsaal die Form eines Oktogons, die Schinkel bereits im ursprünglichen Speisesaal angewandt hatte, der nun als Teesalon genutzt wurde. Der über zwei Etagen hoch aufragende Saal wird von einem Sterngewölbe überkrönt, für das Strack – inspiriert von mittelalterlichen Handschriften – die Ausmalung mit Rankenwerk und musizierenden Engeln entwarf. Vor dem Tanzsaal erhebt sich oberhalb der sogenannten Voltaireterrasse das Denkmal des Erzengels Michael im Kampf gegen den Drachen. Die Plastik stammt von dem Bildhauer August Kiss (1802–1865), einem Schüler von Christian Daniel Rauch. Eine gotische Fassung aus rotem Sandstein gibt den Rahmen. König Friedrich Wilhelm IV. schenkte das Denkmal seinem Bruder zum Gedenken an die Niederschlagung des Badischen Aufstands 1848 unter Wilhelms Kommando. Der Prinz wehrte sich erfolglos gegen die Aufstellung an diesem Ort.

Nach den Vorgaben von Prinzessin Augusta wurde zwischen 1841 und 1842 ein Gartenhaus als Wohnhaus für Kronprinz Friedrich Wilhelm, und später für die Hofdamen, umgebaut – das sogenannte Kleine Schloß. Es liegt unterhalb des Pleasuregrounds am Ufer der Havel und entstand in den Formen der englischen Gotik.

Auch im Garten konnte nach 1840 großzügiger geplant und gearbeitet werden. Lenné, der in Babelsberg mit wenig Geld und ohne Bewässerungssystem nicht sehr erfolgreich gewesen war, wurde durch den Fürsten Hermann von Pückler-Muskau abgelöst. Pückler hatte die objektiven Widrigkeiten, mit denen Lenné zu kämpfen gehabt hatte, gegen den Gartendirektor ausgespielt und sich selbst den Auftrag für die weitere Gestaltung gesichert. Der Fürst wollte »etwas Gediegenes und in künstlerischer Hinsicht alle anderen Anlagen seiner Art in der Potsdamer Gegend übertreffendes« gestalten und forderte für seine Arbeiten »völlig freie Hand«. Pückler überformte den von Lenné begonnenen Pleasureground, den zum Schloß gehörenden Blumengarten, legte von farbigen Keramiken gerahmte Blumenbeete und elegant geschwungene Spazierwege an. Oberhalb des Pleasuregrounds am Hang entstand die goldene Rosenlaube, die mit weißen und roten Rosen bepflanzt war. Auf der Schloßterrasse vermittelten regelmäßig gestaltete Teppichbeete zwischen Bauwerk und Garten. Sie waren von vergoldeten Eisentauen oder blauen Fassungen aus Majolika gerahmt. Die Farben und Ornamente der Teppichbeete übersetzten das Muster der Fußtapeten aus Augustas Arbeitszimmer in den Garten. Eine Terrasse war mit Tierplastiken, chinesischen Gartenstühlen aus Porzellan und einer Vogelvoliere geschmückt. Die Kölner Dombauhütte schenkte Wilhelm eine Fiale, ein türmchenartiges gotisches

views on architecture were more in line with those of the Crown Prince and Princess. The clarity and unity of the plans by Schinkel and Persius were abandoned in favour of a richly structured and very animated façade incorporating towers, bay windows, a rich variety of other windows, and abrupt changes of height. The busy, irregularly staggered façade made a clearly organized layout in the interior more difficult.

For the shape of the ballroom, Persius took over the form of the octagon that had already been used by Schinkel in the original dining hall, which now was used as the tea salon. The ballroom is two storeys high and is spanned by a starry vault for which Strack – inspired by medieval manuscripts – designed a décor of scrolling tendrils and angel musicians. Situated in front of the ballroom, above what is known as the Voltaire Terrace, is a statue of St. Michael and the Dragon, a work by the sculptor August Kiss (1802–1865). It stands on a Gothic mount of red sandstone. King Frederick William IV presented the work to his brother in commemoration of the suppression of the Baden Revolt of 1848 by troops under William's command. The Prince's attempts to prevent the monument being put up in this place were to no avail.

In accordance with guidelines from the Princess Augusta, the Kleines Schloss (Small Palace) was built for the ladies of the court between 1841 and 1842. Situated further down from the gardens on the banks of the river Havel, it was a conversion of an old garden house and was conceived in English Gothic style.

The design of the garden, too, could be treated in more grand and liberal terms after 1840. Handicapped by scarce funds and the absence of any irrigation system, Lenné's efforts at Babelsberg had not been very successful. He was now replaced by Prince Hermann von Pückler-Muskau. Pückler had used the adversities against which Lenné had to battle to his own advantage and had secured the commission for further planning for himself. He proposed to design "something of quality and distinction and, in artistic terms, surpassing all other grounds of its kind in the surroundings of Potsdam" and demanded a totally free hand for his work.

Pückler re-designed the pleasure-ground started by Lenné and the flower garden belonging to the palace. He laid out flower beds with borders of colourful ceramics and established elegantly curved footpaths. On the slope above the pleasure-ground he constructed a golden rose bower which was planted with white and red roses. On the palace terrace, regularly laid-out flower beds connected the building and garden. They were bounded by gilded iron ropes or settings of blue majolica.

1845, l'aile ne s'élevait pas plus haut que les fondations. C'est Johann Heinrich Strack (1805–1880), dont les conceptions architecturales concordaient mieux avec celles du couple princier, qui la finit. La limpidité et le caractère achevé des projets de Schinkel et de Persius furent abandonnés pour une façade très mouvementée, structurée par des tours, des encorbellements, des fenêtres de toutes sortes et des décrochements. À cette façade mouvementée correspondait une distribution intérieure tout aussi peu limpide.

Persius avait repris la forme octogonale pour la salle de bal, forme utilisée déjà par Schinkel pour la salle à manger, devenue entre-temps salon de thé. Haute de deux étages, cette salle était couronnée d'une voûte étoilée, voûte pour laquelle Strack, s'inspirant des enluminures du Moyen-Âge, créa une décoration de pampres vrillés et d'anges. Devant la salle de bal, en haut de la terrasse en gradins appelée « Terrasse de Voltaire », s'élève une statue de saint Michel archange terrassant le dragon, due au ciseau d'August Kiss (1802–1865). La statue est présentée dans un cadre en grès rouge de style gothique. Le roi Frédéric-Guillaume IV offrit à son frère ce monument en commémoration de l'écrasement de l'insurrection de Bade en 1848. La répression s'était opérée sous le commandement de Guillaume. Le prince s'opposa en vain à l'érection du monument à cet endroit.

Sur les données de la princesse Augusta, fut bâtie de 1841 à 1842 une résidence destinée d'abord au prince héritier Frédéric-Guillaume, ensuite aux dames d'honneur, le Petit Château. Ancienne maison de jardin bâtie sur la rive de la Havel, en bas du pleasure ground, elle fut complètement modifiée dans le style néo-gothique anglais.

À partir aussi de 1840, furent entrepris de nombreux travaux d'aménagement et de plantation dans le jardin. Lenné disposant de peu d'argent, sans système d'arrosage, n'avait pas beaucoup réussi à Babelsberg. Il fut remplacé par le prince de Pückler-Muskau. Celui-ci reporta sur le jardiniste en chef toute la responsabilité des difficultés rencontrées par Lenné, et s'assura par ce moyen le reste de l'aménagement du jardin. Il désirait « quelque chose de bien fait, surpassant artistiquement tous les jardins du genre de la région de Potsdam » et demandait à avoir les mains libres pour cette tâche. Pückler transforma le jardin d'agrément du château, le pleasure ground, commencé par Lenné, planta des massifs de fleurs encadrés de céramique de couleur, et traça des allées au tracé souple et élégant. Il planta sur la pente, au-dessus du pleasure ground, une arcade en fil de fer doré couvrant une roseraie de roses blanches et rouges. Sur la terrasse du château, des parterres réguliers liaient le bâtiment et le jar-

Tanzsaal (rechts). Ausschnitt des Tanzsaals (links).
Der Saal erstreckt sich über zwei Etagen und verbindet den von Schinkel errichteten Bauteil mit den späteren Erweiterungen. Die nach dem Vorbild von Chorumgängen in gotischen Kathedralen gebaute Galerie stellt die Verbindung im Obergeschoß her.

Ballroom (right). Detail of the ballroom (left).
The ballroom extends over two floors and connects the part of the building designed by Schinkel with the extensions that were added later. The connection on the upper floor is achieved by means of a gallery which is modelled on the choir galleries in Gothic cathedrals.

Salle de bal (à droite). Détail de la salle de bal (à gauche). La salle s'élève sur deux niveaux et relie le corps de bâtiment construit par Schinkel aux parties ajoutées par la suite. Cette galerie conçue comme le d'ambulatoire d'une cathédrale gothique fait la liaison avec le premier étage.

Schmuckelement, das den Brunnen auf der Porzellanterrasse zierte.

Eine anschauliche Schilderung des Lebens in Babelsberg gab Augustas Hofdame, Marie von Bunsen: »Üppig blühte der Rosengarten, es brüsteten sich die Pfauen, unter den Orangenbäumen der Terrasse wurde Tee getrunken, saure Milch verzehrt. Lange Abendstunden verlebte man auf den Seen, die rotgekleideten Bootsleute ruderten um die Vorsprünge, durch die tief beschatteten Buchten, es verschwamm in der Dämmerung die harmonische Schinkelsche Bogenbrücke in fliederfarbenen Tönen.«

Im Park behielt Pückler die Wege von Lenné bei und legte dazwischen ein raffiniertes Netz schmaler Spazierwege an, von denen sich eine

The colours and ornamental designs created in the flower beds took up the pattern of the floor coverings from Augusta's study. One terrace was adorned with animal sculptures, Chinese porcelain garden chairs and an aviary. The Cologne Cathedral Stonemasons' Lodge presented William with a pinnacle, a turret-like Gothic decorative element, which adorned the fountain on the porcelain terrace.

A vivid description of life at Babelsberg was supplied by Augusta's lady-in-waiting, Marie von Bunsen: "The rose garden was in lush bloom, the peacocks were puffing themselves up proudly, on the terrace under the orange trees tea was taken and sour milk consumed. The long evening hours were spent on the lakes, with the

din. Ils étaient bordés de câbles dorés ou de majolique bleue. Les couleurs et les encadrements des parterres reprenaient le motif du plancher dans le cabinet de travail d'Augusta. Une terrasse était ornée de statues d'animaux, de chaises de jardin chinoises en porcelaine et d'une volière. L'atelier de la cathédrale de Cologne offrit à Guillaume un pinacle, un élément décoratif gothique en forme de tour qui fut placé sur la fontaine de la terrasse de Porcelaine.

Une dame d'honneur de la princesse Augusta fit une description très éloquente de la vie au château de Babelsberg : « La roseraie fleurissait abondamment, les paons se pavanaient, on prenait le thé, buvait du lait caillé sous les

Gerichtslaube auf der Lenné-Höhe.
Die mittelalterliche Gerichtslaube stand ursprünglich
im Zentrum Berlins. Nach 1860 mußte sie dem im Bau
befindlichen Roten Rathaus weichen und wurde abgerissen. Wilhelm I. ließ die Gerichtslaube 1871 »als
denkwürdiges Wahrzeichen aus der Vorzeit« unter
Verwendung von Originalteilen im Park Babelsberg neu
errichten.

Gerichtslaube (Pavilion of the law courts)
on Lenné hill. The medieval Gerichtslaube had its
original site in the centre of Berlin. After 1860 the
pavilion had to give way to the Red Town Hall which
was then under construction, and was demolished. In
1871, William I had the Gerichtslaube reconstructed
using fragments preserved from the original building. It
was put up in the park of Babelsberg as a "memorable
symbol from the past".

La « Galerie d'arcades du tribunal » sur la colline
Lenné. À l'origine, cette bâtisse médiévale se trouvait
au centre de Berlin. En 1860, elle dut céder la place
pour la construction de l'hôtel de ville rouge et fut
démolie. Guillaume I la fit reconstruire en 1871 dans
le parc de Babelsberg « comme un symbole mémorable
d'antan » en utilisant les éléments d'origine.

sance- und Barockmöbel plaziert. Aus den Fenstern konnte man bis zum Marmorpalais im Neuen Garten oder zur Historischen Mühle von Sanssouci sehen. Seinen Namen erhielt der Turm nach dem preußischen Krongut Flatow, das die Steine zum Bau lieferte.

Dem Wunsch Wilhelms entsprechend brachte der Flatowturm ein Zitat des deutschen Mittelalters nach Babelsberg, wie später auch das Matrosenhaus, wo der für die königlichen Boote zuständige Matrose wohnte. Die Schauseiten dieses Hauses wurden den Giebeln des Rathauses in Stendal nachgebildet. Seit 1871 zierte die Gerichtslaube, ein weiteres Bauwerk nach mittelalterlichem Vorbild, die Lenné-Höhe des Parks. Sie wurde aus Teilen der sogenannten Gerichtslaube des Berliner Rathauses nach einem Entwurf von Strack in veränderter Form aufgebaut. Kreuzgewölbe schließen die offene Halle des Ziegelbaues nach oben ab. Im Obergeschoß, das über eine gußeiserne Wendeltreppe erschlossen wurde, lag ein Teezimmer.

Matrosenhaus mit Blick zum Flatowturm. In dem Haus wohnte der Matrose für die königlichen Boote.

Matrosenhaus (Sailors' House) with view towards the Flatowturm (Flatow Tower). This house was inhabited by the sailor responsible for the Royal boats.

La maison du Matelot avec vue sur la tour de Flatow. Le matelot du bateau impérial habitait dans cette maison.

Sicht zum Flatowturm (Abb. S. 212/213). Kulissenartig gruppierte Bäume lassen die ungemein lang wirkende Sicht entstehen, an deren Ende sich der nach dem Vorbild des Eschenheimer Torturms in Frankfurt am Main als eine Art Refugium für Wilhelm I. erbaute Flatowturm erhebt.

View towards the Flatow Tower (Ill. p. 212/213). Groups of trees arranged like stage scenery help to create the long distance view which is finally stopped by the elevation of the Flatow Tower. The tower was modelled on the Eschenheim gateway tower in Frankfurt (Main) and served as a kind of refuge for William I.

Vue sur la tour de Flatow (Ill. p. 212/213). Des bouquets d'arbres formant comme des coulisses et ouvrent dans le lointain où se dresse la tour de Flatow, refuge de Guillaume I, elle a été construite selon le modèle de la porte Eschenheimer de Francfort-sur-le-Main.

cular advantage: from there it was possible to gain access to a gallery in the engine room and – paying tribute, as it were, to the wonders of technology – watch the steam engine in action.

A real belvedere was added to the park's many vantage points in 1856 in the shape of the Flatow Tower. Its yellow face masonry crowned with a gilded eagle top rises high above the park's greenery. A distinctive landmark itself, it is answered from the other side of the river Havel by the twin towers of the belvedere on the Pfingstberg. The plan was again supplied by Strack in direct imitation of the Eschenheim Tower (built between 1400 and 1428) in Frankfurt. The Flatow Tower is surrounded, bastion fashion, by a moat which, apart from its artistic effect, served to supply water to the parts of the park that had been added more recently. Behind the bulwarks, William mounted fieldguns from the fortress of Rastatt. Immediately next to the entrance to the tower stood two statues of medieval knights; a third stood in the centre of the circular flower bed, framed by lance-heads, in front of the tower. Such details chosen by William lent the building a military character. The interior also reflected the Prince's taste. The décor was historicist and the rooms were filled with heavy Renaissance and Baroque furniture. The view from the window extended as far as the Marble Palace in the New Garden and the windmill beside Sanssouci. The tower was named after the Prussian royal demesne of Flatow, which supplied the stones for its construction.

In accordance with William's wishes, the Flatow Tower endowed Babelsberg with a reference to the German Middle Ages, as later did the Sailor's House, where the sailor in charge of the royal boats resided. The façades of the Sailor's House were copied from the gables of the town hall in Stendal. In 1871 another edifice based on medieval models joined those already gracing the heights of the park: the Gerichtslaube. This was constructed according to a plan by Strack, using parts of the "Gerichtslaube" (literally, a 'Bower of Justice'– the pavilion of the law courts) on the Berlin town hall, but assembling them in different form. The open hall of the brick building is closed off at the top by groin vaults. On the upper storey, reached via a cast iron spiral staircase, lay a tea room.

décorée extérieurement d'une bande de briques de couleur vernissées simulant un escalier intérieur. Outre les installations techniques, le pavillon comprenait un appartement de maréchal du palais, dont le privilège était d'avoir accès directement à la salle des machines, où on pouvait admirer les merveilles de la technique, voir travailler la pompe à vapeur.

En 1856, on ajouta un vrai belvédère aux points de vue déjà nombreux du parc, la tour de Flatow. Sa maçonnerie jaune et sa pointe surmontée d'un aigle doré s'élèvent bien au-dessus de la verdure du parc. Autre dominante du paysage de la Havel, elle fait écho au belvédère du mont Pfingstberg. C'est Strack qui traça les plans de la tour de Flatow en s'inspirant directement de la porte fortifiée d'Eschenheim, construite à Francfort-sur-le Main entre 1400 et 1428. Elle est plantée dans un bassin en forme d'étoile; ce bassin n'avait pas seulement une fonction décorative mais assurait l'approvisionnement en eau des autres parties du parc, ajoutées ultérieurement. Guillaume fit installer derrière les bastions des pièces de campagne provenant de la place forte de Ratstatt. L'entrée de la tour était flanquée de deux chevaliers, reproductions de statues moyenâgeuses; un autre placé devant la tour trônait au milieu d'une corbeille circulaire bordée de pointes de lances. Tout cet agencement donnait un caractère militaire à l'édifice. L'intérieur était également au goût du prince. On meubla l'intérieur décoré dans le style éclectique historique de lourds meubles de la Renaissance et du baroque. Depuis les fenêtres, la vue s'étendait jusqu'au palais de Marbre ou au vieux moulin de Sans-Souci. La tour tirait son nom du domaine royal de Flatow d'où venaient les pierres utilisées dans sa construction.

Elle introduisait le Moyen Âge allemand à Babelsberg, selon le propre vœu de Guillaume, comme plus tard la maison du Matelot où logeait le matelot s'occupant de la flotte du roi. De beaux pignons à gradins, reproductions de ceux de l'hôtel de ville de Stendal, ornent les façades de la maison. La « Gerichtslaube », la galerie d'arcades du tribunal, est une autre construction de style moyenâgeux qui pare une hauteur du parc de Lenné depuis 1871. Strack avait construit un petit pavillon gothique avec les pierres de l'ancienne galerie d'arcades de l'hôtel de ville de Berlin. Des voûtes en croisée d'ogives coiffent le hall ouvert du pavillon. À l'étage supérieur, accessible par un escalier en spirale en fonte, se trouvait un salon de thé.

FRIEDRICH WILHELM IV.

FREDERICK WILLIAM IV

FRÉDÉRIC-GUILLAUME IV

König Friedrich Wilhelm IV. Franz Krüger, 1846. Beflügelt von einer unstillbaren Sehnsucht nach Italien, ließ dieser König die gesamte Umgebung von Potsdam durch Peter Joseph Lenné zu einer großen Parklandschaft umgestalten.

King Frederick William IV. Franz Krüger, 1846. King Frederick William IV was inspired by an overpowering longing for Italy. On his instructions, Peter Joseph Lenné redesigned all the area surrounding Potsdam to transform it into one great parkscape.

Le roi Frédéric-Guillaume IV. Franz Krüger, 1846. Porté par son insatiable nostalgie de l'Italie, le roi demanda à Peter Joseph Lenné d'aménager les environs de Potsdam pour en faire un grand parc paysager.

Dampfmaschinenhaus (rechts).
Zur Stilvielfalt der von Friedrich Wilhelm IV. errichteten Bauten gehört auch das zur Versorgung der Fontänen im Park Sanssouci in den Formen einer Moschee errichtete Dampfmaschinenhaus.

Steam engine house (right).
Frederick William IV's portofolio of building styles includes the steam engine house in Sanssouci Park, built in the shape of a mosque and constructed to supply the various fountains with water.

Maison contenant la machine à vapeur (à droite).
Elle sert à alimenter en eau le parc de Sans-Souci. La maison contenant la machine à vapeur est conçue sous forme de mosquée, elle complète le catalogue stylistique des édifices construits par Frédéric-Guillaume IV.

Noch im Jahr seiner Thronbesteigung 1840 bestimmte der damals fünfundvierzigjährige Friedrich Wilhelm IV. (1795–1861) Schloß Sanssouci zu seiner Sommerresidenz. Schon in den zwanziger Jahren hatte er sich am südwestlichen Rand des Parkes Sanssouci einen eigenen Sommersitz, Charlottenhof, anlegen lassen, der über Sichtbeziehungen mit den Bauten Friedrichs des Großen verbunden war. Der neue König teilte nicht die allgemeine Ablehnung seiner Zeit des Barock und Rokoko als »unförmlich« und »barbarisch«, sondern respektierte diese Kunstformen als einen Ausdruck der Geschichte. Für ihn bedeutete die Wahl von Sanssouci zur Residenz auch ein Stück politischer Programmatik. Friedrich Wilhelm IV. wollte mit seiner Regentschaft an die Regierungszeit Friedrichs des Großen anknüpfen, als Preußen zur europäischen Großmacht aufstieg.

Die Achtung vor dem großen Vorfahren gebot ihm allerdings, die Königswohnung im Schloß unangetastet zu lassen. Als Wohnräume für sich und seine Frau Elisabeth bestimmte er die Gästezimmer im Westflügel des Schlosses, die er entsprechend seinem Geschmack und seinen Bedürfnissen einrichten ließ.

In the year of his accession to the throne, 1840, the then 45-year-old Frederick William IV (1795–1861) chose the palace of Sanssouci as his summer residence. Back in the 1820s he had established his own summer palace, Charlottenhof, at the south-western edge of Sanssouci park. Various visual relationships linked Charlottenhof with the buildings of Frederick the Great. The new King did not share contemporary notions that rejected Baroque and Rococo as "unshapely" and "barbaric", but respected these artistic styles as the historical expression of their time. For him the choice of Sanssouci as his residence went hand in hand with his political objectives. Frederick William IV wanted to establish a link between his own reign and that of Frederick the Great, under whom Prussia rose to become a major European power.

Respect for his great ancester demanded, however, that he leave the royal apartments in the palace untouched. He therefore designated the guest rooms in the west wing of the palace as living quarters for himself and his wife Elisabeth and had them furnished according to his taste and his needs.

En 1840, l'année de son avènement et de son quarante-cinquième anniversaire, Frédéric-Guillaume IV (1795–1861) décida de faire du château de Sans-Souci sa résidence d'été. Il avait déjà aménagé une première résidence, Charlottenhof, située au sud-ouest du parc de Sans-Souci, et reliée visuellement aux édifices construits par Frédéric le Grand. Le nouveau roi ne partageait pas l'idée très répandue selon laquelle le baroque et le rococo étaient « barbares » et « informes », il respectait ces styles en tant qu'expression de l'histoire. Pour lui, choisir Sans-Souci comme résidence équivalait à un manifeste politique. Son dessein était de renouer avec la politique de Frédéric II, avec l'époque où la Prusse était une grande puissance européenne.

Par respect pour son grand prédécesseur, il s'interdit de toucher aux appartements royaux de Sans-Souci. Il choisit pour sa femme et lui-même les chambres d'invités situées dans l'aile ouest, et les fit aménager à son goût et selon ses besoins.

ERWEITERUNGEN IN SANSSOUCI

Die Hofhaltung in Sanssouci zog einen vermehrten Platzbedarf nach sich, weshalb die eingeschossigen Wirtschaftsflügel aus friderizianischer Zeit gänzlich umgebaut und erweitert wurden. Die Baupläne lieferte der Architekt Ludwig Persius, der bei dieser Aufgabe, die seinem Naturell wohl wenig entsprochen haben mag, ein erstaunliches Feingefühl für die friderizianische Formensprache bewies. Nahtlos fügten die neugestalteten Flügel sich an das Schloß an. Im Ostflügel wurde die neue, großzügige Schloßküche untergebracht, in der die in Eisenguß hergestellten Säulen das beginnende Industriezeitalter ankündigen. Der Westflügel war für

ADDITIONS TO SANSSOUCI

The imperatives of court life at Sanssouci resulted in the need for more space. This accounts for the complete conversion and extension of the single-storey wings from the time of Frederick the Great that housed the domestic offices. The plans were supplied by Ludwig Persius, who displayed an amazing sensitivity towards the Frederician style, all the more so since this task was not very likely to appeal to his natural disposition. The newly designed wings formed a seamless addition to the palace. The east wing accommodated the new, grand and spacious court kitchen in which pillars made of cast iron heralded the beginnings

AGRANDISSEMENT À SANS-SOUCI

Mais pour loger la cour, il fallait plus de place que n'en offrait Sans-Souci, aussi le roi décida-t-il de modifier et d'agrandir l'aile des communs. C'est l'architecte Ludwig Persius qui fut chargé des plans de transformation. Il fit montre d'une compréhension extrêmement fine du langage formel frédéricien, ce qui semblait peu correspondre à son naturel. Les nouvelles ailes s'ajustèrent parfaitement au château. Dans l'aile est, on aménagea de vastes cuisines avec des colonnes en fonte, signes du début de l'industrialisation. L'aile ouest était réservée aux « chambres des dames d'honneur et des étrangers ». Pour les intérieurs, le roi désirait

Aufriß der Ehrenhof- und Gartenseite.
Carl Hesse, 1850. Der Plan zeigt die mit viel Gefühl für die Formensprache des 18. Jahrhunderts zwischen 1840 und 1842 von Ludwig Persius an das Schloß neu angefügten Seitenflügel.

Elevation of the Court of Honour and garden side.
Carl Hesse, 1850. This plan shows the side wings of the palace which were added by Ludwig Persius between 1840 and 1842. It also shows Persius's great sensitivity for the stylistic language of the 18th century.

Elévation du château côté cour d'honneur et côté jardin.
Carl Hesse, 1850. Le plan montre les ailes ajoutées au château par Ludwig Persius. Cet ajout de 1840/42 révèle chez l'architecte une sensibilité profonde pour le langage des formes du XVIIIᵉ siècle.

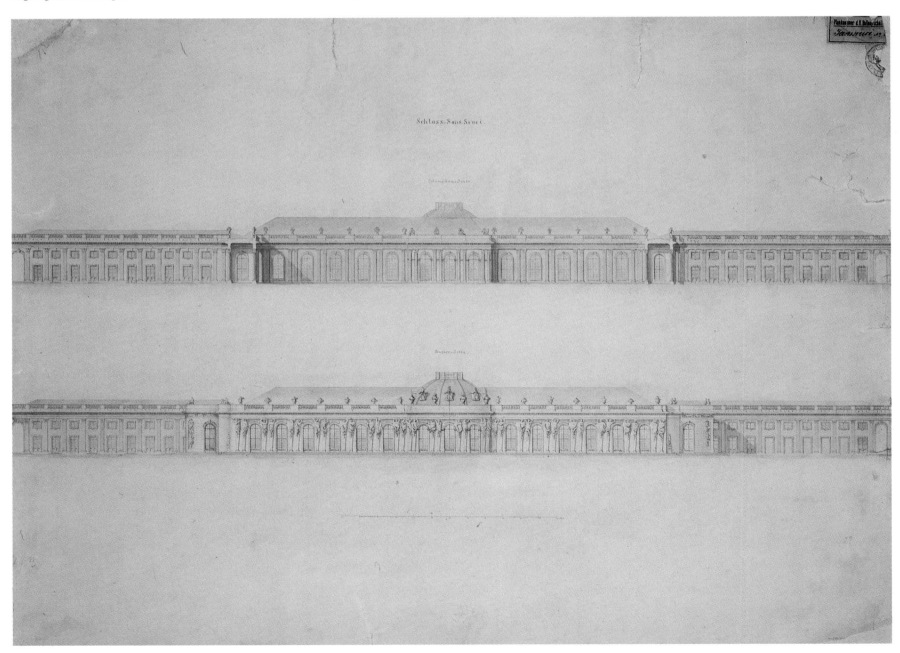

Damenflügel. Damenzimmer im Obergeschoß.
Die Raumdekorationen im Damenflügel nehmen Bezug auf das 18. Jahrhundert und sind in den Formen des sogenannten Zweiten Rokoko gehalten.

Ladies' wing. Ladies' room on the upper floor.
The interior decoration in the ladies' wing makes reference to the 18th century and is conceived in the shapes and style of the second Rococo period.

L'aile des Dames. Chambre de dame au premier étage.
La décoration de l'aile des Dames se réfère au XVIIIe siècle et à la seconde période rococo.

»Logierzimmer für Hofdamen und Fremde« vorgesehen. Für die Innenräume wünschte der König eine dem Ort entsprechende Dekoration und Einrichtung in den Formen des Rokoko. Unter den Raumgestaltungen ragt besonders das sogenannte »Traumzimmer« heraus, das Persius nach einer Traumerscheinung Friedrich Wilhelms IV. entwarf. Raumdekorationen in der Art des Zweiten Rokoko sind im Stilpluralismus der Kunst des 19. Jahrhunderts keine Seltenheit, doch überraschen die Räume im Damenflügel des Schlosses Sanssouci, ganz im Gegensatz zu denen im nur wenige Jahre später entstandenen Orangerieschloß, durch die Souveränität der Formbeherrschung.

of the industrial age. The west wing was earmarked for "guest rooms for ladies of the court and for visitors". The King wished the interiors to be decorated and furnished in the Rococo style appropriate to them. Particularly memorable amongst these interiors is the so-called "Dream Room", designed by Persius after Frederick William IV had seen it in a dream. neo-Rococo décors are not rare in the stylistic pluralism of 19th-century art, but the rooms in the ladies' wing of Sanssouci are notable for their sovereign mastery of form, something which is quite in contrast to the Orangery palace built only a few years later.

une décoration et un ameublement rococo qu'il trouvait conformes au lieu. La « Traumzimmer », la chambre du rêve, aménagée par Persius en s'inspirant d'un rêve de Frédéric-Guillaume IV, est la plus extraordinaire parmi les nouvelles réalisations. Des décorations intérieures dans le style du second rococo ne sont pas rares au XIXe siècle, époque de l'éclectisme stylistique, mais la parfaite maîtrise des formes qui émane des chambres de dames est somme toute surprenante, ne serait-ce que comparée à l'Orangerie de Sans-Souci, construite peu d'années après.

Damenflügel. Traumzimmer im Erdgeschoß (links und rechts). Dieser Raum erschien Friedrich Wilhelm IV. im Traum, entsprechend ließ er die Gestaltung vornehmen.

Ladies' wing. Dream Room on the ground floor (left and right). This room appeared to Frederick William IV in a dream, and he had it decorated and furnished according to his vision.

L'aile des Dames. Salle du Rêve au rez-de-chaussée (à gauche et à droite). Cette salle était apparue en rêve à Frédéric-Guillaume IV, il la fit réaliser conformément à sa vision.

Innenraum (links). Detail des Altarbaldachins mit Blick auf das Mosaik in der Apsis (rechts).
Bauten in Italien gaben die Anregung für das romantische, ab 1844 errichtete Bauensemble der Friedenskirche. Die Kirche selbst wurde nach dem Vorbild der Kirche in San Clemente in Rom erbaut. Ein nördlich der Alpen einzigartiges, original venezianisches Mosaik schmückt die Apsis.

Interior (left). Detail of altar canopy with view towards the mosaic in the apse (right).
The buildings that form the romantic Church of Peace group were inspired by Italian models. Construction began in 1844, and the church itself was based on the church of San Clemente in Rome. The apse is decorated with an original Venetian mosaic which is unique north of the Alps.

Intérieur (à gauche). Détail du baldaquin de l'autel avec vue sur la mosaïque de l'abside (à droite).
L'architecture italienne inspira l'ensemble romantique de l'église de la Paix dont la construction commença en 1844. L'église elle-même a été érigée sur le modèle de l'église Saint-Clément de Rome. Une mosaïque vénitienne, unique au nord des Alpes, orne l'abside.

DIE FRIEDENSKIRCHE

Schon in seiner Kronprinzenzeit beschäftigten Friedrich Wilhelm IV. Pläne für einen Kirchenbau in Sanssouci. Zuerst verhandelte man um ein Grundstück im Umfeld der Römischen Bäder, errichtet wurde die Kirche zwischen 1845 und 1854 dann am südöstlichen Rand des Parks Sanssouci. Dort, am Übergang zur Stadt, lag der Marlygarten, ein Obst- und Gemüsegarten aus der Zeit Friedrich Wilhelms I., den Lenné während des entstehenden Kirchenbaus zu einem Landschaftsgarten umgestaltete. Nach seinen eigenen Worten verband Friedrich Wilhelm IV. mit einer Kirche in unmittelbarer Nähe des Schlosses Sanssouci die Absicht, dem »weltlich negativen ›ohne Sorge‹ das geistlich Positive ›Frieden‹ entgegen- oder vielmehr gegenüberzustellen«. Für die Kirche wurde der Name Friedenskirche gewählt und der Grundstein am

CHURCH OF PEACE

Even when still Crown Prince, Frederick William IV had occupied himself with plans for a church at Sanssouci. At first, negotiations had concentrated on a plot of land near the Roman Bath, but the church was finally erected between 1845 and 1854 at the south-eastern edge of Sanssouci park. There, where park and town met, was the Marly garden, the fruit and vegetable garden left over from the time of Frederick William I. During the period the church was being constructed, Lenné re-designed the Marly as a landscape garden. According to his own words, Frederick William IV had chosen the site for the church so close to the palace of Sanssouci in order to realize his intention to "oppose, or rather offset the secularly negative 'without a care' concept with the spiritually positive concept of peace". The name Frie-

L'ÉGLISE DE LA PAIX

Le roi s'était déjà penché sur des plans d'église lorsqu'il était prince héritier. Il négocia d'abord une terre près des thermes, mais ce fut finalement au sud-est du parc de Sans-Souci que fut élevée une église entre 1845 et 1854. À cet endroit, à la limite du parc et la ville, se trouvait depuis l'époque de Frédéric-Guillaume Iᵉʳ un jardin potager et fruitier que Lenné transforma en jardin anglais pendant la construction de l'église. Selon les propres termes de Frédéric-Guillaume IV, la décision de construire une église près du château de Sans-Souci était motivée par le dessein de « mettre en face ou mieux, d'opposer au négatif et matériel » Sans-Souci « le positif et le spirituel ». On baptisa l'église « église de la Paix ». La première pierre fut posée le 14 avril 1844, un siècle exactement après la pose de la première pierre du château de Sans-Souci.

die Friedrich Wilhelm IV. von seinen Italienreisen mitgebracht hatte, an den Wänden des Säulenganges wie auch des Kreuzganges angebracht. Auf halbem Weg des Ganges lädt eine in den Friedensteich hineinragende Rundbank zur Betrachtung des malerischen Bildes der sich im Wasser spiegelnden Kirche ein. Das Atrium wird von einer Nachbildung der berühmten Christusfigur des dänischen Bildhauers Bertel Thorvaldsen (1770–1844) beherrscht. Die Plastik steht auf einem Sockel in einem Brunnen, der auf den Kult des frühen Christentums Bezug nimmt und die Reinigung von den Sünden symbolisiert. »Wasche die Sünden ab, nicht nur das Antlitz«, lautet die griechische Inschrift auf dem Brunnenrand, während an der Vorhalle der Name der Kirche »Dem Friedefürsten Jesu Christo, unserm Herrn« geschrieben steht. Auch die anderen, von Friedrich Wilhelm IV. persönlich ausgesuchten Inschriften an und in der Kirche nehmen immer wieder Bezug auf den Frieden. Vor dem Hintergrund der revolutionären Unruhen des Jahres 1848, als der König sich vor den Toten der Märzrevolution in Berlin verneigen und das Versprechen einer Verfassung abgeben mußte, wirken diese Inschriften fast wie Beschwörungsformeln.

Im Gegensatz zu dem schlichten, ganz von den Formen der Architektur beherrschten

For the visitor approaching from Sanssouci, access to the enclosed site of the Church of Peace can be gained via the Christ Gate which is rather hidden away. The colonnade running along the waterside then leads directly into the narthex. Displayed along the walls of both the colonnade as well as the cloister were reliefs and casts of works of art that Frederick William IV had brought back from his Italian journeys. Half-way through the colonnade, a round bench jutting out over the Lake of Peace invites the visitor to sit down and contemplate the picturesque image of the church reflected in the water. The atrium is dominated by a replica of the famous Christ figure by the Danish sculptor Bertel Thorwaldsen (1770–1844). The sculpture is placed on a pedestal in a fountain, a reference to the cult of early Christianity and a symbol of the cleansing of sins. "Do not wash only your face, but wash away your sins," reads the Greek inscription on the rim of the fountain, while in the narthex reference to the name of the church is made in the dedication "To the Prince of Peace Jesus Christ, our Lord". The other inscriptions in and outside the church, all chosen personally by Frederick William IV, also refer again and again to peace. Set against the background of the revolutionary unrests of the year 1848, when the King was obliged to bow before

blanc de la déesse des fleurs. Le tableau pittoresque formé par le jardin comprenait à l'époque d'autres parterres, des statues, des arcades de feuillage et une colonne bleu et blanc en baguettes de verre.

Le visiteur venant de Sans-Souci entre dans la partie close de l'église en passant d'abord sous la porte du Christ qu'il ne peut voir. Les arcades courant parallèlement à l'étang donnent directement sur le narthex, le vestibule de l'église. Des reliefs et des moulages d'œuvres d'art, témoignages historiques que Frédéric-Guillaume IV avait rapportés d'Italie, étaient exposés sur les murs des arcades et du cloître. À mi-chemin, un banc semi-circulaire débordant sur l'étang invite à contempler le tableau pittoresque de l'église se reflétant dans l'eau. L'atrium est orné en son milieu d'une statue représentant le Christ, reproduction d'une œuvre du sculpteur danois Bertel Thorwaldsen (1770–1844). La statue se dresse sur un socle placé dans un bassin ; elle se réfère au culte des débuts du christianisme et symbolise la purification des péchés. « Lave-toi de tes péchés, pas seulement la face » dit l'épitaphe grecque inscrite sur le rebord de la fontaine ; quant au nom de l'église, « Au prince de la paix, Jésus-Christ, notre Seigneur », il est inscrit sur le narthex. Les autres inscriptions choisies par le roi et qu'on

Blick über den künstlich angelegten Friedensteich auf das Langhaus der Kirche, Campanile, Säulengang und Mausoleum Kaiser Friedrich III. (rechts).

View over the artificial Lake of Peace towards the nave of the church, the Campanile (bell tower), the colonnade, and the mausoleum of the Emperor Frederick III (right).

Vue sur l'étang artificiel, la nef, le campanile, le péristyle et le mausolée de l'empereur Frédéric III (à droite).

Äußeren der Kirche, überrascht der Reichtum auserlesener, farbig abgestimmter Marmorsorten im Innern. Die Apsis schmückt ein Mosaik aus dem ersten Drittel des 13. Jahrhunderts. Es stammt aus der Kirche San Cipriano auf der Glasbläserinsel Murano bei Venedig.

Friedrich Wilhelm IV. bestimmte die Friedenskirche auch zu seinem Begräbnisort. In der begehbaren Gruft unter der Kirche sind er und seine Frau Elisabeth beigesetzt.

the dead of the Berlin March Revolution and promise a constitution, these inscriptions seem almost like an entreaty.

While the church's exterior is plain and determined entirely by the form of its architecture, the interior provides a surprising contrast with its exquisite, colour-coordinated marble. The apse is decorated with a mosaic from the early 13th-century.

The Church of Peace was also where Frederick William IV wished to be buried. He and his wife Elisabeth lie at rest in the crypt under the church.

trouve sur ou dans l'église ont toujours un lien avec la paix. Elles font presque l'impression d'être un serment prêté par Frédéric-Guillaume après qu'il dut s'incliner devant les morts de la révolution de Mars et promettre une constitution.

À la différence de la simplicité extérieure de l'église, où les formes dominent, l'intérieur se caractérise par une abondance de marbre, ce qui ne laisse pas de surprendre. Il s'agit de plusieurs marbres de qualité, dont les couleurs ont été accordées. Une mosaïque datant de la première moitié du XVIIIᵉ siècle orne l'abside.

Frédéric-Guillaume IV exprima la volonté d'être enterré dans l'église. Sa femme Elisabeth et lui reposent dans le caveau qui est ouvert au public.

PROJEKT FÜR EINE TRIUMPHSTRASSE

Wohl alle Arbeiten am nördlichen Rand des Parks Sanssouci standen im Zusammenhang mit der Höhenstraße, auch Triumphstraße genannt, dem größten Architekturprojekt Friedrich Wilhelms IV. in Potsdam. Die Höhenstraße sollte vom östlich des Schlosses Sanssouci gelegenen Winzerberg über eine Entfernung von mehr als zwei Kilometern bis zum Belvedere auf dem Klausberg verlaufen und die alten friderizianischen Bauten mit einer neuen imposanten Architekturkulisse verbinden. Die Planungen betrafen unter anderem einen Ruhmestempel für Friedrich den Großen, ein sogenanntes Offenes Theater nach dem Vorbild antiker Amphitheater, ein Casino und ein Orangerieschloß. Von den friderizianischen Bauten sollten die Nordseite der Bildergalerie, die Ehrenhofseite des Schlosses Sanssouci, die Nordseite der Neuen Kammern sowie die Historische Mühle eingebunden werden. Zur Überwindung der Höhenunterschiede sollten aufwendige Bogenbrücken errichtet werden. Rastlos bereicherte Friedrich Wilhelm das Projekt, das ihn schon sehr lange beschäftigte, um immer neue Ideen, die er als Skizzen seinen Architekten zur

PROJECT FOR A TRIUMPHAL ROAD

Virtually all the works at the northern edge of Sanssouci park were in some way connected with Frederick William IV's greatest architectural scheme in Potsdam, his project for a Triumphstrasse, or Triumphal Road. This road was to run from the Winzerberg to the east of Sanssouci to the belvedere on the Klausberg – a distance of more than two kilometres – and link the old Frederician buildings and new, imposing architecture. Amongst other things, the plans provided for a Temple of Fame for Frederick the Great, a so-called Open Theatre based on the model of the Roman amphitheatre, a Casino, and an Orangery palace. The Frederician buildings to be incorporated along the Triumphal Road were the north side of the Bildergalerie, the courtyard side of Sanssouci palace, the north side of the Neue Kammern, and the windmill. Elaborate arched bridges were to be constructed in order to overcome the differences in height. Frederick William incessantly brought new ideas to this project, which had occupied his mind for a long time. He passed these ideas on to his architects in the form

PROJET D'UNE AVENUE DE TRIOMPHE

Tous les ouvrages situés au nord du parc étaient reliés à la Höhenstraße (l'allée des collines), appelée aussi Avenue de triomphe, le plus grand projet de Frédéric-Guillaume IV à Potsdam. L'avenue devait s'étirer sur plus de deux kilomètres, depuis le mont Winzerberg (le mont du Vigneron) situé à l'est du château de Sans-Souci jusqu'au belvédère du mont Klausberg. Sa raison d'être était aussi de lier les anciennes réalisations frédériciennes à des coulisses imposantes et neuves. D'après les plans, il était question aussi de bâtir un temple de la gloire pour Frédéric le Grand, un théâtre ouvert sur le modèle des amphithéâtres antiques, un Casino et une Orangerie. On prévoyait en outre de relier le front nord de la galerie de Tableaux, la cour d'honneur du château de Sans-Souci, le front nord des Nouvelles Chambres et le moulin historique. Pour harmoniser les différentes élévations de terrain, on pensait construire des ponts à arches. Le roi dessinait sans cesse des croquis pour améliorer le projet, ce qui l'occupa longtemps, et les donnait ensuite à étudier à ses architectes. L'Avenue de

Orangerie. Entwurf für die Nord- und Südansicht und den Grundriß. Ludwig Ferdinand Hesse, 1852.

Orangery. Draft of the north and south elevations and the groundplan. Ludwig Ferdinand Hesse, 1852.

L'Orangerie. Dessin des côtés nord et sud, et plan au sol. Ludwig Ferdinand Hesse, 1852.

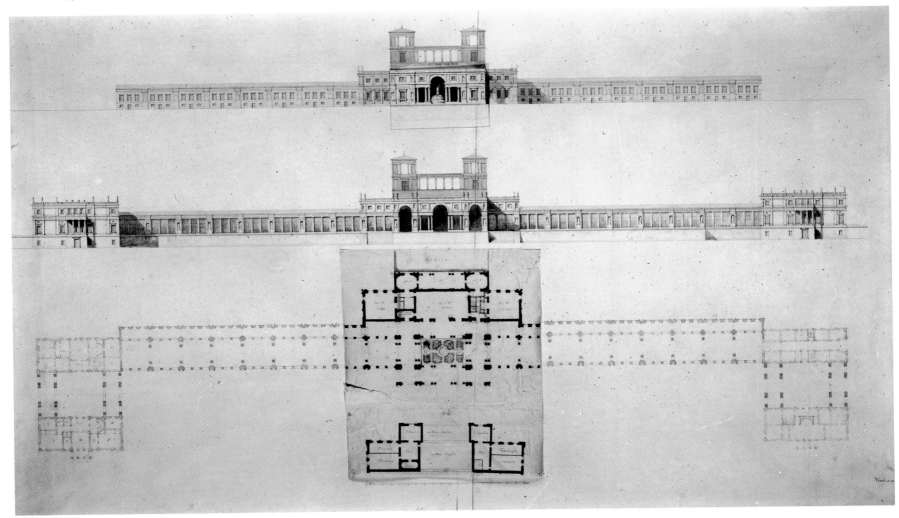

Triumphtor mit Blick auf das Winzerhaus und den Mühlenberg.
Das einem antiken römischen Tor nachempfundene 1851 errichtete Triumphtor sollte den Eingang zu der von Friedrich Wilhelm IV. auf dem Höhenzug oberhalb des Parkes Sanssouci geplanten Triumphstraße bilden.

Triumph Gate with view towards the winegrower's house and the Mühlenberg hill.
The Triumph Gate had been intended as the entrance to the Road of Triumph which Frederick William IV wanted to run along the elevation above the park of Sanssouci. The gate was erected in 1851 and is based on a classical Roman model.

La Porte triumphale avec vue sur la Maison du vigneron et la colline du moulin.
Cette porte, construite en 1851 et inspirée de l'architecture de la Rome antique, devait ouvrir sur l'allée du triomphe (Triumphstrasse) que Frédéric-Guillaume IV prévoyait de tracer sur la colline au-delà du parc de Sans-Souci.

weiteren Bearbeitung vorgab. Die Höhenstraße war seine Idee und die wenigen ausgeführten Teile sind in erster Linie sein Werk.

Als Portal zur Höhenstraße errichtete August Stüler 1851 nach antikem Vorbild das Triumphtor. Aus den Inschriften an dem mit Reliefs geschmückten Bauwerk erfährt man, Friedrich Wilhelm IV. »hat dieses Thor zu erbauen befohlen Hundert und sechs Jahre nach der Gründung von Sanssouci«. Eine zweite Inschrift besagt, daß das Tor Wilhelm, dem Prinzen von Preußen, zu Ehren errichtet worden sei, »dem Feldherrn, dem Führer, und dem Krieger, welcher den Aufruhr in der Rheinpfalz und in Baden besiegte«. Gemeint ist die Niederschlagung des Badischen Aufstandes im Sommer 1849 unter dem mit besonderer Härte vorgehenden Prinzen Wilhelm. Schon zuvor, 1847, hatte Peter Joseph Lenné die hinter dem Tor liegenden Terrassen des Winzerberges gestaltet. Die ausgedehnte Tempelanlage, als Denkmal für Friedrich den Großen auf dem Plateau des Winzerberges geplant, wurde nicht verwirklicht.

of sketches for further elaboration. The Triumphal Road was his own idea, and the few parts that were actually carried out are primarily his work.

The Triumphal Gate, based on antique models, was erected by August Stüler in 1851 as the gateway to the Triumphal Road. The building is decorated with reliefs, and its inscriptions inform the reader that Frederick William IV had "commanded this gate to be constructed one hundred and six years after the foundation of Sanssouci". Another inscription reveals that the gate was erected in honour of William Prince of Prussia, "the commander, leader, and warrior who defeated the revolts in the Rhineland-Palatinate and in Baden". This is a reference to the suppression of the uprising in Baden in the summer of 1849 by troops under Prince William, who proceeded with particular severity. Previous to this, in 1847, Peter Joseph Lenné had laid out the terraces on the slopes of the Winzerberg on the other side of the gate. The extensive temple complex on top of the hill, intended as a memorial to Frederick the Great, was never built.

triomphe fut son idée, les quelques parties réalisées son œuvre.

August Stüler, s'inspirant du modèle antique, construisit en 1851 la Porte de triomphe qui donnait sur la Höhenstraße. Ce monument couvert de reliefs et d'inscriptions nous apprend que Frédéric-Guillaume IV « a donné l'ordre de construire cette porte cent-six ans après la fondation de Sans-Souci ». Une deuxième inscription indique que la porte a été édifiée en l'honneur de Guillaume, prince de Prusse, « grand capitaine, chef, et guerrier, qui a vaincu la rébellion en Rhénanie-Palatinat et au pays de Bade ». La révolte en pays badois dont il s'agit fut écrasée par le prince Guillaume en 1849 avec une brutalité particulière. Trois ans avant, en 1847, Peter Joseph Lenné avait procédé à l'aménagement des terrasses du Winzerberg situées au-delà de lapor- te de Triomphe. Le projet de temple, monument élevé à la mémoire de Frédéric II, ne fut jamais réalisé.

Die Orangerie

Als einziges größeres Bauwerk des Höhenstraßenprojektes entstand in den Jahren 1851 bis 1864 das Orangerieschloß. Mit einer Frontlänge von über 300 Metern vermittelt diese Architektur eine Ahnung von dem geplanten Ausmaß des Gesamtvorhabens. Die Bauten sollten nach italienischen Vorbildern mit einer betonten Fernwirkung errichtet werden. So auch die Orangerie, zu der sich Friedrich Wilhelm vor allem von Villen der italienischen Renaissance anregen ließ. Während der langen Planungs- und Bauphase waren Ludwig Persius, August Stüler und Ludwig Ferdinand Hesse mit den Plänen beschäftigt. Im Resultat gelang eine Architektur, die durch Ausgewogenheit und eine weite, unaufdringliche Ausstrahlung besticht.

In der Mitte des Bauwerks erhebt sich der eigentliche Schloßbau mit der Doppelturmanlage, von der man auf verschiedenen Ebenen die Aussicht genießen kann. Dem Mittelbau ist ein hoher Säulenhof vorgelagert, an den sich nach beiden Seiten die Pflanzenhallen anschließen. Die großen Fenster der Hallen liegen nach Süden, um genügend Sonne einzulassen, wenn die großen Kübelpflanzen dort überwintern. Neben der erhaltenen Dampfmaschine in der »Moschee«, findet man in der Orangerie ein weiteres technisches Denkmal in Sanssouci.

Die westliche Pflanzenhalle besitzt noch die originale und funktionstüchtige Fußbodenkanalheizung aus der Erbauungszeit. Sie versorgte die Pflanzen nicht nur mit Wärme, sondern über einen zweiten Kanal auch mit Frischluft.

An den Enden der Pflanzenhallen bilden villenähnliche Eckpavillons, die repräsentative

The Orangery

The only large part of the Triumphal Road project actually built was the Orangery palace, constructed between 1851 and 1864. The length of its frontage – over 300 metres – conveys some idea of the planned scale of the total project. Inspired by the villas of the Italian Renaissance, the Orangery – like all the buildings connected with the project – was designed to be seen from afar. Ludwig Persius, August Stüler and Ludwig Ferdinand Hesse were all involved in the planning and eventual construction of the palace. The result was an edifice that captivates by its harmonious balance and signal yet unobtrusive charisma.

The actual palace rises in the centre of the building and includes twin towers where one can enjoy the views from various levels of altitude. Situated in front of the central part is a colonnaded court with plant houses at either end. The large windows of the plant houses face south in order to let in as much sunlight as possible for the large potted plants overwintering there. Alongside the steam engine still preserved in the Mosque, the Orangery houses a further memorial to technology at Sanssouci. The western plant hall is still fitted with its original underfloor channel heating system dating from the time of its construction, and still in working order. The system not only provided the plants with heat but also with fresh air via a second conduit.

A counterbalance to the great architectural mass of the central part of the building is provided by villa-type corner pavilions at the ends of the plant houses, which accommodated both splendid royal apartments and servants' quarters. The course of the planned Triumphal

L'Orangerie

Le seul élément du projet de la Höhenstraße a avoir été construit (1851–1864) est l'Orangerie. Avec un front de plus de 300 mètres de longueur, ce château donne une idée de la monumentalité du projet global. Les édifices devaient être construits avec un fort effet de distance comme leurs modèles italiens. C'est le cas pour l'Orangerie que les villas de la Renaissance italienne inspirèrent au roi. Ludwig Persius, August Stüler et Ludwig Ferdinand Hesse se chargèrent des plans qui ne prirent leur caractère définitif qu'après une longue phase d'étude. Le résultat est une architecture qui frappe par son harmonie, et un rayonnement discret.

Le château proprement dit est le corps central flanqué des deux tours ; de différents étages, on peut admirer la vue sur le paysage. Un immense portique à arcades auquel viennent s'ajuster les deux grandes salles latérales forme une avancée par rapport au château. Les fenêtres de ces jardins d'hiver sont exposées au sud afin de laisser entrer autant de soleil que possible pendant l'hiver. Outre la pompe à vapeur conservée dans la « mosquée », il existe à Sans-Souci une autre installation technique originale et en état de fonctionner : le chauffage par le sol dans un des jardins d'hiver. L'installation ne dispensait pas seulement de la chaleur, un second canal lui permettait aussi d'alimenter en air frais.

Des pavillons à caractère de villas sont situés aux extrémités des jardins d'hiver ; composés d'appartements de maîtres et de chambres de domestiques, ils apportaient un contrepoids à l'architecture massive du corps central. De hauts porches indiquent le tracé du projet de la Höhenstraße.

Die Orangerie in Sanssouci.
Ludwig Ferdinand Hesse, 1862.

Orangery at Sanssouci.
Ludwig Ferdinand Hesse, 1862

L'Orangerie de Sans-Souci.
Ludwig Ferdinand Hesse, 1862.

Gartenseite des Mittelbaus mit Doppelturmanlage und Denkmal Friedrich Wilhelms IV. Die zwischen 1851 und 1864 errichtete Orangerie ist das einzige größere Bauwerk, das von der von Friedrich Wilhelm IV. geplanten Triumphstraße auch verwirklicht wurde.

Garden side of the central building including the twin towers and the monument to Frederick William IV. The Orangery was constructed between 1851 and 1864 and is the only larger building of Frederick William IV's planned "Triumphstraße" that was actually built.

Côté jardin du corps central avec les tours et le monument dédié à Frédéric-Guillaume IV. L'Orangerie, construite entre 1851 et 1864, est le seul édifice important faisant partie du projet d'allée du triomphe prévu par Frédéric-Guillaume IV qui ait vu le jour.

Herrschaftswohnungen und Quartiere für Bedienstete aufnahmen, das Gegengewicht zur Architekturmasse des Mittelbaus. Hohe Durchfahrten markieren den Verlauf der geplanten Höhenstraße.

Hinter dem Säulenhof, im Zentrum des Bauwerks, liegt der Raffaelsaal, ein mit kostbaren Materialien ausgestatteter stimmungsvoller Gemäldesaal mit einem großen Oberlicht in der hochgewölbten Decke. Als Vorbild für den Saal, der sich über zwei Stockwerke erstreckt, diente die Sala Regia im Vatikan. Das milde Licht, das

Road is marked by tall gateways. In the centre of the building behind the colonnaded hall is the Raffaelsaal (Raphael Hall), a special gallery of paintings with a large skylight in the high vaulted ceiling, and furnished with costly materials. The hall which extends over two floors was modelled on the Sala Regia in the Vatican. It is eminently suitable as a gallery space thanks to the soft light which streams in through the skylight windows and illuminates all the wall spaces evenly without any irritating reflections. On the walls spanned with red silk

Derrière le portique, au centre du bâtiment, se trouve la Salle Raphaël, une galerie de tableaux luxueusement aménagée et décorée, éclairée par un vaste jour dans le plafond voûté. La salle royale du Vatican servit de modèle pour cette salle qui s'élève sur deux étages. La lumière douce qui tombe du jour zénithal éclaire uniformément les murs sans reflet gênant, permettant une excellente utilisation de cet espace comme galerie.

Les tableaux, rehaussés par les tentures en damas de soie rouge, sont des copies d'œuvres

Terrasse mit westlicher Pflanzenhalle und Eckpavillon.
Wie die Orangerie selbst orientierte sich auch der von
Peter Joseph Lenné entworfene Terrassengarten an
Vorbildern der italienischen Renaissance.

Terrace with western plant hall and corner pavilion.
Like the Orangery itself, the terraced garden designed
by Peter Joseph Lenné was also conceived along the
lines of models from the Italian Renaissance.

Terrasse avec la serre ouest et le pavillon d'angle.
Tout comme l'Orangerie, le jardin en terrasses de Peter
Joseph Lenné s'inspire de la Renaissance italienne.

Plastiken auf der Gartenseite (links). Blick aus dem Säulenhof des Mittelbaus auf die Gartenterrasse (rechts). Ein reiches Figurenprogramm schmückt die Gartenseite der Orangerie. Während die Fassadenplastiken (links innen) Allegorien der Monate und Jahreszeiten darstellen, stehen auf der Balustrade der Terrassenmauer Gestalten aus der antiken Mythologie wie die Flora (links Mitte) nach einem Entwurf von Ferdinand Hieronymus Schindler. Der Bogenschütze (links außen), eine Kupfertreibarbeit von Ernst Moritz Geyger von 1901, steht erst seit 1960 unterhalb der Terrassenanlage.

Sculptures on the garden side (left). View from the columned courtyard of the central section of the building towards the garden terrace (right). The garden side of the Orangery is decorated with a rich array of sculptures. The sculptures along the façade (near left) represent allegories of the months and the seasons, whilst the balustrade of the terrace wall is adorned with figures from classical mythology, such as the Flora (centre left) after a design by Ferdinand Hieronymus Schindler. The beaten copper figure of the archer (far left) was produced by Ernst Moritz Geyger in 1901 and has been displayed below the terrace only since 1960.

Sculptures du côté jardin (à gauche). Vue de la terrasse depuis la cour à colonnes du corps central (à droite). Une multitude de figures décorent le côté jardin de l'Orangerie. Tandis que les sculptures de la façade (au-dessus, à droite) sont des allégories aux saisons et mois de l'année, les silhouettes qui ornent la balustrade du mur de la terrasse représentent des personnages tirés des mythologies antiques comme cette Flore (au-dessus, au centre) réalisée d'après un dessin de Ferdinand Hieronymus Schindler. L'archer (au-dessus, à gauche), un cuivre repoussé de Ernst Moritz Geyger datant de 1901, a pris place en dessous de la terrasse en 1960.

durch das Oberlichtfenster einströmt und alle Wände ohne störende Reflexionen gleichmäßig beleuchtet, ermöglicht die vorzügliche Nutzung des Saals als Galerieraum. Vor der roten Seidendamastbespannung der Wände ließ Friedrich Wilhelm IV. Kopien nach Gemälden von Raffael anbringen. Der Saal manifestiert die besondere Verehrung, die der König diesem Hauptmeister der Renaissance entgegenbrachte.

Schon als Kronprinz im Schloß Charlottenhof hatte Friedrich Wilhelm sich mit Kupferstichen nach Bildern von Raffael umgeben. Als König erweiterte er die von seinem Vater begründete Kopiensammlung und schuf dafür einen eigenen Ausstellungssaal. In der Mitte des Saales lädt die ebenfalls mit rotem Damast bezogene Bank zur ausgiebigen Betrachtung der Bilder ein. Die Auswahl der Kopien verrät das Bestreben nach kunst-

damask, Frederick William IV displayed copies of paintings by Raphael. This room makes obvious the special veneration the King had for the Italian master.

When still Crown Prince at Charlottenhof, Frederick William had surrounded himself with copperplate engravings after pictures by the Renaissance artist. Now that he was King he extended the collection of Raphael copies begun by his father and provided a special exhibition hall for them. In the centre of the hall is a bench, also covered with red damask, from which one can study the pictures at one's leisure.

Royal living quarters are situated on both sides of the gallery and designed in the style of the neo-Rococo. These rooms, with their pronounced delight in lavish décor and exuberant

de Raphaël que Frédéric-Guillaume avait commandées. La salle témoigne de l'admiration sans limites du roi pour le maître de la Renaissance. Au château de Charlottenhof, lorsqu'il était encore prince héritier, il s'était entouré d'eaux-fortes réalisées d'après des œuvres de Raphaël. Devenu roi, il continuait la collection des copies commencée par son père, et, pour cela, avait fait construire une salle d'exposition. La banquette en damas de soie rouge qui se trouve au milieu de la galerie invite à la contemplation des tableaux exposés. Le choix des copies trahit son aspiration à une systématisation digne d'un historien d'art. Frédéric-Guillaume avait pour objectif de réunir dans la collection les tableaux les plus significatifs et les plus caractéristiques de chaque période de l'œuvre de Raphaël.

historischer Systematik. Das Ziel Friedrich Wilhelms war, die bedeutendsten und für die einzelnen Perioden im Gesamtschaffen Raffaels charakteristischsten Beispiele in der Sammlung vertreten zu haben.

Zu beiden Seiten des Saales liegen fürstliche Wohnräume, die in den Formen des Zweiten Rokoko gestaltet sind. Die Räume mit ihrer ausgesprochenen Freude an üppigem Dekor von starker Farbigkeit geben schon einen Vorgeschmack auf das Neubarock der Kaiserzeit.

Zu beiden Seiten des Orangerieschlosses liegen auf das Bauwerk bezogene Gärten. Im Westen der 1843 bis 1844 von Lenné angelegte Paradiesgarten, in dem eine Fülle exotischer Blumen und Blattpflanzen blühte. Die architektonische Mitte dieser Anlage, die heute von der Universität Potsdam als Lehrgarten genutzt

colours, provide a foretaste of the neo-Baroque of the imperial era. The choice of pictures betrays his striving for a systematic approach to art history. It was the aim of Frederick William to include the most significant paintings by Raphael as well as characteristic works from every period in Raphael's life.

On both sides of the Orangery palace there are gardens relating to the building. To the west lies the Paradise Garden established by Lenné between 1843 and 1844 and filled with a wealth of exotic flowers and plants. Today it is used as a teaching garden by the University of Potsdam. The architectural centre of the garden was the atrium which was built in 1845 along strict antique lines after plans by Ludwig Persius. Situated to the east are the Sicilian Garden and the Nordic Garden, both designed

Des appartements princiers disposés de chaque côté de la salle sont aménagés dans le style du deuxième rococo. Le plaisir du décor exhubérant et de la couleur vive y est déjà si fort qu'il donne un avant-goût de ce que sera le néobaroque à l'époque impériale.

Le château est entouré de deux jardins en rapport avec son architecture. À l'ouest le jardin du Paradis, aménagé par Lenné entre 1843 et 1844, présentait des fleurs exotiques et des plantes vertes. Le centre architectonique de ce jardin, aujourd'hui jardin botanique de l'université de Potsdam, était l'atrium aux formes antiques strictes, construit en 1845 sur des plans de Ludwig Persius. À l'est s'étend le jardin sicilien et le jardin nordique créés tous les deux par Lenné entre 1857 et 1860. Ces petits espaces paysagers forment des entités

Malachit-Zimmer (rechts).
Vergoldetes Dekor in den Formen des Zweiten Rokoko
und eine opulente Ausstattung mit Kunsthandwerk und
Plastiken verleihen den Gästezimmern in der Orangerie
eine repräsentative Ausstrahlung.

Malachite Room (right).
The guest quarters in the Orangery exude an air of
prestige and luxury. They include gilded décor in the
style of the second Rococo period and lavish furnishings as well as skilled craftwork and sculptures.

Salle de malachite (à droite).
Les dorures du décor, les formes datant de la deuxième
période rococo, l'exubérance des objets décoratifs et
des sculptures confèrent un air fastueux aux chambres
d'hôtes de l'Orangerie.

Malachit-Zimmer (links).
Der Name des Raumes ist von dem grünen Schmuck-
stein Malachit abgeleitet, aus dem der Kamin, die
Tischplatten und die Schreibgarnitur auf dem Schreibtisch gearbeitet sind.

Malachite Room (left).
The room is named after the green gemstone malachite
which was used for the fireplace, the table-tops and the
writing utensils on the writing table.

Salle de malachite (à gauche).
Le nom de cette pièce est tiré de la pierre verte qui a
servi à réaliser la cheminée, les tables et l'écritocre posé
sur le bureau.

wird, bildete das nach Plänen von Ludwig
Persius 1845 in strengen antiken Formen erbaute Atrium. Im Osten liegen der Sizilianische
und der Nordische Garten, beide ebenfalls von
Lenné zwischen 1857 und 1860 gestaltet. Diese
kleinen, in sich abgeschlossenen Gartenräume
sind als Gegenstücke aufeinander bezogen. Der
Nordische Garten mit den vielen Nadelgehöl-
zen macht einen dunklen und ernsten Eindruck.
Dagegen erscheint der Sizilianische Garten hell
und heiter. Große Kübelpflanzen wie Palmen
und Agaven sowie bunte Sommerblumen bestimmen dort das Bild.

by Lenné between 1857 and 1860. These small,
self-contained garden areas are conceived as
mutually complementing counterparts. The
Nordic Garden with its abundance of coni-
ferous trees makes a dark and severe impression. In contrast to this, the Sicilian Garden
appears light and cheerful. Large potted plants
such as palms and agaves, together with
colourful summer blooms, set the scene there.

contraires. Le jardin nordique planté de
conifères fait une impression sombre et sévère
alors que le jardin sicilien est clair et gai. Des
grandes plantes en baquet, des agaves ainsi que
des fleurs d'été donnent le ton dans ce jardin.

Raffaelsaal (links). Ausschnitt der Gemäldewand (rechts). Der Raffaelsaal, in dem über fünfzig Kopien nach Gemälden von Raffael ausgestellt sind, ist Ausdruck der auch vom preußischen Hof geteilten Verehrung des Renaissancemeisters im 19. Jahrhundert. In vergoldeten Rahmen sind die Gemälde auf der roten Seidenbespannung der Wände plaziert.

The Raphael Hall in the Orangery (left). Detail of the gallery wall (right). More than fifty copies after paintings by Raphael are displayed in this room. The gallery well expresses the admiration which the Prussian Court in the 19th century had for this Renaissance master. The paintings in gilt frames are arranged along the walls covered with red silk.

Salle Raphaël (à gauche). Détail du mur orné de tableaux (à droite). La Salle Raphaël où sont exposées plus de cinquante copies d'œuvres de Raphaël, témoigne de l'admiration que la cour de Prusse porta à la Renaissance pendant tout le XIXᵉ siècle. Les tableaux aux cadres dorés sont accrochés sur des tentures de soie rouge.

SCHLOSS LINDSTEDT

Unweit des letzten friderizianischen Bauwerks in Sanssouci, dem Belvedere auf dem Klausberg, plante Friedrich Wilhelm IV. seinen Alterssitz. An dem stillen, fast versteckt liegenden Ort hatte sein Vater schon 1828 ein kleines Landgut mit Namen Lindstedt erworben, das zwar abgeschieden, trotzdem aber keine zehn Minuten Fußweg von den königlichen Anlagen und vom Neuen Palais entfernt lag. Lange Planungen von Persius, Ludwig Ferdinand Hesse, August Stüler und Ferdinand von Arnim betrafen die hier beabsichtigte Villa, bis das Schloß Lindstedt dann von 1858 bis 1860 errichtet wurde. Noch einmal verband diese spätklassizistische Villa die von Friedrich Wilhelm bei seinen Bauten immer wieder verwendeten Architekturelemente. Ein Turm mit aufgesetztem Belvedere, ein tempelartiger Anbau auf hoher Freitreppe und ein langer Säulengang verbinden den Baukörper mit dem Garten und stellen den Bezug zur Landschaft her. Irritierend und gleichzeitig befreiend ist die Inszenierung des Aufgangs über die hohe Freitreppe. Man wähnt durch das Tempelportal in einen Innenraum zu treten, der die repräsentative Situation der Front nach innen übersetzt und findet sich unvermittelt wieder im Freien, auf der Terrasse

LINDSTEDT PALACE

Frederick William IV intended to spend his retirement not far from the last Frederician building at Sanssouci, the belvedere on Klausberg Hill. Many years earlier, in 1828, his father had acquired a small country estate called Lindstedt in the same, quiet vicinity. Despite its isolated location it was only a ten-minute walk away from the royal grounds and the New Palace. The villa that was intended to be built here underwent a very long planning phase involving Persius, Ludwig Ferdinand Hesse, August Stüler and Ferdinand von Arnim. Lindstedt palace was finally erected between 1858 and 1860. Once again, this villa in the late Neoclassical style combined all the architectural elements that were characteristic of Frederick William's building projects. A tower with added belvedere, a temple-like extension set on a high perron, and a long colonnade establish the link between the building and the garden and hence its relationship to the landscape. The setting of the entrance above the high perron is perplexing and liberating at the same time. One imagines passing through the portal of the temple into a room inside which will correspond to the imposing façade. Instead, one suddenly finds oneself outside

LE CHÂTEAU DE LINDSTEDT

Pas très loin de la dernière réalisation du roi Frédéric II, le belvédère du Klausberg, Frédéric-Guillaume IV fit bâtir une résidence pour ses vieux jours. Son père avait déjà acheté en 1828 une petite propriété à la campagne, un endroit calme, presque caché, du nom de Linstedt. Bien qu'isolée, elle n'était pas à dix minutes à pied de Sans-Souci et du Nouveau Palais. Le château resta en projet pendant très longtemps puis fut bâti de 1858 à 1860 sur des plans de Persius, Ludwig Ferdinand Hesse, August Stüler et Ferdinand von Armin. Cette villa de la fin du classicisme réunit une fois encore les éléments architecturaux très prisés par Frédéric-Guillaume. Une tour dotée d'un belvédère, un escalier découvert montant très haut, et un long portique relient la construction au jardin, et établissent un rapport avec le paysage. Monter le haut escalier est une mise en scène à la fois irritante et libératrice. En passant par le portique du temple, on a l'impression de pénétrer dans une salle qui traduirait de l'intérieur l'aspect solennel du front, mais qui aussi, sans transition, mènerait à l'air libre, sur la terrasse du château. Le jardin de Lenné, façonné symétriquement, cherche toujours le contact avec le château tout en s'ouvrant sur le

Ansicht von Osten.
Schloß Lindstedt, in der Nähe des Neuen Palais am Rande des Parks Sanssouci gelegen, ist der letzte Bau, der nach Ideen Friedrich Wilhelms IV. errichtet wurde.

View from the east.
Lindstedt Palace is situated close to the New Palace at the edge of the park of Sanssouci. It was the last building to be constructed according to the ideas of Frederick William IV.

Vue de l'est.
Le château de Lindstedt, situé à la lisière du parc de Sans-Souci à proximité du Nouveau Palais, est le dernier édifice qui fut érigé selon les conceptions de Frédéric-Guillaume IV.

Ansicht von Norden.
Der 1861 fertiggestellte kleine Schloßbau weist noch einmal das ganze Formenreservoir auf, das Friedrich Wilhelm IV. bei seinen Planungen immer wieder benutzte.

View from the north.
The small palace building completed in 1861 is a further example of the idiom of form and style on which Frederick William IV continually drew for his designs.

Vue du nord.
Ce petit château, achevé en 1861, rappelle le registre des formes sans cesse utilisées par Frédéric-Guillaume IV pour ses projets.

des Schlosses. Der von Lenné gestaltete regelmäßige Garten bietet immer die Bindung an das Schloß und öffnet sich doch mit vielen Ausblicken zur Landschaft.

Der König konnte Schloß Lindstedt nicht mehr als Alterssitz bewohnen, da er bereits am 1. Januar 1861 im Schloß Sanssouci starb.

again, on the palace terrace. In this way Lenné's regularly laid-out garden re-establishes its connection to the palace while at the same time relating to the landscape through the views it offers.

The King, however, was not to reside in his new palace of Lindstedt; he died in Sanssouci on 1 January 1861.

paysage environnant par de nombreuses perspectives.

Le roi n'eut pas le temps de vivre au château, car il mourut le 1er janvier 1861 à Sans-Souci.

DIE HEILANDSKIRCHE

Unter den Kirchenprojekten Friedrich Wilhelms
IV. ragt besonders die gegenüber dem Glienicker
Park auf halbem Wege zwischen dem Neuen
Garten und der Pfaueninsel gelegene Heilands-
kirche in Sacrow heraus. Malerisch liegt die Kir-
che am Ufer der Havel. Fast entsteht der Eindruck
eines vor Anker liegenden Schiffs. Um der Kirche
diese Wirkung zu verleihen, wurde der Bau ein
Stück ins Wasser hineingeschoben. Das nötige
Fundament beanspruchte allein ein Drittel der
Baukosten. Ursprünglich sollte die Kirche »Das
Schiff« heißen, wurde dann aber »Heilandskirche
am Port von Sacrow« genannt. Mit Port war eine
kleine Bucht gemeint, in der die Havelfischer bei
Sturm Schutz suchten.

CHURCH OF THE SAVIOUR

Amongst the churches built by Frederick William
IV, the one that stands out the most is the Heilandskirche (Church of the Saviour) at Sacrow,
situated opposite Glienicke park half-way between the New Garden and the Peacock Island.
Set against the banks of the river Havel, the
church presents a picturesque scene, reminiscent
almost of a ship lying at anchor. In order to create
this effect the building was projected a little into
the water. The foundations necessary for this
alone took up one third of the building costs.
Originally the church was supposed to be named
"Das Schiff" (The Ship), but was finally called
"Heilandskirche am Port von Sacrow" (Church
of the Saviour at the Port of Sacrow). "Port" here

L'ÉGLISE DU SAUVEUR

L'église du Sauveur à Sacrow, située à mi-chemin
entre le Nouveau Jardin et l'île des Paons, face
au parc de Glienicke, est un des projets d'église
les plus intéressants de Frédéric-Guillaume IV.
L'église se trouve sur la rive de la Havel, dans
un paysage pittoresque. On pense en la voyant
à un navire à l'ancre. Elle a été poussée légè-
rement dans l'eau pour créer cet effet. Les fondations ont absorbé à elles seules le tiers des
frais de construction. L'église devait s'appeler
« Le Navire », mais elle fut finalement baptisée
« l'église du Sauveur du port de Sacrow ». Le
port n'était qu'une petite baie dans laquelle les
pêcheurs de la Havel cherchaient refuge en cas
de tempête.

Friedrich Wilhelm IV. beauftragte Persius mit den Bauplänen für die Kirche. Der notierte in seinem Tagebuch, daß der Bau, mit dem 1840 begonnen wurde, nach dem Wunsch des Königs »im italienischen Styl mit einem Campanile daneben erbaut werden« solle. Wie bei der wenige Jahre später errichteten Friedenskirche stellte Friedrich Wilhelm sich eine Kirche in Gestalt einer frühchristlichen Basilika vor. Entsprechende Skizzen gaben Persius genaue Anhaltspunkte. Der König war ein sehr religiös empfindender Mensch und vom Gottesgnadentum seiner Krone fest überzeugt. Die Entscheidung für eine Kirche in der Form einer frühchristlichen Basilika manifestierte an hervorgehobenem Ort und für jedermann sichtbar sein romantisches Bestreben, die als vorbildlich empfundene Kultgemeinschaft des frühen Christentums neu zu begründen. Mit traumhafter Sicherheit brachte Persius die Skizzen seines königlichen Bauherrn in eine ausgewogene architektonische Form. Ein rundum geführter offener Arkadengang umgibt den hohen Kubus des Langhauses, das von einem flachen Dach abgeschlossen wird. Der Arkadengang läßt das Bauwerk größer erscheinen und vermittelt optisch den Eindruck einer dreischiffigen Basilika. Dieser architektonische Kunstgriff steigert die Wirkung der Kirche enorm. Nach Art der frühen Basiliken sind die Wände mit Backsteinen verblendet.

referred to a small bay that provided shelter from the storms for the Havel fishermen. Frederick William IV commissioned the building plans from Persius. The latter noted in his diary that the construction, which was begun in 1840, was to be carried out "in the Italian style with a campanile next to it," according to the King's wishes. As with the Church of Peace built only a few years later, Frederick William visualized a church in the shape of an early Christian basilica. Corresponding guidelines were contained in the sketches he gave to Persius. The King was a deeply religious man convinced of the divine right of his crown. The choice of a church in the style of an early Christian basilica was a manifestation, in a prominent place and for all to see, of the King's romantic endeavours to found anew the fellowship of early Christendom which he regarded as exemplary.

With unfailing assurance Persius gave harmonious architectural form to the sketches of his royal client. The high cube of the nave is spanned by a flat roof and surrounded entirely by an open arcade. This arcade makes the building appear larger and conveys the optical impression of a basilica with a nave and two aisles, an architectural stroke of genius which greatly intensifies the impact of the church as a whole. The walls are faced with brick in the style of early basilicas.

Frédéric-Guillaume chargea Persius de tracer les plans de l'église. L'architecte note dans son journal que le roi désire une construction – elle commencera en 1840 – dans le style italien et accompagnée d'un campanile. Le roi imaginait une église dans le genre d'une basilique chrétienne du haut Moyen Âge, comme l'église de la Paix édifiée quelques années après. Des croquis adéquats du roi fournirent à Persius suffisamment d'indications. Le roi était très religieux et croyait à la royauté de droit divin. Construire une église dans le style des anciennes basiliques était l'expression, en l'occurrence dans un site magnifique, parfaitement visible, de ses efforts romantiques pour réintroduire la communauté de culte des débuts du christianisme, qu'il tenait pour exemplaire. C'est avec une sûreté extraordinaire que Persius traduisit en une architecture harmonieuse les dessins du souverain. Une galerie à arcades ceinture la nef centrale, un haut cube coiffé d'un toit plat. Grâce à ces arcades, l'église paraît plus grande, et donne l'impression d'être une basilique à trois nefs. Ce procédé accroît considérablement l'effet architectural. Les murs sont revêtus de briques. Des bandes de carreaux vernissés bleu et jaune, très décoratives, allègent la maçonnerie. La dominante de l'église est une fresque qui recouvre tout l'arrondi de l'abside ; elle

Ansicht von Westen (links).
Die Kirche zählt zu den schönsten Bauten, die Friedrich Wilhelm IV. in der Landschaft um Potsdam errichten ließ. Auf der Grundlage der Skizzen des Königs lieferte Ludwig Persius die Pläne für die zwischen 1841/44 errichtete Kirche.

View from the west (left).
This church is amongst the most beautiful buildings put up in the landscape around Potsdam under Frederick William IV. Ludwig Persius drew up the plans which were based on sketches by the King. The church was built between 1841 and 1844.

Vue de l'ouest (à gauche).
Cette église érigée entre 1841 et 1844, compte parmi les plus beaux édifices que Frédéric-Guillaume IV fit construire dans les environs de Potsdam. Ludwig Persius en dessina les plans à partir de croquis fournis par le roi.

Ansicht über die Havel von Süden (rechts).
Wie bei der wenig später errichteten Friedenskirche gaben auch hier Kirchenbauten in Italien die Anregung für die Gestaltung.

View across the river Havel from the south (right).
As was the case with the Church of Peace constructed only a short time later, the design of the Church of the Saviour was also inspired by Italian examples.

Vue du sud sur la Havel (à droite).
Tout comme l'église de la Paix édifiée peu de temps après, cette église s'inspire de l'architecture religieuse italienne.

Arkadengang mit Blick auf die Havel (links). Decke im Kirchenschiff (rechts).

Arcade with view towards the river Havel (left). Ceiling in the nave (right).

Les arcades avec vue sur la Havel (à gauche). Plafond de la nef (à droite).

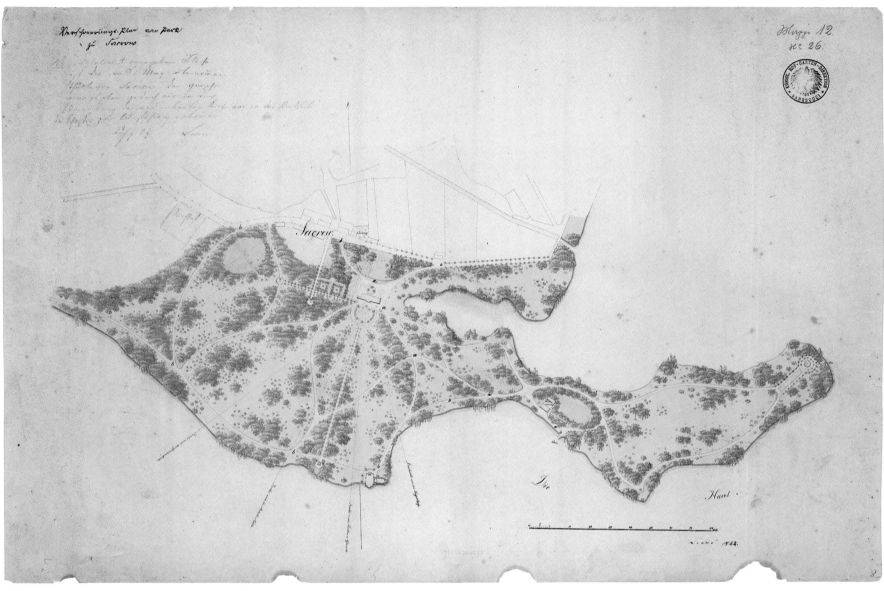

Verschönerungsplan für den Park.
Peter Joseph Lenné und Gerhard Koeber, 1842.
In dem Plan sind vier breite Sichtverbindungen einge-
zeichnet, mit denen Lenné den Sacrower Park in die
Potsdamer Landschaft einband.

Plan for the improvement and beautification of the park.
Peter Joseph Lenné and Gerhard Koeber, 1842.
Marked in this plan are four broad "channels" indicat-
ing the views between various landmarks which Lenné
used as a means of integrating the Sacrow parkscape into
the countryside around Potsdam.

Plan d'embellissement du parc.
Peter Joseph Lenné et Gerhard Koeber, 1842.
Sur le plan, Lenné a dessiné quatre larges perspectives
qui reliaient le parc de Sacrow et les paysages de
Potsdam.

Schmuckstreifen aus blauglasierten und gelben
Fliesen lockern das Mauerwerk auf. Den Innenraum der Kirche beherrscht ein die gesamte Run-
dung der Apsis ausfüllendes Fresko, das vor
einem Goldgrund Christus und die vier Evangelisten zeigt. Der Entwurf des Bildes stammt
von Carl Joseph Begas (1794–1854), einem
Hauptmeister der romantischen Berliner Maler-
schule, die Ausführung besorgte Adolf Eybel
(1808–1882).

Im Jahre 1844 war die Kirche fertiggestellt. In
einer Chronik wird berichtet, daß bis zum Bau
der Friedenskirche der König und die »Prinzlichen
Herrschaften« im Sommer fast jeden Sonntag zum
Gottesdienst nach Sacrow kamen. »Gewöhnlich
fuhren die Hohen Herrschaften in Booten über
das blaue Havelbecken, wie denn auch die
Potsdamer fast durchgängig in Gondeln und
Kähnen zur Kirche fuhren.«

The stonework is brightened up by decorative
strips of blue-glazed and yellow tiles. The interior
of the church is dominated by a fresco that takes
up the entire sweep of the apse and shows Christ
and the Four Evangelists on a gold background.
The cartoon for this picture came from Carl
Joseph Begas (1794–1854), a leading master of
the Romantic school of Berlin painters, while
the painting was carried out by Adolf Eybel
(1808–1882).

The Church of the Saviour was completed in
1844. A chronicle informs us that until the construction of the Friedenskirche, the King and the
"royal ladies and gentlemen" attended the service
at Sacrow nearly every Sunday during the
summer. "Usually their Royal Highnesses crossed
the blue basin of the Havel in boats, just as the
Potsdam citizens almost all came to church in
gondolas and rowing-boats".

représente Jésus et quatre des apôtres sur fond
d'or. L'idée du tableau est de Carl Joseph Begas
(1794–1854), la réalisation d'Adolf Eybel
(1808–1882).

L'église fut achevée en 1844. Jusqu'à sa construction, ainsi que le rapporte une chronique de
l'époque, l'été, le roi et « messieurs les princes »
venaient à Sacrow presque chaque dimanche
pour assister à la messe. « Les grands seigneurs
arrivaient habituellement en bateau sur le bassin
bleu de la Havel comme les habitants de Potsdam qui se rendaient presque toujours à l'église
en gondole ou en barque ».

Schloß Sacrow. Gartenseite.

Sacrow Palace. Garden side.

Château de Sacrow. Le côté jardin.

SACROW

Die Kirche lag eingebettet in einem längs der Havel gelegenen Park, den Lenné nach 1842 gestaltete. Bereits in seinem Verschönerungsplan von 1833 hatte er Sacrow als besonders intensiv gestaltete Anlage hervorgehoben. Noch im Jahr der Thronbesteigung 1840 erwarb Friedrich Wilhelm das Anwesen mit einem 1773 erbauten Gutshaus. Wieder war ein Stück gestaltete Landschaft hinzugewonnen, das Lenné über Sichtachsen zu den Parkanlagen in Glienicke, Babelsberg, den Neuen Garten und nach Potsdam in die Landschaft einband. Das alte Gutshaus, nun Schloß genannt, blieb nahezu unverändert erhalten. Pläne zum Umbau in neugotischen Formen wurden nicht verwirklicht. Am Ende der schnurgeraden vom Schloß zum Wasser geführten Allee ließ Friedrich Wilhelm als Teeplatz und Aussichtspunkt eine Exedra, die Römische Bank, errichten. Wie in vielen seiner Gärten bevorzugte der König auch hier einen solchen halbrunden Ruheplatz, um eine besonders schöne und bedeutungsvolle Aussicht hervorzuheben.

SACROW

Sacrow, the area in which the church was situated, extended far along the river Havel. In his "improvement" plan of 1833, Lenné had already singled out Sacrow as the potential target of particularly intensive development. Frederick William proceeded to acquire the area, which included an old manor house built in 1773, in the year of his accession to the throne, 1840. Thus another section of the Potsdam landscape was added to the royal collection. From 1842 on, Lenné integrated Sacrow into the existing landscape by establishing views to the parks of Glienicke, Babelsberg, the New Garden and Potsdam. The 18th-century manor house was preserved almost without any alteration. Plans to rebuild it along neo-Gothic lines were not put into practice. At the end of the dead-straight avenue running from the house to the water, Frederick William built an exedra, called the Roman Bench, that served as a place to take tea and as a vantage point. As in many of his gardens, here too the King preferred such a semicircular resting place in order to emphasize a particularly beautiful and significant view.

SACROW

L'église était nichée dans un parc étiré le long de la Havel, un parc que Lenné avait aménagé à partir de 1842. Dans son plan d'embellissement de 1833, il signalait l'aménagement du jardin de Sacrow comme particulièrement intensif. C'est encore l'année de son avènement en 1840 que Frédéric-Guillaume acquit la propriété avec une vieille maison domaniale datant de 1773. Un nouveau bout de paysage façonné était venu s'ajouter au reste. Lenné l'intégra dans le paysage par des perspectives sur les parcs de Glienicke, de Babelsberg, des Nouveaux Jardins et Potsdam. La vieille maison domaniale fut conservée presque telle quelle. Des projets de transformation dans le style néo-gothique ne furent jamais réalisés. Frédéric-Guillaume fit installer une exèdre, le banc romain, au bout de l'allée bien alignée reliant le château à l'étang pour y prendre le thé et avoir un point de vue sur le paysage. Le roi aimait, en effet, avoir un lieu pour contempler tranquillement une perspective de choix.

Pomona-Tempel auf dem Pfingstberg.
Der kleine Gartenpavillon mit Aussichtsterrasse war
Schinkels erstes Bauwerk, das der damals gerade
Neunzehnjährige im Jahre 1800 auf dem oberhalb
des Neuen Gartens gelegenen Pfingstberg errichtete.
Dahinter erhebt sich das später erbaute Belvedere.

Temple of Pomona on the Pfingstberg.
This small garden pavilion with its terrace
commanding long-distance views of the surrounding
countryside was the first building ever designed by
Schinkel. He was a mere nineteen years old when, in
1800, it was erected on the Pfingstberg hill above the
New Garden. Behind it is the Belvedere, which was
constructed at a later date.

Temple de Pomone sur le Pfingstberg.
Ce petit pavillon surmonté d'une terrasse avec beau
point de vue est situé sur une hauteur des Nouveaux
Jardins, le Pfingstberg – c'est le premier ouvrage réalisé
par Schinkel, en 1800 alors qu'il venait d'avoir 19 ans.
A l'arrière-plan, on voit le belvédère construit
ultérieurement.

KAISERZEIT

IMPERIAL GERMANY
L'EMPIRE

Kaiser Wilhelm I. (links außen). Paul Stankiewicz, um 1890.

German emperor William I (far left). Paul Stankiewicz, c. 1890.

L'empereur Guillaume Ier (page à gauche, à gauche). Paul Stankiewicz, vers 1890.

Kaiser Wilhelm II. (links innen). Ludwig Noster, 1900.
Emperor William II (near left). Ludwig Noster, 1900.
L'empereur Guillaume II (page à gauche, à droite). Ludwig Noster, 1900.

Park Sanssouci. Posttor (rechts).
Sanssouci Park. Post Gate (right).
Parc de Sans-Souci. La porte de la Poste (à droite).

Wilhelm I. von Preußen (1797–1888) wurde 1871 erster deutscher Kaiser der Neuzeit. In diesem Jahr siegte Deutschland über Frankreich in dem vom preußischen Kanzler Bismarck provozierten Krieg. Der preußische König hatte lange gezögert, die Kaiserkrone anzunehmen und mußte von Bismarck förmlich dazu gedrängt werden. Die stürmische, sich geradezu überschlagende Entwicklung der nächsten Jahre in dem unter Preußens Führung zur Weltmacht vereinten Deutschen Reich ist als Gründerzeit in die Geschichtsschreibung eingegangen. Dabei währte das neue Kaiserreich, verglichen mit den Zeitläufen der vorangegangenen Geschichte, eher kurz und war gleichzeitig auch eine Endzeit. Nach dem Ersten Weltkrieg mußten die Hohenzollern 1918 abdanken. Preußen allerdings bestand innerhalb des Deutschen Reichs weiter und wurde formell erst 1945 durch den Beschluß des Alliierten Kontrollrats endgültig aufgelöst.

Tiefgreifende, von Aufträgen des Kaiserhauses getragene künstlerische Entwicklungen hat es in den Jahren zwischen 1871 und 1918 nicht mehr gegeben. Fast muß der Eindruck entstehen, als sei man bemüht gewesen, die

In 1871, after the victory over France in a war provoked by the Prussian chancellor Bismarck, William I of Prussia (1797–1888) became the first German Emperor of the modern era. The Prussian King had hesitated for a long time before accepting the imperial crown and had to be positively urged by Bismarck to do so. The next few years were stormy and bursting with new developments. This period, during which the German Empire, united under Prussia's leadership, achieved the status of a world power, has entered German historiography as the "Gründerzeit" (Time of Foundation). Compared to eras of the past, however, the new Imperial Reich was fairly brief and at the same time constituted the end of an age. After the First World War the Hohenzollern Emperor, William II, had to abdicate in 1918, although Prussia continued to exist within the German Empire until 1945 when it was finally dissolved by the Allied Control Commission.

The years between 1871 and 1918 saw no far-reaching artistic developments supported by commissions from the imperial family. One almost gains the impression that an effort was being made to preserve traditional art forms, or

Guillaume Ier de Prusse (1797–1888) est devenu le premier empereur allemand des temps modernes après la victoire sur la France en 1871, suite à une guerre provoquée par Bismarck, le chancelier prussien. Le roi de Prusse avait longuement hésité à monter sur le trône impérial, mais Bismarck fit beaucoup pression sur le roi pour qu'il accepte. L'évolution mouvementée d'un empire allemand réuni, devenu une puissance mondiale sous l'autorité de la Prusse, est passée dans l'histoire sous le nom d'« années de fondation ».

Mais le nouvel empire dont l'existence fut brève, comparée à la longue histoire qui la précéda, annonçait en même temps la fin d'une époque. Après la Première Guerre mondiale, les Hohenzollern durent abdiquer. Mais la Prusse en tant que telle continua d'exister au sein de l'empire allemand, et ne fut officiellement dissoute qu'en 1945 par une résolution du Conseil de Contrôle allié.

Entre 1871 et 1918, aucune évolution artistique en profondeur, soutenue par des commandes venant de la maison impériale, ne s'est produite. On a presque le sentiment que le plus important était de conserver les formes artistiques qui étaient de mise ou, tout au plus,

der Art englischer Landhäuser errichtet wurden, einer Bauweise, wie sie dann später noch einmal am Schloß Cecilienhof aufgenommen werden sollte.

In den letzten Tagen seiner nur 99 Tage währenden Regierungszeit kehrte der todkranke Friedrich III. ins Neue Palais zurück, um dort zu sterben. Sein Sohn Wilhelm (1859–1941) folgte ihm als Wilhelm II. auf den Kaiserthron. Er ließ für seinen Vater in Erweiterung des Bauensembles der Friedenskirche von dem späteren Berliner Dombaumeister Julius Carl Raschdorf (1823–1914) ein Mausoleum errichten, das sich in der Form an der Heilig-Grab-Kapelle in Innichen in Südtirol orientierte, die Friedrich III. besucht hatte. Allerdings verwandte Raschdorf für die Gestaltung des Inneren des Mausoleums – ähnlich wie in der unter Friedrich Wilhelm IV. errichteten danebenliegenden Friedenskirche – edelste Materialien. In dem stillen Rundraum des

timbered buildings in the English country-house style – a style which would later be taken up in Cecilienhof palace.

During the last few days of his short 99-day reign, Frederick III, now critically ill, retreated to the New Palace in order to die there. He was succeeded on the imperial throne by his son William (1859–1941), who became William II. As an extension to the group of buildings surrounding the Church of Peace, he commissioned a mausoleum for his father from Julius Raschdorf (1823–1914), later the architect of the cathedral in Berlin. The mausoleum was inspired by the Heilig-Grab-Kapelle (Chapel of the Holy Sepulchre) at Innichen in southern Tyrol, which Frederick III had visited. Raschdorf used the finest materials for the furnishing of the mausoleum's interior, as had been the case in the adjoining Church of Peace erected by Frederick William IV. The calm, round interior of the

développer. Il s'y trouvait une école et d'autres bâtiments à colombage dans le genre des cottages anglais, un style de construction qui sera repris au château de Cecilienhof.

C'est mourant que le roi Frédéric III revint au Nouveau Palais. Son règne n'avait duré que 99 jours. Son fils Guillaume (1859–1941) lui succéda sur le trône sous le nom de Guillaume II. Il fit ériger pour son père un mausolée près de l'église de la Paix, et c'est à l'architecte Julius Raschdorf (1823–1914), le futur bâtisseur de la cathédrale néobaroque de Berlin qu'il en confia les plans. Le monument rappelle par sa forme la chapelle du Saint-Sépulcre d'Innichen au Tyrol oriental que Frédéric III avait visitée.

Raschdorf n'employa pour l'intérieur que les matériaux les plus nobles – comme dans l'église de la Paix que Frédéric-Guillaume IV avait fait édifier non loin de là. Au milieu d'une salle ronde, éclairée d'une lumière filtrée par le verre

Mausoleum Kaiser Friedrichs III. Eingangstür und Ausschnitt des Innenraums. Vor allem edle Steinsorten prägen die Erscheinung des Innenraums im Mausoleum.

Emperor Frederick III's mausoleum. Door and section of the interior. Precious stones feature heavily in the mausoleum's interior decoration.

Mausolée de l'empereur Frédéric III : porte d'entrée et vue de l'intérieur. Le mausolée doit son aspect solennel aux marbres fins qui le décorent.

Das Mausoleum Kaiser Friedrichs III. an der Friedenskirche. Nach Plänen von Julius Carl Raschdorf entstand zwischen 1888/90 das Mausoleum Kaiser Friedrichs III., der 1888 für neunundneunzig Tage deutscher Kaiser war.

Frederick III's mausoleum next to the Church of Peace. Based on plans by Julius Carl Raschdorf, a mausoleum was built between 1888/90 for Frederick III, who was German emperor for ninety-nine days in 1888.

Le Mausolée de l'empereur Frédéric III jouxtant l'église de la Paix. Le Mausolée de l'empereur Frédéric III, qui régna 99 jours en 1888, fut bâti entre 1888 et 1890 sur des plans de Julius Carl Raschdorf.

Mausoleums, der durch Farbglasfenster gebrochenes Licht erhält, stehen die aus Marmor gefertigten Grabmalsarkophage Friedrichs III. und seiner 1901 verstorbenen Frau Viktoria. Die Sarkophage sind Arbeiten des von Wilhelm II. bevorzugten Bildhauers Reinhold Begas (1831–1911). Besonders das Grabmal für Friedrich III., mit der wie im Schlaf ruhenden Figur des Kaisers, gehört zu den ausdrucksvollsten Arbeiten in Begas Werk.

mausoleum, which receives its deflected light through stained glass windows, houses the monumental marble sarcophagi of Frederick III and his wife Victoria, who died in 1901. The sarcophagi are works by William II's favourite sculptor Reinhold Begas (1831–1911). The tomb for Frederick III in particular, with the figure of the Emperor appearing as if he were asleep, is one of the most expressive examples of Begas' work.

coloré des fenêtres, sont exposés les sarcophages en marbre de Frédéric III et de sa femme Victoria, décédée en 1901. Les sarcophages sont dus au ciseau de Reinhold Begas (1831–1911), le sculpteur préféré de Guillaume II. Le tombeau de Frédéric III, qui paraît s'être simplement endormi, fait partie des œuvres les plus réussies de Begas.

Schloß Cecilienhof.
Als letzter Schloßbau der Hohenzollern entstand zwischen 1914/17, in den Jahren des Ersten Weltkriegs, am Ufer der Havel im Neuen Garten das Schloß Cecilienhof. Der nach Plänen von Paul Schultze-Naumburg im englichen Landhausstil errichtete Bau war für den Kronprinzen Wilhelm und dessen Frau Cecilie bestimmt.

Cecilienhof Palace.
Schloß Cecilienhof, the last of the Hohenzollern palaces, was erected between 1914 and 1917, during the First World War, on the banks of the Havel River in the New Garden. Based on plans by Paul Schultze-Naumburg and built for the crown prince William and his wife, Cecilie, the palace is in the style of an English country house.

Château de Cecilienhof.
Le château de Cecilienhof, le dernier à avoir été commandité par la dynastie des Hohenzollern, fut bâti entre 1914 et 1917 - en pleine Première Guerre mondiale - au bord de la Havel, dans les Nouveaux Jardins. Cette résidence royale, construite sur des plans de l'architecte Paul Schultze-Naumburg dans le style des riches demeures campagnardes anglaises, était destinée au prince héritier Guillaume et à sa femme la princesse Cecilie.

SCHLOSS CECILIENHOF

Als letzter Schloßbau der Hohenzollern entstand
zwischen 1914 und 1917, in den Jahren des
Ersten Weltkriegs, im Neuen Garten das Schloß
Cecilienhof. Das Schloß war für den Kronprinzen
Wilhelm (1882–1951) und dessen Frau Cecilie
(1886–1954), die aus dem Haus Mecklenburg-
Schwerin stammte, gedacht, die zuvor im Marmorpalais wohnten. Dem Bau ging eine lange
Planungszeit mit immer wieder veränderten Entwürfen für verschiedene Standorte voran, bis
man sich endgültig entschloß, die wenig zeitgemäßen Entwürfe im Stil des Neubarock fallen-
zulassen, und sich für ein modernes und harmo-

CECILIENHOF PALACE

The last palace to be built by the Hohenzollern
was Cecilienhof Palace in the New Garden. It was
constructed between 1914 and 1917, in other
words during the First World War. The palace
was intended for the Crown Prince William
(1882–1951) and his wife Cecilie (1886–1954),
who came from the House of Mecklenburg-
Schwerin. They had previously resided in the
Marble Palace. Preceding the building was a long
phase of planning that involved constantly altered
drafts and various possible locations, until finally
it was decided to abandon the not very up-to-date
designs in the neo-Baroque style. Instead, the

LE CHÂTEAU DE CECILIENHOF

Le château de Cecilienhof, le dernier des Hohenzollern, fut construit dans les Nouveaux Jardins
pendant la Première Guerre mondiale. Il était
destiné au prince héritier Guillaume (1882–
1951) ainsi qu'à son épouse la princesse Cécile
(1886–1954), de la maison de Mecklembourg-
Schwerin, qui habitaient dans le palais de Marbre. Le projet fut longtemps à l'étude, l'emplacement toujours difficile à déterminer jusqu'au
jour où on décida enfin d'abandonner l'idée d'un
château néobaroque pour une grande demeure
campagnarde intimement liée au paysage. Les
plans de la maison, où domine le colombage,

nisch in den Garten eingebundenes großes Landhaus entschied. Die Pläne für den von Fachwerk-
elementen bestimmten Bau stammten vom Architekten Paul Schultze-Naumburg (1869–1949),
der das Schloß in Anlehnung an den Stil englischer Landsitze entwarf. Schultze-Naumburg
gliederte den Schloßbau geschickt um mehrere
Innenhöfe, so daß dessen wirkliche Größe über-
spielt wird und er sich gut in das historische Bild
des Neuen Gartens einfügt.

Die Innenräume überzeugen durch ein stim-
mungsvolles Interieur, in dem die Gediegenheit
der Verarbeitung auffällt. Zurückhaltend be-
dienen sich die Dekorationen historischer Stilformen, die zu einem facettenreichen, aber

royal clients opted for a large, modern country
house in a harmonious garden setting. The
architect Paul Schultze-Naumburg (1869–1949)
drew up the plans for the palace, which in its
characteristic use of half-timbered elements
followed the tradition of the English country
house. With great skill Schultze-Naumburg
structured the palace complex around several
inner courtyards. This played down its actual size
and allowed it to be effortlessly integrated into
the New Garden.

The atmospheric interiors feature furnishings
of striking quality. Historical styles are used
unobtrusively for the decoration of the rooms,
which in their sequence combine to convey a

sont de l'architecte Paul Schultze-Naumburg
(1869–1949) qui s'inspira du style des riches
maisons de campagne anglaises. Schultze-Naumburg structura si habilement la construction
autour de plusieurs cours intérieures qu'elle
paraissait plus petite qu'elle n'est en réalité, se
fondant facilement dans le cadre historique des
Nouveaux Jardins.

Les pièces convainquent par leur atmosphère
et la qualité de leur aménagement. La décoration
des diverses pièces, réinterprétation discrète de
styles historiques, donne une impression d'unité
harmonieuse malgré l'éclectisme de son inspiration. La recherche de l'intimité et du confort sont perceptibles dans tout le château.

*Weißer Salon (links), Fensterwand im Weißen Salon
(rechts). Der Raum diente der Kronprinzessin Cecilie
als Musiksalon. Seine neoklassizistische Gestaltung erinnert an den Großen Saal im unweit vom Cecilienhof
gelegenen Marmorpalais aus dem Ende des 18. Jahrhunderts.*

*The White Salon (left) and the great windows in the
White Salon (right). The crown princess, Cecilie, used
the Salon as a music room. The Neoclassical style is
reminiscent of the Great Hall in the Marble Palace,
built at the end of the 18th century and not far from
Cecilienhof.*

*Salon blanc (à gauche) et mur de baies vitrées dans le
Salon blanc (à droite). Cette pièce servait de salon de
musique à la princesse Cecilie. Sa décoration néoclassique rappelle celle de la Grande Salle du palais
de Marbre construit non loin de là, à la fin du XVIIIe
siècle.*

Rauchzimmer des Kronprinzen Wilhelm.
Die Raumdekorationen im Cecilienhof überraschen
durch ihre schlichte Eleganz und die Verwendung edler
Materialien.

Crown prince William's smoking room.
The decor of the Cecilienhof is surprising simple in its
elegance, using only the finest materials.

Fumoir du prince héritier Guillaume.
La décoration des appartements au Cecilienhof
surprennent par leur élégance sobre et l'utilisation de
matériaux nobles.

Kajüte (rechts und links).
Die Einrichtung des als Kajüte gestalteten Privat-
kabinetts der Kronprinzessin entwarf der Architekt
Paul Ludwig Troost, der durch die Ausstattung von
Passagierdampfern berühmt geworden war. Fast alle
Privaträume des Kronprinzenpaares in Cecilienhof
wurden von Troost entworfen.

Stateroom (left and right).
The decor for the crown princess's private cabinet,
used as a stateroom, was designed by architect Paul
Ludwig Troost, famous for his designs for the interiors
of passenger steamers. He was also responsible for
nearly all of the royal couple's private rooms in
Cecilienhof.

La Cabine (à gauche et à droite).
Le cabinet privé de la princesse héritière Cecilie fut
aménagé en cabine de bateau par l'architecte Paul
Ludwig Troost, devenu célèbre pour ses décorations
intérieures de paquebots. Celui-ci aménagea presque
toutes les pièces des appartements privés du couple
princier.

harmonischen Gesamteindruck in der Abfolge der Räume verbunden wurden. Überall ist das Bestreben nach Privatheit und Bequemlichkeit spürbar. Nur die über beide Etagen des Schlosses reichende holzgetäfelte Große Halle, deren besonderer Schmuck die von der Stadt Danzig dem Kronprinzenpaar geschenkte Treppe in barocken Formen ist, offenbart ein gewisses Maß an Repräsentation. Gegenüber dem verhaltenen Farbklang der Halle wirkt der lichte Weiße Salon, der als Musiksaal diente, geradezu festlich. Wesentliche Teile der Dekoration dieses Raumes stammen von Joseph Wackerle (1880– 1959). Zu beiden Seiten der Großen Halle liegen die Privaträume von Wilhelm und Cecilie, aus deren Fenstern sich schöne Aussichten auf den Jungfernsee der Havel ergeben. Hervorstechendes Merkmal der Gestaltung ist die Verwendung edler Hölzer und feinglied-

many-faceted yet harmoniously balanced overall impression. Everywhere one can sense the endeav our for privacy and comfort. The only room that exudes a certain measure of stateliness is the Great Hall. This wood-panelled hall extends over both floors of the palace and has as a special decorative feature a Baroque-style staircase which was given to the Crown Prince and Princess by the City of Danzig. Compared to the subdued colour scheme of the Great Hall, the lightness of the White Salon, which was used as a music room, appears positively festive. Essential parts of the decoration of this room are by Joseph Wackerle (1880–1959). Situated on both sides of the Great Hall are the private apartments of William and Cecilie. The windows of these rooms afford beautiful views of the Jungfernsee on the river Havel. Particularly eye-catching

Seul le grand vestibule est d'une majesté solennelle. Haut de deux étages et entièrement lambrissé, il se distingue par un escalier baroque offert au couple princier par la ville de Dantzig. Le Salon blanc, ou salon de musique, acquiert par sa clarté un caractère festif que n'a pas le vestibule plus atone. La majeure partie de la décoration de cette pièce est de Joseph Wackerle (1880–1959). Les appartements de Guillaume et de Cécile se trouvent de chaque côté du vestibule. Ils disposent d'une vue magnifique sur le Jungfernsee, un lac de la Havel. Le plus frappant dans la décoration de ces pièces, c'est l'emploi de bois précieux et de graciles ornements en stuc qui créent une impression d'intimité et de confort. Le cabinet privé de la princesse héritière est original par son aménagement en cabine de bateau.

Bad des Kronprinzen. Waschtisch und Badewanne.

The crown prince's bathroom. The washstand and bath.

Salle de bains du prince héritier : table de toilette et baignoire.

riger Stuckornamente, die diesen Räumen Intimität und Wohnlichkeit verleihen. Besonders originell wirkt das als Kajüte eingerichtete Privatkabinett der Kronprinzessin.

Weltgeschichtliche Bedeutung erlangte das Schloß Cecilienhof als Tagungsort der Konferenz von Potsdam, zu der die Regierungschefs der Siegermächte des Zweiten Weltkriegs, Harry S. Truman, Josef W. Stalin und Winston S. Churchill (wurde am 28. Juli von Clement R. Attlee abgelöst, der zwischenzeitlich in England die Wahlen gewonnen hatte), vom 17. Juli bis 2. August 1945 hier zusammenkamen, um sich über die Zukunft Deutschlands zu verständigen. Der Konferenzsaal und die Arbeitszimmer der amerikanischen, sowjetischen und britischen Delegation sind heute als historische Gedenkstätte eingerichtet.

in the furnishings of these apartments is the use of precious woods and delicate stucco ornaments, which impart an atmosphere of intimacy and homeliness. The private study of the Crown Princess is particularly original in its design as a ship's cabin.

Cecilienhof Palace gained unanticipated importance as the venue for the Potsdam Conference. From 17 July until 2 August 1945, the heads of government of the victorious Allies of World War Two, Harry S. Truman, Joseph Stalin and Winston S. Churchill (replaced on 28 July by Clement R. Attlee following the general election in England), met here to decide Germany's future. Today the conference hall and the offices of the American, Soviet and British delegations are preserved as testaments to history.

Le château de Cecilienhof acquit subitement une importance historique lorsqu'il fut choisi pour abriter la conférence de Potsdam. Trois des vainqueurs de la Seconde Guerre mondiale, Harry S. Truman, Joseph W. Staline et Winston Churchill (remplacé le 28 juillet par Clement R. Attlee en raison d'élections en Angleterre) organisèrent une conférence qui se tint du 17 juillet au 2 août 1945 pour décider du sort de l'Allemagne. La grande salle de conférence et le cabinet de travail de la délégation américaine, soviétique et britannique sont présentés aujourd'hui comme des lieux historiques et commémoratifs.

DAS ERBE DER HOHENZOLLERN

THE HOHENZOLLERN HERITAGE
L'HÉRITAGE DES HOHENZOLLERN

Schon im 18. Jahrhundert standen die Gärten und Schlösser in Potsdam auch für die Bewohner und Besucher der Stadt offen. War der König nicht in seiner Residenz, waren die Parkanlagen frei zugänglich. Besichtigungswünsche für die Schlösser mußten beim Kastellan vorgetragen werden, der die Fremden durch die Räume geleitete. Der Nachfolger Friedrichs des Großen, Friedrich Wilhelm II., benutzte zwar seinen »Neuen Garten« als reinen Privatgarten, der von einer hohen Mauer umschlossen war, gestattete aber per königlicher Ordre offiziell das Promenieren im Park Sanssouci. Allerdings wurde der königliche Erlaß mit »Undank« quittiert, wie es im Schreiben eines Kabinettsrats an den König im Jahr 1796 heißt: »Vornehme und geringe Leute sind äußerst ungezogen«, und besonders die Damen »machen ihre Promenade gewöhnlich auf den schönen Rasen-Plätzen« und auch »über Blumen-Beete hinweg«. Werden sie von einem »Garten-Controlleur« deswegen ermahnt, erhalten diese nur »beleidigende Grobheiten« zur Antwort.

Trotzdem wurde an der Öffnung der Gärten für die Allgemeinheit immer festgehalten. Von Wilhelm I., der in Potsdam das Schloß Babelsberg bewohnte, wird sogar berichtet, daß er sich, wenn Besucher durch das Schloß geführt wurden, aus den Räumen zurückzog, um die Möglichkeit zur ungestörten Besichtigung zu geben.

Bis 1918 dienten die Schlösser den Angehörigen der Hohenzollern als Wohnungen. Die kaiserliche Familie benutzte das Neue Palais bis zur Abdankung Wilhelms II. als Wohnschloß. Wohnort für den Kronprinzen war bis zum Bau des Schlosses Cecilienhof das Marmorpalais im Neuen Garten. Das Schloß Sanssouci dagegen wurde nicht mehr bewohnt, andere Schlösser nur noch gelegentlich. Letzte Bewohnerin in Sanssouci war die Witwe Friedrich Wilhelms IV., Elisabeth, die das Schloß bis zu ihrem Tod 1873 nutzte.

Nach der Abdankung der Hohenzollern 1918 wurden die Schlösser und Gärten verstaatlicht. Über Jahre dauerten die folgenden Verhandlungen zwischen dem »vormals regierenden Preußischen Königshaus« und dem Preußischen Staat. Erst 1926 konnte die sogenannte Vermögensauseinandersetzung zu einer gesetzlichen Regelung gebracht werden. Danach gingen 75 Schlösser und Gärten in den Besitz des Staates Preußen über, 39 verblieben beim ehemaligen Königshaus. Die Schlösser und Gärten in Staatsbesitz, darunter auch die in Potsdam, kamen in die Obhut der 1927 gegründeten Verwaltung der Schlösser und Gärten, deren Aufgabe die Pflege, Restaurierung,

The gardens and palaces of Potsdam were open to the town's inhabitants and other visitors even in the 18th century. When the King was not in residence the grounds were freely accessible. For tours of the palace interiors, an application had to be made to the warden whose task it was to escort the visitors through the rooms. Frederick the Great's successor used the New Garden purely as a private garden, and it was enclosed by high walls. Nevertheless he granted permission, by Royal Order, for people to promenade in Sanssouci park. The visitors who followed, however, showed a pronounced irreverence for the royal gardens. A letter to the King written by a cabinet councillor in 1796 stated: "Both noble and humble people are displaying exceedingly bad behaviour," and the ladies in particular "are in the habit of walking on the beautiful lawn areas" and even "across the flower beds". If admonished by one of the park attendants, the response was a string of "rude insults".

In spite of such unfortunate incidents, the idea of opening the gardens to the general public was never abandoned. It is even said of William I, who lived in Babelsberg in Potsdam, that he withdrew from his rooms when visitors were shown round in order to give them the opportunity to view the palace undisturbed.

Until 1918 the palaces served as living quarters for the members of the Hohenzollern family. The Neues Palais was used by the imperial family as their main residence until the abdication of William II. Before the Cecilienhof was built, the place of residence for the Crown Prince was the Marmorpalais in the Neuer Garten. Sanssouci, on the other hand, was no longer used as a residence, while other palaces were used only occasionally. The last inhabitant of Sanssouci was Elizabeth, the dowager of Frederick William IV, who lived in the palace until her death in 1873.

After the abdication of the Hohenzollern in 1918 the palaces and gardens became the property of the state. The negotiations that followed between the surviving members of the former ruling Royal House of Prussia and the Prussian state were long and protracted, and it was not until 1926 that the dispute was brought to a legal conclusion. Subsequently, 75 palaces and gardens became the property of the State of Prussia, whilst 39 remained in the hands of the former Royal House. In 1927 the Palaces and Gardens Authority was founded which was responsible for the maintenance, restoration, supervision and opening of the 75 "museum palaces", as they were

Au XVIIIᵉ siècle déjà, les habitants de Potsdam et les visiteurs pouvaient visiter les jardins et les châteaux. Si le Roi n'était pas dans sa résidence, le parc était ouvert au public. Les personnes intéressées devaient adresser leur demande au conservateur qui guidait les étrangers à travers les salles. Le successeur de Frédéric le Grand utilisait ses Nouveaux Jardins comme un espace purement privé, clos hermétiquement par un mur, mais il autorisa officiellement par une ordonnance royale les promenades dans le parc de Sans-Souci. Toutefois, le décret royal n'eut pas droit à la gratitude qu'il aurait mérité, ainsi qu'on peut le lire dans la lettre d'un ministre adressée au roi en l'an 1796 : « Les nobles et les petites gens sont extrêmement malappris » et les dames en particulier « se promènent habituellement sur les belles pelouses » et « traversent les parterres de fleurs ». Si un « inspecteur des jardins » les admoneste, il ne recevra pour toute réponse que « des grossièretés insultantes ».

Les jardins restèrent malgré tout toujours ouverts au public. On rapporte même que Guillaume Iᵉʳ, qui habitait le château de Babelsberg à Potsdam, quittait les lieux lorsque les visites guidées avaient lieu dans le château afin que les gens puissent le contempler sans être dérangés.

Jusqu'en 1918, les châteaux servirent d'habitation aux membres de la famille Hohenzollern. L'Empereur et sa famille résidèrent dans le Nouveau Palais jusqu'à l'abdication de Guillaume II. Le prince héritier habita quant à lui dans le palais de Marbre des Nouveaux Jardins jusqu'à la construction du château de Cecilienhof. En revanche, d'autres châteaux n'étaient habités qu'occasionnellement. Le château de Sans-Souci était vide. Sa dernière habitante fut Élisabeth, veuve de Frédéric-Guillaume IV qui y resta jusqu'à sa mort en 1873.

Après l'abdication des Hohenzollern en 1918, les châteaux et jardins furent nationalisés. Les négociations qui s'en suivirent avec « la maison royale de Prusse ayant gouverné autrefois » et l'État prussien durèrent des années. Il fallut attendre 1926 pour que l'on arrive à un accord officiel à propos de ces biens. La réglementation officielle stipulait que 75 châteaux et jardins devaient entrer en possession de l'État prussien, l'ancienne maison royale en gardant 39. Les châteaux et jardins dont l'État était propriétaire, ceux de Potsdam en faisaient partie, entrèrent dans l'Administration des châteaux et jardins

wissenschaftliche Betreuung und Öffnung der Anlagen als »Museumsschlösser« war. Die denkmalpflegerischen Bestrebungen der folgenden zwei Jahrzehnte konzentrierten sich vor allem auf die Wiederherstellung ursprünglicher Zustände sowohl in den Schlössern als auch in den Gärten. Besondere Verdienste erwarb sich der damalige Gartendirektor Georg Potente bei der Wiederherstellung friderizianischer Parkteile in Sanssouci, die in 150 Jahren Gartengeschichte mehrmals verändert worden waren.

Die Preußische Schlösserverwaltung bestand bis 1945. Als Folge der deutschen Teilung entstanden dann getrennte Schlösserverwaltungen, so wurde auch für die Potsdamer Anlagen eine eigene Verwaltung gegründet. Die zur Verfügung stehenden eingeschränkten Mittel ermöglichten zwar die Wiederherstellung des Marstalls des Stadtschlosses (heute als Filmmuseum genutzt), der Sanssouci-Weinbergterrassen, der Neuen Kammern und teilweise des Neuen Palais, konnten aber den allgemein fortschreitenden Verfall nur bedingt aufhalten.

Nach dem Fall der Berliner Mauer wurde die Potsdamer Schlösserverwaltung in eine Stiftung umgewandelt und der Zusammenschluß mit den Berliner Schlössern und Gärten zu einer gemeinsamen Stiftung vorbereitet, der Anfang 1995 vollzogen wurde.

In den letzten Jahren konnten Restaurierungsprojekte großer Ausmaße durchgeführt werden. Am Neuen Palais und den Communs begannen die Arbeiten schon vor 1989, sind am Außenbau des Schlosses inzwischen abgeschlossen und gehen nun an den Communs und der Kolonnade weiter. Wiederaufgebaut ist das im Zweiten Weltkrieg zerstörte Belvedere auf dem Klausberg. Am Belvedere auf dem Pfingstberg haben die Arbeiten

now known, including the palaces and gardens at Potsdam. Over the next two decades, preservation efforts concentrated on the restoration of the palaces and the gardens to their original state. The then Director of Gardens, Georg Potente, deserves particular credit for his efforts concerning the restoration of those park areas of Sanssouci dating back to the time of Frederick the Great, which in the course of the 150-year history of the grounds had undergone several alterations.

The partition of Germany after the Second World War led to the establishment of separate administrative authorities for the palaces and gardens of east and west. A special body was set up to run the sites at Potsdam. With the limited resources available it was possible to restore the the royal stables of the City Palace (now housing a film museum), the vineyard terraces at Sanssouci, the New Chambers, and parts of the New Palace. These efforts, however, were only able to bring partial relief to the general decline.

After the fall of the Berlin Wall the Potsdam Palace Administration Authority was changed into a Foundation, and preparations were made for a merger with the Berlin Palaces and Gardens Authority. This was finally accomplished at the beginning of 1995.

In recent years extensive restoration has been possible. Work on the New Palace and the Communs began even before 1989; the exterior of the palace is now finished, while work continues on the Communs and the Colonnade. The Belvedere on the Klausberg Hill, destroyed in the Second World War, has now been rebuilt, while work has commenced on the Belvedere on the Pfingstberg. In 1998, Schloss Caputh was opened after restoration work lasting many years. Reconstruction of the Historic Mill near Sanssouci

fondée en 1927, dont la mission était d'entretenir, de restaurer, d'étudier scientifiquement les complexes devenus « châteaux-musées » et de procéder à leur ouverture. Durant les vingt années qui suivirent, les efforts des conservateurs se concentrèrent surtout sur la restauration de l'état original aussi bien dans les châteaux que dans les jardins. Le directeur des jardins de l'époque, Georges Potente, s'est montré particulièrement méritant en restaurant à Sans-Souci des fragments du parc de l'époque de Frédéric Ier, qui avaient subi de nombreuses transformations pendant les dernières 150 années.

L'administration prussienne des châteaux disparut en 1945. Conséquence de la division de l'Allemagne, elle fut, elle aussi, dissociée, et une administration particulière fut créée pour les châteaux et jardins de Potsdam. Les moyens limités prévus à cet effet permirent la restauration de l'écurie de Mars du palais urbain (aujourd'hui Musée du Film), des vignobles en terrasse de Sans-Souci, des Nouvelles Chambres et d'une partie du Nouveau Palais, mais ne purent que stopper sous certaines réserves la dégradation en marche.

Après la chute du Mur de Berlin, l'Administration des châteaux de Potsdam fut transformée en fondation et s'associa avec celle des châteaux et jardins de Berlin. Elles fusionnèrent définitivement au début de l'année 1995.

Au cours des dernières années, des projets de restauration de grande envergure ont pu être réalisés. Les travaux déjà commencés avant 1989 au Nouveau Palais et dans ses communs sont désormais achevés, en ce qui concerne le chantier extérieur du château, et se poursuivent actuellement dans les communs et sur la colonnade. Sur le Klausberg, le belvédère qui avait été détruit pendant la Seconde Guerre mondiale est recon-

Park Sanssouci im Winter.
Blick zum Chinesischen Haus (Abb. S. 281).

Sanssouci Park in winter.
View of the Chinese Pavilion (Ill. p. 281).

Le parc de Sans-Souci en hiver.
Vue du Pavillon chinois (Ill. p. 281).

Park Sanssouci im Winter. Blick von der Hauptallee zum Neuen Palais.

Sanssouci Park in winter. View of the New Palace from the main avenue.

Le parc de Sans-Souci en hiver. Vue du Nouveau Palais depuis la grande allée.

Park Sanssouci im Winter (rechts).
»Einhausungen« aus Holz schützen die wertvollen Marmorplastiken im Winter vor der Witterung.

Sanssouci Park in winter (right).
Wooden boxing protects the valuable marble statues from the winter climate.

Le parc de Sans-Souci en hiver (à droite).
Des « habitacles » en bois protègent les belles statues de marbre des rigueurs hivernales.

begonnen. 1998 konnte nach langjähriger Restaurierung das Schloß Caputh eröffnet werden. Abgeschlossen wurde der Wiederaufbau der Historischen Mühle nahe dem Schloß Sanssouci. Das Chinesische Haus wurde einer Generalrestaurierung unterzogen, ebenso die Bildergalerie.

Weit fortgeschritten ist die Restaurierung des Ensembles der Friedenskirche. Im Schloß Glienicke wurden wichtige Innenräume wiederhergestellt.

Zu den größten Restaurierungsbaustellen in den nächsten Jahre gehören das Marmorpalais und das Schloß Babelsberg. Beide Häuser müssen von Grund auf saniert werden. Am Marmorpalais ist der Außenbau schon weitgehend wiederhergestellt, ebenso die Mehrzahl der Innenräume. In Babelsberg laufen umfangreiche Vorarbeiten für die Restaurierung des Schlosses.

In den Anlagen waren über 30 Hektar Gartenlandschaft im Neuen Garten und im Park Babelsberg, die durch den Bau der Mauer bis zur Unkenntlichkeit zerstört worden waren, wiederherzustellen. Die Arbeiten sind zum größten Teil abgeschlossen. In Sanssouci konzentrieren sich die Bemühungen auf die Wiederherstellung der von Lenné stammenden Anlagen um den Ruinenberg.

Insgesamt werden die Restaurierungsarbeiten noch bis ins nächste Jahrzehnt andauern.

has also been completed. The Chinese Pavilion has been given a thorough restoration, as has the Picture Gallery.

Renovation of the Church of Peace ensemble is well-advanced, while in Glienicke Palace, important sections of the interior have been restored.

Among the most important buildings where restoration work is planned in the coming years are the Marble Palace and Babelsberg Palace. Both are in need of a complete overhaul. The outbuildings of the Marble Palace are already largely restored, as are the majority of rooms inside. Babelsberg is currently the scene of extensive work preliminary to a general restoration.

An enormous task was the restoration of more than 30 hectares of landscaped grounds in the New Garden and Babelsberg park, whose character had been completely destroyed by the partition of Germany. Most of this work has now been completed. At Sanssouci efforts are being concentrated on the restoration of the grounds designed by Lenné around the Mont of Ruins.

Restoration work is expected to continue well into the next decade.

stitué. Les travaux sur le belvédère du Pfingstberg ont été entamés. En 1998, après une restauration de plusieurs années, le château Caputh est devenu accessible au public. La reconstruction du moulin historique près du château de Sans-Souci est achevée. Le Pavillon chinois a été l'objet d'une restauration intégrale de même que la galerie de Tableaux.

La restauration de l'ensemble de l'église de la Paix est bien avancée. Plusieurs pièces essentielles du Château Glienicke ont été reconstituées.

Le palais de Marbre et le château de Babelsberg comptent parmi les plus vastes chantiers de restauration des dernières années. Ces deux édifices doivent être rénovés de fond en comble. Le chantier extérieur du palais de Marbre est largement avancé, la plupart des pièces intérieures sont reconstituées. À Babelsberg, des préparatifs d'envergure sont en cours en vue de la restauration du château.

Dans les jardins, il s'agissait de restaurer plus de 30 hectares aménagés à l'époque et détruits jusqu'à en devenir méconnaissables au cours de la division allemande. La plus grande partie du travail est achevée. À Sans-Souci, les efforts se concentrent sur la restauration des jardins de Lenné et du mont des Ruines.

Dans l'ensemble, les travaux de restauration vont se poursuivre jusqu'à la prochaine décennie.

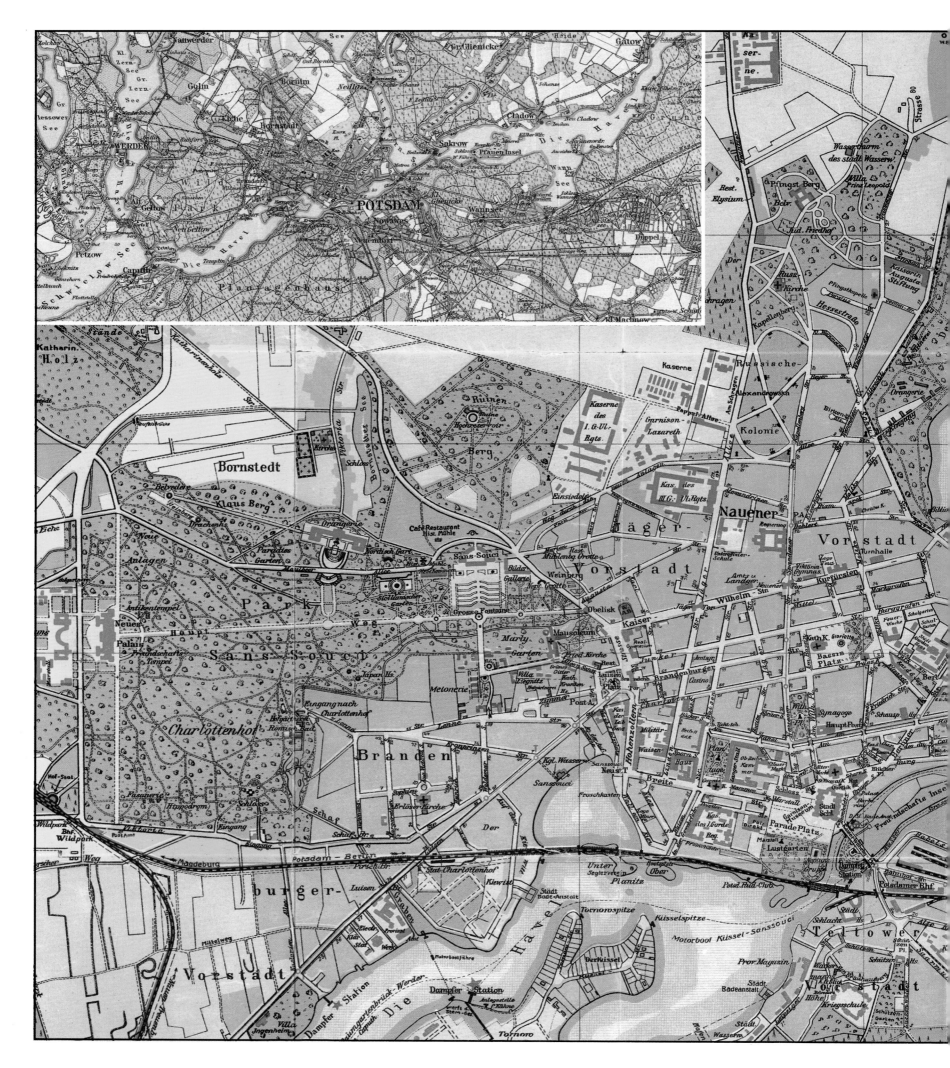

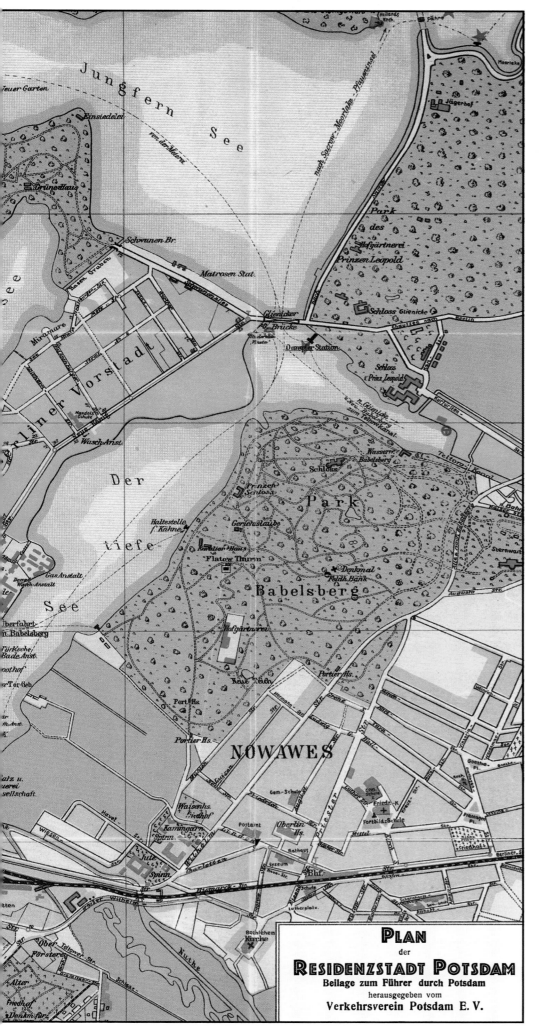

Plan von Potsdam und Umgebung von 1927.

Map of Potsdam and surroundings from 1927.

Plan de Potsdam et de ses atentours datant de 1927.

285

BILDNACHWEIS · CREDITS · CRÉDITS PHOTOGRAPHIQUES

BIBLIOGRAPHIE · BIBLIOGRAPHY · BIBLIOGRAPHIE

Ausstellungskatalog
Friedrich Wilhelm IV. – Künstler und König
Stiftung Preußische Schlösser und Gärten
Berlin-Brandenburg
Frankfurt/M. 1995

Ausstellungskatalog
Schloß Glienicke/ Bewohner, Künstler, Parklandschaft
Verwaltung der Staatlichen Schlösser und Gärten
Berlin 1987

Ausstellungskatalog
Potsdamer Schlösser und Gärten
Bau- und Gartenkunst vom 17. bis 20. Jahrhundert
Potsdam-Sanssouci 1993

Ausstellungskatalog
Friedrich Wilhelm II. und die Künste
Stiftung Preußische Schlösser und Gärten
Berlin-Brandenburg
Potsdam 1997

Autorenkollektiv
Potsdamer Schlösser in Geschichte und Kunst
Leipzig 1984

Autorenkollektiv
Preußische Königsschlösser in Berlin und Potsdam
Leipzig 1992

Autorenkollektiv
Schloß Cecilienhof und die Potsdamer Konferenz 1945
Von der Hohenzollernwohnung zur Gedenkstätte
Berlin/ Kleinmachnow/ Potsdam 1995

Badstübner-Gröger, Sibylle
Drescher, Horst
Das Neue Palais in Potsdam
Berlin 1991

Bartoschek, Gerd
Murza, Gerhard
Die Königlichen Galerien in Sanssouci
Leipzig 1994

Börsch-Supan, Helmut
Die Kunst in Brandenburg-Preußen
Berlin 1980

Bohle-Heintzenburg, Sabine
Hamm, Manfred
Ludwig Persius
Berlin 1993

Eggeling, Thilo
Studien zum friderizianischen Rokoko
G. W. v. Knobelsdorff als Entwerfer von
Innendekorationen
Berlin 1980

Fritsche, Astrid
Der Pfingstberg in Potsdam
Stiftung Preußische Schlösser und Gärten
Berlin-Brandenburg 1995

Giersberg, Hans-Joachim
Friedrich als Bauherr
Berlin 1986

Giersberg, Hans-Joachim
Schendel, Adelheid
Potsdamer Veduten
Potsdam-Sanssouci 1990

Giersberg, Hans-Joachim
Das Potsdamer Stadtschloss
Potsdam 1998

Günther, Harri
Peter Joseph Lenné
Gärten/Parke/Landschaften
Berlin 1985

Günther, Harri
Harksen, Sibylle
Peter Joseph Lenné
Katalog der Zeichnungen
Tübingen/Berlin 1993

Kadatz, Hans-Joachim
Murza, Gerhard
Georg Wenzeslaus von Knobelsdorff
Leipzig 1983

Manger, Heinrich Ludwig
Baugeschichte von Potsdam (3 Bände)
Berlin/ Stettin 1790
Reprint Leipzig 1987

Mielke, Friedrich
Potsdamer Baukunst
Frankfurt a. M.-Berlin-Wien 1981

Seiler, Michael
Koppelkamm, Stefan
Pfaueninsel, Berlin
Tübingen/Berlin 1993

Seiler, Michael
Wacker, Jörg
Insel Potsdam
Berlin 1991

Seiler, Michael
Hamm, Manfred
Inszenierte Landschaften.
Blicke in preußische Arkadien
Berlin 1999

Streidt, Gert
Feierabend, Peter
Preußen. Kunst und Architektur
Köln 1999

HINWEIS · NOTE · PRÉCISION

In diesem Buch sind auch Schloß Glienicke und die
Pfaueninsel beschrieben, obwohl sie nicht auf Potsdamer, sondern auf Berliner Territorium liegen. Beide
Anlagen sind aber historisch als Teile des Ensembles
der Potsdamer Schlösser und Gärten entstanden und
gehören zur auf der World-Heritage-Liste der Unesco
eingetragenen denkmalgeschützten Kulturlandschaft.

This book also contains descriptions of Glienicke
Palace and the Pfaueninsel (Peacock Island), although
strictly they do not belong to Potsdam but to Berlin.
Historically, both sites were built as part of the
Potsdam group of palaces and gardens, however, and
are protected cultural monuments, listed by Unesco as
World Heritage Sites.

Bien que situé dans la circonscription territoriale de
Berlin et non de Potsdam le château de Glienicke et
l'île des Paons ont été évoqués dans ce livre car ils font
partie d'un ensemble plus vaste, celui des Châteaux et
des Jardins de Potsdam, et du paysage historique insert
par l'Unesco sur la liste du patrimoine mondial.

Stammbaum des preußischen Königshauses
Genealogical Table of the Prussian Royal House
Arbre généalogique de la maison royale de Prusse

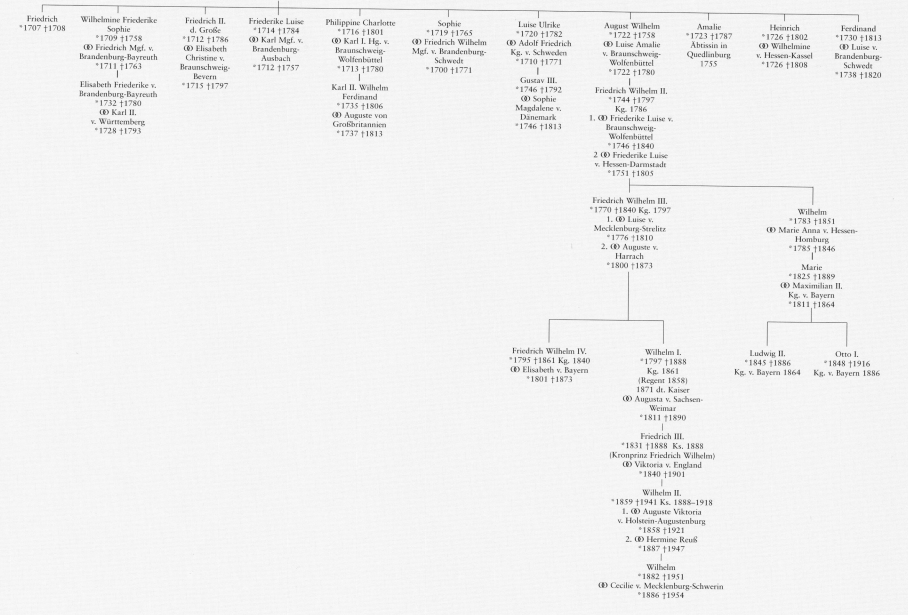

Friedrich Wilhelm v. Brandenburg
der Große Kurfürst *1620 †1688 Kf. 1640
1. ⚭ Luise Henriette v. Oranien *1627 †1667
2. ⚭ Dorothea v. Holstein-Glücksburg *1636 †1689

Friedrich III. *1657 †1713 Kf. 1688
Kg. Friedrich I. in Preußen 1701
1. ⚭ Elisabeth Henriette v. Hessen-Kassel *1661 †1683
2. ⚭ Sophie Charlotte v. Hannover *1668 †1705
3. ⚭ Sofie Luise v. Mecklenburg-Schwerin *1685 †1735

Friedrich Wilhelm I.
*1688 †1740 Kg. 1713
»Soldatenkönig«
⚭ Sophie Dorothea v. Hannover
*1687 †1757

Friedrich
*1707 †1708

Wilhelmine Friederike
Sophie
*1709 †1758
⚭ Friedrich Mgf. v.
Brandenburg-Bayreuth
*1711 †1763

Elisabeth Friederike v.
Brandenburg-Bayreuth
*1732 †1780
⚭ Karl II.
v. Württemberg
*1728 †1793

Friedrich II.
d. Große
*1712 †1786
⚭ Elisabeth
Christine v.
Braunschweig-
Bevern
*1715 †1797

Friederike Luise
*1714 †1784
⚭ Karl Mgf. v.
Brandenburg-
Ausbach
*1712 †1757

Philippine Charlotte
*1716 †1801
⚭ Karl I. Hg. v.
Braunschweig-
Wolfenbüttel
*1713 †1780

Karl II. Wilhelm
Ferdinand
*1735 †1806
⚭ Auguste von
Großbritannien
*1737 †1813

Sophie
*1719 †1765
⚭ Friedrich Wilhelm
Mgf. v. Brandenburg-
Schwedt
*1700 †1771

Luise Ulrike
*1720 †1782
⚭ Adolf Friedrich
Kg. v. Schweden
*1710 †1771

Gustav III.
*1746 †1792
⚭ Sophie
Magdalene v.
Dänemark
*1746 †1813

August Wilhelm
*1722 †1758
⚭ Luise Amalie
v. Braunschweig-
Wolfenbüttel
*1722 †1780

Friedrich Wilhelm II.
*1744 †1797
Kg. 1786
1. ⚭ Friederike Luise v.
Braunschweig-
Wolfenbüttel
*1746 †1840
2 ⚭ Friederike Luise
v. Hessen-Darmstadt
*1751 †1805

Amalie
*1723 †1787
Äbtissin in
Quedlinburg
1755

Heinrich
*1726 †1802
⚭ Wilhelmine
v. Hessen-Kassel
*1726 †1808

Ferdinand
*1730 †1813
⚭ Luise v.
Brandenburg-
Schwedt
*1738 †1820

Friedrich Wilhelm III.
*1770 †1840 Kg. 1797
1. ⚭ Luise v.
Mecklenburg-Strelitz
*1776 †1810
2. ⚭ Auguste v.
Harrach
*1800 †1873

Wilhelm
*1783 †1851
⚭ Marie Anna v. Hessen-
Homburg
*1785 †1846

Marie
*1825 †1889
⚭ Maximilian II.
Kg. v. Bayern
*1811 †1864

Friedrich Wilhelm IV.
*1795 †1861 Kg. 1840
⚭ Elisabeth v. Bayern
*1801 †1873

Wilhelm I.
*1797 †1888
Kg. 1861
(Regent 1858)
1871 dt. Kaiser
⚭ Augusta v. Sachsen-
Weimar
*1811 †1890

Friedrich III.
*1831 †1888 Ks. 1888
(Kronprinz Friedrich Wilhelm)
⚭ Viktoria v. England
*1840 †1901

Wilhelm II.
*1859 †1941 Ks. 1888–1918
1. ⚭ Auguste Viktoria
v. Holstein-Augustenburg
*1858 †1921
2. ⚭ Hermine Reuß
*1887 †1947

Wilhelm
*1882 †1951
⚭ Cecilie v. Mecklenburg-Schwerin
*1886 †1954

Ludwig II.
*1845 †1886
Kg. v. Bayern 1864

Otto I.
*1848 †1916
Kg. v. Bayern 1886

Zeittafel

1660
Potsdam wird kurfürstliche Residenz.

1662
Im Auftrag des Kurfürsten Friedrich Wilhelm, des Großen Kurfüsten, beginnt Johann Gregor Memhardt mit dem Bau eines Schlosses in Potsdam (bis 1669).

1671
Kurfürst Friedrich Wilhelm nimmt 50 aus Wien vertriebene jüdische Familien in Brandenburg auf.

1675
Kurfürst Friedrich Wilhelm besiegt die Schweden bei Fehrbellin.

1683
An der Goldküste Afrikas wird die brandenburgische Kolonie Groß-Friedrichsburg errichtet.

1685
Kurfüst Friedrich Wilhelm nimmt 20 000 Glaubensflüchtlinge, die Hugenotten, in Brandenburg auf. Westlich des Schlosses in Potsdam entsteht nach Plänen von Johann Arnold Nering eine Orangerie, die später zum Marstall umgebaut wird.

1688
Tod des Kurfürsten Friedrich Wilhelm; sein Sohn Friedrich III. wird Kurfürst von Brandenburg.

1696
Andreas Schlüter gestaltet die 21 Masken sterbender Krieger am Zeughaus in Berlin (bis 1700).

1698
Um- und Neubau des Berliner Schlosses von Andreas Schlüter (bis 1707); Schlüter beginnt ebenfalls mit den Arbeiten am Reiterstandbild des Großen Kurfüsten Friedrich Wilhelm (bis 1703).

1699
Nach einem Entwurf von Johann Arnold Nering wird der Mittelbau des Schlosses Lietzenburg (später Charlottenburg) vollendet.

1700
Gottfried Wilhelm Leibniz gründet in Berlin die preußische Akademie der Wissenschaften und wird ihr erster Präsident.

1701
Das souveräne Herzogtum Preußen wird zum Königreich; Kurfürst Friedrich III. wird König Friedrich I. in Preußen.
Als Zeichen der neuen Königswürde läßt Friedrich I. am Schloß in Potsdam das Fortunaportal von Jean de Bodt errichten.

1710
Gründung der Charité in Berlin.

1711
Der Franzose Antoine Pesne wird Hofmaler am Hof Friedrich I.

1712
24. Januar: Friedrich (II.) wird geboren.
Christian Wolff veröffentlicht »Von den Kräften des menschlichen Verstandes«.

1713
König Friedrich I. stirbt und sein Sohn Friedrich Wilhelm I., der »Soldatenkönig«, kommt auf den Thron; dieser richtet das gesamte Staatswesen auf das Militär aus, vergrößert das stehende Heer auf 81 000 Mann und begründet so den preußischen Militarismus.
Andreas Schlüter vollendet die Prunksärge für König Friedrich I. und dessen Frau Sophie Charlotte (im Berliner Dom).
Gründung des Lagerhauses in Berlin, der wichtigsten deutschen Tuchmanufaktur des 18. Jahrhunderts.

1714
Verbot der Hexenprozesse in Preußen.

1715
Preußen tritt auf seiten der Gegner Schwedens in den Nordischen Krieg ein.

Chronological table

1660
Potsdam becomes an electoral residence.

1662
By order of the Great Elector Frederick William, Johann Gregor Memhardt begins the construction of a palace in Potsdam (until 1669).

1671
Frederick William gives permission for 50 Jewish families expelled from Vienna to settle in Brandenburg.

1675
Frederick William defeats the Swedish army near Fehrbellin.

1683
Establishment of the Brandenburg colony of Groß-Friedrichsburg on the Gold Coast of Africa.

1685
Frederick William grants asylum in Brandenburg to 20,000 religious refugees, the Huguenots.
An Orangery is built west of the palace at Potsdam according to plans by Johann Arnold Nering. It is later converted into the Royal Stables.

1688
Death of Frederick William. His son Frederick III becomes Elector of Brandenburg.

1696
Andreas Schlüter creates the 21 masks of dying warriors at the Royal Arsenal in Berlin (completed 1700).

1698
Conversion and new construction of the Berlin Palace under Andreas Schlüter (completed 1707); Schlüter also begins work on the equestrian statue of the Great Elector Frederick William (completed 1703).

1699
The central section of Lietzenburg Palace (later Charlottenburg) is built to designs by Johann Arnold Nering.

1700
Gottfried Wilhelm Leibniz founds the Prussian Academy of Sciences in Berlin and becomes its first President.

1701
The sovereign Duchy of Prussia becomes a Kingdom; Elector Frederick III becomes King Frederick I in Prussia.
As a symbol of his royal status Frederick I commissions Jean de Bodt to erect the Fortuna Gateway at the Potsdam Palace.

1710
Foundation of the Charité hospital in Berlin.

1711
The Frenchman Antoine Pesne is made court painter to Frederick I.

1712
24th January: birth of Frederick (II).
Christian Wolff publishes "On the Powers of the Human Mind."

1713
Frederick I dies and is succeeded by his son Frederick William I, the "Soldier King". The latter organizes all state affairs around the military, increases the standing army to 81,000 men and thus founds Prussian militarism.
Andreas Schlüter completes the ostentatious coffins for Frederick I and his wife Sophie Charlotte (in Berlin Cathedral).
Foundation of the Lagerhaus in Berlin, the most important German cloth manufacturing centre in the 18th century.

1714
Prohibition of witch trials in Prussia.

1715
Prussia enters the Great Northern War on the side of Sweden's opponents.

Tableau Chronologique

1660
Potsdam devient la résidence du prince-électeur.

1662
Le Grand Électeur Frédéric-Guillaume charge Johann Gregor Memhardt de construire un château à Potsdam (achevé en 1669).

1671
Le prince-électeur Frédéric-Guillaume accueille au Brandebourg 50 familles juives expulsées de Vienne.

1675
Victoire du prince-électeur Frédéric-Guillaume sur les Suédois à Fehrbellin.

1683
La colonie brandebourgeoise Groß-Friedrichsburg s'installe sur la Côte-d'Or africaine.

1685
Le prince-électeur Frédéric-Guillaume accueille au Brandebourg 20 000 huguenots contraints à émigrer pour raisons religieuses.
À l'ouest du château de Potsdam, construction d'une Orangerie d'après des plans de Johann Arnold Nering. Elle sera plus tard transformée en Écurie de Mars.

1688
Mort du prince-électeur Frédéric-Guillaume. Son fils, Frédéric III devient prince-électeur de Brandebourg.

1696
Andreas Schlüter conçoit les 21 masques de guerriers mourants au Zeughaus de Berlin (achevés en 1700).

1698
Transformation et nouvelle construction du château de Berlin de Andreas Schlüter (achevé en 1707) ; Schlüter commence également à travailler à la statue équestre du Grand Électeur Frédéric-Guillaume (jusqu'en 1703).

1699
Construction du bâtiment central du château Lietzenburg (le futur Charlottenburg) d'après des plans de Johann Arnold Nering.

1700
À Berlin, Gottfried Wilhelm Leibniz fonde l'Académie des Sciences et en devient le premier président.

1701
L'électorat de Brandebourg devient royaume de Prusse ; le Grand Électeur.
Frédéric III devient Frédéric Ier en Prusse.
En signe de nouvelle dignité royale, Frédéric Ier fait édifier au château de Potsdam le portail de Fortune sur des plans de Jean de Bodt.

1710
Fondation de la Charité à Berlin.

1711
Le Français Antoine Pesne devient peintre de la Cour de Frédéric Ier.

1712
24 janvier : naissance du futur Frédéric II.
Publication de « Des forces de la raison humaine » de Christian Wolff.

1713
Mort de Frédéric Ier. Son fils Frédéric-Guillaume Ier, le roi-soldat, se voue à l'administration de l'armée, renforce les troupes existantes jusqu'à avoir 81 000 soldats et instaure ainsi le militarisme prussien.
Andreas Schlüter achève les cercueils d'apparat destinés au roi Frédéric Ier et à son épouse Sophie-Charlotte (dans le Dôme de Berlin).
Fondation de l'entrepôt de Berlin, la manufacture allemande de toile la plus importante du XVIIIᵉ siècle.

1714
Interdiction des procès en sorcellerie en Prusse.

1715
La Prusse se range aux côtés des adversaires de la Suède pendant la guerre du Nord.

1716	Erster Erzieher Friedrichs (II.) wird der Hugenotte Jacques Egide Duhan de Jandun.	The Huguenot Jacques Egide Duhan de Jandun becomes the first tutor of Frederick (II).	Le huguenot Jacques Egide Duhan de Jandun est le premier précepteur du futur Frédéric II.
1717	Die brandenburgischen Kolonien-Stützpunkte in Afrika (Guinea) werden verkauft. Einführung der Schulpflicht in Preußen. Besuch des Zaren Peter I. in Berlin.	Brandenburg's colonial bases in Africa (Guinea) are sold. Compulsory school attendance is introduced in Prussia. Tsar Peter I visits Berlin.	Vente des bases coloniales africaines du Brandebourg. L'instruction primaire devient obligatoire en Prusse. Visite du Tzar Pierre Iᵉʳ à Berlin.
1718	Antoine Pesne: »Selbstbildnis mit seiner Familie«.	Antoine Pesne "Self-Portrait with his Family".	Antoine Pesne : « Autoportrait en famille ».
1719	Christian Wolff: »Vernünftige Gedanken von Gott, der Welt und der Seele des Menschen, auch allen Dingen überhaupt«.	Christian Wolff: "Reasonable Thoughts about God, the World and the Human Soul, and all Things besides".	Christian Wolff : « Traité de Dieu, de l'Âme et du Monde ».
1720	Im Frieden von Stockholm tritt Schweden an Preußen Vorpommern bis zur Peene mit Stettin, Usedom und Wollin ab.	In the Peace of Stockholm, Sweden makes over to Prussia part of Pomerania as far as the river Peene, together with Stettin, Usedom and Wollin.	Paix de Stockholm : la Suède cède à la Prusse la Poméranie jusqu'à la Peene avec Stettin, Usedom et Wollin.
1722	Mit der Gründung des Generaldirektoriums schafft Friedrich Wilhelm I. eine zentrale Verwaltungsbehörde des preußischen Staates.	Frederick William I founds the central administrative authority of the Prussian state, the "General-direktorium".	En fondant un directoire général, Frédéric-Guillaume Iᵉʳ crée une administration centrale de l'État prussien.
1725	Bau der Heiligengeistkirche in Potsdam nach dem Entwurf von Peter de Gayette (bis 1728).	Building of the Heiligengeistkirche in Potsdam from plans by Peter de Gayette (completed 1728).	À Potsdam, construction de l'église du Saint-Esprit d'après des plans de Peter de Gayette (jusqu'en 1728).
1728	Friedrich (II.) beginnt bei Johann Joachim Quantz Flötenunterricht zu nehmen.	Frederick (II) takes up flute lessons under Johann Joachim Quantz.	Le futur Frédéric II commence à prendre des cours de flûte chez Johann Joachim Quantz.
1730	Um dem despotischen Wesen seines Vaters zu entkommen, unternimmt Friedrich (II.) einen Fluchtversuch, der mißlingt. Friedrich erhält Festungshaft in Küstrin und muß bei der Hinrichtung seines Freundes und Mitwissers Hans Hermann von Katte zusehen. Bau der Garnisonkirche in Potsdam von Philipp Gerlach (bis 1735).	In order to free himself from his father's despotism, Frederick (II) attempts to flee, but fails. Frederick is confined in a fortress in Küstrin and is forced to witness the execution of his friend and confidant Hans Hermann von Katte. Construction of the Garnison Church in Potsdam under Philipp Gerlach (completed 1735).	Pour échapper au caractère despotique de son père, Frédéric (II) tente de s'enfuir, sans succès. Détenu à Custrin, il devra assister à l'exécution de son ami et complice Hans Hermann von Katte. Construction à Potsdam de la Garnisonkirche de Philipp Gerlach (achevée en 1735).
1731	Ansiedlung von ca. 20 000 aus Salzburg vertriebenen Protestanten; bald danach werden auch böhmische Glaubensflüchtlinge in Preußen aufgenommen. In der Küstriner Zeit wird Friedrich (II.) in die Praxis der Verwaltung einer Provinz und in das Finanzwesen eingeführt. Zur Außenpolitik entwickelt er erste grundlegende Gedanken.	About 20,000 protestants expelled from Salzburg settle in Prussia; soon afterwards Prussia also takes in religious refugees from Bohemia. During his detention at Küstrin Frederick (II) is introduced to the world of public finance, to acquire the skills necessary to run a province. He formulates his first fundamental ideas about foreign policy.	Arrivée de 20 000 protestants chassés de Salzbourg ; un peu plus tard des émigrés de Bohême pour raisons religieuses seront également accueillis en Prusse. À l'époque de Custrin, le futur Frédéric II étudie l'économie et l'administration des provinces. Premières idées de base de politique extérieure.
1732	Friedrich (II.) darf Küstrin verlassen und wird zum Obersten eines Infanterieregiments in Neuruppin ernannt. Bau des Holländischen Viertels in Potsdam von Johann Boumann (bis 1742). Bau des Kronprinzenpalais in Berlin von Philipp Gerlach.	Frederick (II) is allowed to leave Küstrin and is appointed colonel of an infantry regiment at Neuruppin. The Dutch Quarter is built in Potsdam by Johann Boumann (completed 1742). Construction of the Kronprinzenpalais (Palace of the Crown Prince) in Berlin by Philipp Gerlach.	Frédéric (II) est autorisé à quitter Custrin et est nommé colonel d'un régiment d'infanterie à Neuruppin. Construction du Quartier Hollandais de Johann Boumann à Potsdam (achevé en 1742). Construction du Palais du prince héritier à Berlin d'après des plans de Philipp Gerlach.
1733	Mit dem »Kantonreglement« wird in Preußen ein neues Rekrutierungssystem eingeführt; jedes Regiment bekommt einen Bezirk (Kanton) zugewiesen, in dem es Dienstpflichtige ausheben kann. Vermählung des Kronprinzen Friedrich (II.) mit Elisabeth Christine von Braunschweig-Bevern Bau des Prinzessinnenpalais in Berlin von Friedrich Wilhelm Dieterich.	A new recruiting system is introduced in Prussia: each regiment is allocated a district from where it can enlist conscripts. Marriage between the Crown Prince Frederick (II) and Elisabeth Christine of Braunschweig-Bevern. Construction of the Prinzessinenpalais (Palace of the Princesses) in Berlin under Friedrich Wilhelm Dieterich.	Un nouveau système de recrutement est instauré en Prusse ; un canton est attribué à chaque régiment et celui-ci peut y enrôler des conscrits. Le prince héritier Frédéric (II) épouse Elisabeth Christine de Brunswick-Bevern. Construction du palais des Princesses de Friedrich Wilhelm Dieterich à Berlin.
1734	Friedrich (II.) nimmt am Rheinfeldzug des kaiserlichen Feldherrn Prinz Eugen von Savoyen im Polnischen Erbfolgekrieg teil.	Frederick (II) takes part in the Rhine campaign under the imperial general Prince Eugen of Savoy in the War of the Polish Succession.	Le futur Frédéric II prend part à la campagne du Rhin avec le général en chef des armées impériales, le prince Eugène de Savoie, dans le cadre de la Guerre de Succession de Pologne.
1735	Friedrich (II.) verpflichtet den Komponisten Carl Heinrich Graun als Dirigenten für sein Kammerorchester und nimmt bei ihm Kompositionsunterricht. Georg Wenzeslaus von Knobelsdorff legt für Friedrich (II.) in Neuruppin den Amaltheagarten mit dem Apollotempel an.	Frederick (II) engages the composer Carl Heinrich Graun as conductor for his chamber orchestra and studies composition under him. Georg Wenzeslaus von Knobelsdorff establishes the Amalthea Garden with the Temple of Apollo at Neuruppin for Frederick (II).	Le futur Frédéric II engage le compositeur Carl Heinrich Graun comme directeur de musique dans son orchestre de chambre et prend des cours de composition auprès de lui. Georg Wenzeslaus von Knobelsdorff crée pour Frédéric à Neuruppin le jardin Amalthea et le temple d'Apollon.
1736	Friedrich (II.) siedelt mit seiner Frau nach Rheinsberg über, das Friedrich Wilhelm I. für den Kronprinzen erworben hat. In den nun folgenden Rheinsberger Jahren (bis 1740) entwickelt Friedrich vor allem seine wissenschaftlichen und philosophischen Interessen. Beginn des Briefwechsels mit Voltaire.	Frederick (II) and his wife move to Rheinsberg which Frederick William I has bought for the Crown Prince. In the following years at Rheinsberg (until 1740) Frederick pursues above all his scientific and philosophical interests. Beginning of his correspondence with Voltaire.	Frédéric (II) et sa femme s'installent au château de Rheinsberg que Frédéric-Guillaume Iᵉʳ a acheté pour le prince héritier. Dans les années qui suivent (jusqu'en 1740), Frédéric s'intéressera de plus en plus aux sciences et à la philosophie. Début d'un échange épistolaire avec Voltaire.

1737	Um- und Ausbau des Schlosses Rheinsberg von Georg Wenzeslaus von Knobelsdorff (bis 1739); Deckenbilder von Antoine Pesne, von dessen Kunst Friedrich (II.) so begeistert ist, daß er eine Ode auf den Maler verfaßt. Friedrich (II.) studiert Christian Wolffs Schrift »Vernünftige Gedanken von Gott, der Welt und der Seele des Menschen«.	Conversion and extension of the Rheinsberg Palace under Georg Wenzeslaus von Knobelsdorff (completed 1739); ceiling frescoes by Antoine Pesne about whose art Frederick (II) is so enthusiastic that he composes an ode to the painter. Frederick (II) studies Christian Wolff's essay "Reasonable Thoughts about God".	Transformations et agrandissement du château de Rheinsberg par Georg Wenzeslaus von Knobelsdorff (jusqu'en 1739) ; fresques de plafond de Antoine Pesne, dont le talent enthousiasme Frédéric à tel point qu'il compose une ode en hommage au peintre. Frédéric étudie le « Traité sur Dieu, l'Âme et le monde » de Christian Wolff.
1738	Um 1738: Friedrich (II.) schreibt eine Sinfonie für Streichorchester und Basso continuo G-dur.	C. 1738: Frederick (II) composes a symphony for string orchestra and basso continuo in G major.	Vers cette époque, Frédéric compose la symphonie pour instruments à cordes et basse continuo en sol majeur.
1739	In Auseinandersetzung mit dem 1532 erschienenen Buch »Il Principe« (Der Fürst) des Italieners Niccolò Machiavelli entwickelt Friedrich (II.) in der Schrift »Antimachiavelli« seine Gedanken über Aufgaben und Ziele fürstlicher Machtausübung.	Taking issue with "The Prince" by the Italian Niccolò Machiavelli (1532), Frederick formulates in his essay "Antimachiavelli" his thoughts on the tasks and aims of exercising royal power.	Pour réfuter le livre de l'Italien Niccolo Machiavel, « Le Prince », Frédéric développe dans le document intitulé « L'Anti-Machiavel » ses idées sur les tâches et les objectifs du souverain.
1740	Friedrich II. wird nach dem Tod seines Vaters Friedrich Wilhelm I. König in Preußen. Er nutzt die mit dem Tod Kaiser Karls VI. in Europa entstandene politisch instabile Situation und fällt in Schlesien ein, besetzt Breslau und dringt bis nach Böhmen und Mähren vor; damit Beginn des 1. Schlesischen Krieges. Kabinettsorder zur weitgehenden Einschränkung der Folter in Preußen. Mit der Gründung des sogenannten V. Departments, eines Ministeriums für Handel und Gewerbe, baut Friedrich II. den Staatsapparat aus. Bau des Neuen Flügels am Charlottenburger Schloß von Georg Wenzeslaus von Knobelsdorff (bis 1746).	After the death of his father Frederick William I, Frederick II becomes King. The death of the Emperor Charles VI has created an unstable political situation in Europe which Frederick II exploits. He invades Silesia, occupies Breslau and advances as far as Bohemia and Moravia, which leads to the outbreak of the first Silesian War. Cabinet order to restrict extensively the use of torture in Prussia. Frederick II develops the state machinery with the establishment of the so-called V Department, a ministry of trade and industry. Construction of the New Wing of Charlottenburg Palace under Georg Wenzeslaus von Knobelsdorff (completed 1746).	Mort de Frédéric-Guillaume Ier. Frédéric II devient roi. Il profite de la déstabilisation politique provoquée en Europe par la mort de Charles VI pour envahir la Silésie, occuper Breslau et pénétrer en Bohême et en Moravie. C'est le début de la première guerre de Silésie. Abolition de l'usage de la torture judiciaire en Prusse. En créant de ce qu'on appelle le Ve département, un ministère du Commerce, Frédéric II étend l'appareil de l'État. Construction de la nouvelle aile du château de Charlottenburg d'après des plans de Georg Wenzeslaus von Knobelsdorff (achevée en 1746).
1741	Mit der Nichtanerkennung der 1713 vereinbarten »Pragmatischen Sanktion« (weibliche Erbfolge in Österreich) durch Sachsen, Bayern, Spanien und Frankreich weitet sich der 1. Schlesische Krieg zum Österreichischen Erbfolgekrieg aus; bayerische und französische Truppen marschieren in Prag ein. Sieg der Preußen über die Österreicher in der Schlacht bei Mollwitz. Im Zuge der Neugründung der Berliner Akademie kommen der Mathematiker Leonhard Euler und der französische Mathematiker und Physiker Pierre Louis de Maupertuis nach Preußen. Mit dem Bau des Opernhauses in Berlin von Georg Wenzeslaus von Knobelsdorff entsteht der erste Bau des Forum Fridericianum, das bis 1780 durch die Hedwigs-kirche, das Prinz-Heinrich-Palais (Humboldt-Universität) und die Königliche Bibliothek erweitert wird. Johann Joachim Quantz wird Hofkomponist Friedrichs II. Der Innenarchitekt und Dekorationsbildhauer Johann August Nahl kommt nach Berlin und wird zum »Directeur des ornéments« ernannt. Jean Baptiste de Boyer, Marquis d' Argens, kommt an den preußischen Hof.	The non-recognition by Saxony, Bavaria, Spain and France of the Pragmatic Sanction (female succession in Austria) agreed in 1713 causes the first Silesian War to develop into the War of the Austrian Succession. Bavarian and French troops march into Prague. Victory of Prussia over Austria in the Battle of Mollwitz. With the foundation of the Berlin Academy, the mathematician Leonhard Euler and the French mathematician and physicist Pierre Louis de Maupertuis come to Prussia. The Berlin Opera by Georg Wenzeslaus von Knobelsdorff becomes the first building of the Forum Fridericianum, which by 1780 also comprises the Hedwigskirche (Church of St. Hedwig), the Prinz-Heinrich-Palais seat of the Humboldt University and the Royal Library. Johann Joachim Quantz becomes court composer to Frederick II. The interior decorator and sculptor Johann August Nahl comes to Berlin and is appointed Directeur des ornéments. Jean Baptiste de Boyer, Marquis d'Argens, comes to the Prussian court.	La Saxe, la Bavière, l'Espagne et la France ne reconnaissant pas la « Pragmatique Sanction » convenue en 1713 (succession féminine en Autriche), la première guerre de Silésie se transforme en Guerre de Succession d'Autriche ; des troupes bavaroises et françaises pénètrent à Prague. Les Prussiens défont les Autrichiens à Mollwitz. Suite à la création de l'Académie de Berlin, le mathématicien Leonhard Euler et le mathématicien et physicien français Pierre Louis Maupertuis arrivent en Prusse. L'Opéra de Berlin de Georg Wenzeslaus von Knobelsdorff est le premier bâtiment du Forum Fridericianum qui sera étendu jusqu'en 1780 par l'église Ste Hedwige, le palais du Prince Heinrich (Humboldt-Universität) et la bibliothèque royale. Johann Joachim Quantz devient compositeur de la Cour. L'architecte, décorateur et sculpteur Johann August Nahl vient à Berlin et est nommé Directeur des ornements. Arrivée de Jean Baptiste de Boyer, marquis d'Argens, à la Cour prussienne.
1742	Schlacht bei Chotusitz: Sieg der Preußen über die österreichischen Truppen; Friede zu Breslau zwischen Preußen und Österreich. Im Ergebnis des 1. Schlesischen Krieges vergrößert Preußen sein bisheriges Territorium um ein Drittel. Friedrich II. erwirbt in Paris die Antikensammlung des Kardinals Polignac für 36 000 Taler. Einführung der italienischen Oper in Berlin; Eröffnung des Opernhauses mit »Cäsar und Kleopatra« von Johann Gottlieb Graun. Friedrich II.: erste Fassung der »Denkwürdigkeiten zur Geschichte des Hauses Brandenburg«.	Battle of Chotusitz: victory of Prussia over the Austrian troops; Treaty of Breslau between Prussia and Austria. As a result of the first Silesian War, Prussia extends her existing territory by one third. In Paris, Frederick II purchases Cardinal Polignac's collection of antiques for 36,000 thalers. Italian opera is introduced in Berlin; opening of the opera house with Johann Gottlieb Graun's "Caesar and Cleopatra". Frederick II: first draft of his essay "Memoirs concerning the History of the House of Brandenburg".	Bataille de Chotusitz : victoire des Prussiens sur les troupes autrichiennes ; Paix de Breslau entre la Prusse et l'Autriche. Suite à la première guerre de Silésie, la Prusse agrandit son territoire d'un tiers. Frédéric II achète à Paris pour 36 000 Taler la collection d'antiquités du cardinal de Polignac. L'opéra italien fait son entrée à Berlin ; ouverture de l'Opéra avec « César et Cléopâtre » de Johann Gottlieb Graun. Frédéric II : première version des « Mémoires sur l'histoire de la Maison de Brandebourg ».
1743	Einweihung des Opernhauses in Berlin mit »La Clemenza di Tito« von Johann Adolf Hasse. Der Maler und Kupferstecher Daniel Nikolaus Chodowiecki kommt nach Berlin.	Formal inauguration of the Berlin Opera with Johann Adolf Hasse's "La Clemenza di Tito". The painter and copper engraver Daniel Nikolaus Chodowiecki settles in Berlin.	Inauguration de l'Opéra de Berlin avec « La Clemenza di Tito » de Johann Adolf Hasse. Le peintre et graveur Daniel Nikolaus Chodowiecki arrive à Berlin.
1744	Angesichts der militärischen Erfolge Österreichs im Österreichischen Erbfolgekrieg vermutet Friedrich II. nunmehr eine antipreußische Zielsetzung; er schließt ein Offensivbündnis mit Frankreich und beginnt den Krieg erneut.	In view of Austria's military successes in the War of the Austrian Succession, Frederick II suspects anti-Prussian objectives. He enters an alliance with France and starts the war anew. Prussian troops march through Saxony and into	Devant les succès militaires de l'Autriche pendant la Guerre de Succession d'Autriche, Frédéric II, lui imputant dès lors des objectifs anti-prussiens, signe un accord d'offensive avec la France et reprend la guerre.

1744	Preußische Truppen marschieren durch Sachsen und ziehen in Böhmen ein; damit Beginn des 2. Schlesischen Krieges. Ostfriesland fällt infolge des Aussterbens des Fürstenhauses Edzard an Preußen. Um- und Ausbau des Potsdamer Stadtschlosses von Georg Wenzeslaus von Knobelsdorff (bis 1752). Mit der Anlegung der Weinberg-Terrassen beginnt die Bautätigkeit in Sanssouci. Die italienische Tänzerin Barbara Campanini, genannt La Babarina, kommt nach Berlin. Erste Baumwollmanufaktur in Berlin.	Bohemia, marking the beginning of the second Silesian War. After the Edzard dynasty has died out, East Friesland becomes part of Prussia. Conversion and extension of the City Palace in Potsdam under Georg Wenzeslaus von Knobelsdorff (completed 1752). Building work at Sanssouci starts with the establishment of the vineyard terraces. The Italian dancer Barbara Campanini, called La Babarina, comes to Berlin. First cotton factory in Berlin.	Des troupes prussiennes traversent la Saxe et pénètrent en Bohême ; c'est le début de la seconde guerre de Silésie. Le Frise orientale revient à la Prusse par suite de l'extinction de la dynastie Edzard. Transformations et agrandissement du palais de Potsdam de Georg Wenzeslaus von Knobelsdorff (achevé en 1752). Agencement des vignobles en terrasse et début de la construction de Sans-Souci. La danseuse italienne Barbara Campanini, La Babarina, arrive à Berlin. Première manufacture de coton à Berlin.
1745	Siege der preußischen Armee in den Schlachten bei Hohenfriedberg, Soor (beide gegen Österreich) und Kesseldorf (gegen Sachsen); mit dem Frieden von Dresden zwischen Preußen, Sachsen und Österreich. Beendigung des 2. Schlesischen Krieges: Preußen erhält wiederum Schlesien zugesprochen. Auf Anweisung Friedrichs II. beginnt der Justizminister Samuel Freiherr von Cocceji mit der Justizreform in Preußen. Bau des Schlosses Sanssouci von Georg Wenzeslaus von Knobelsdorff (bis 1747). Um 1745 Antoine Pesne: »Die Tänzerin Barbara Campanini«.	The Prussian army is victorious in the battles of Hohenfriedberg, Soor (both against Austria) and Kesseldorf (against Saxony); the second Silesian War is ended with the Treaty of Dresden between Prussia, Saxony and Austria; Silesia is once again made over to Prussia. On the instruction of Frederick II, the Minister of Justice Samuel Freiherr von Cocceji starts a programm of judicial reforms in Prussia. Construction of Sanssouci Palace under Georg Wenzeslaus von Knobelsdorff (completed 1747). C.1745 Antoine Pesne: "The Dancer Barbara Campanini".	Victoire de l'armée prussienne sur les Autrichiens à Hohenfriedberg et Soor, et contre la Saxe à Kesseldorf ; la Paix de Dresde signée entre la Prusse, la Saxe et l'Autriche met fin à la seconde guerre de Silésie : la Prusse reçoit de nouveau la Silésie. Sur l'ordre de Frédéric II, le ministre de la Justice Samuel von Cocceji commence la réforme juridique en Prusse. Construction du palais de Sans-Souci d'après des plans de Georg Wenzeslaus von Knobelsdorff (achevé en 1747). Vers cette époque, Antoine Pesne : « La Danseuse Barbara Campanini ».
1746	Preußisch-schwedisches Bündnis. In Berlin wird das Französische Bildhaueratelier unter Leitung des nach Preußen berufenen François-Gaspard Adam gegründet. Weggang Johann August Nahls aus Preußen. Friedrich II.: zweite Fassung der »Denkwürdigkeiten zur Geschichte des Hauses Brandenburg«. Um 1746: Friedrich II. schreibt die Sinfonie für zwei Flöten, zwei Oboen, zwei Hörner, Streichorchester und Basso continuo D-dur.	Alliance between Prussia and Sweden. Foundation in Berlin of the French sculpture studio under the direction of François-Gaspard Adam who has been summoned to Prussia. Johann August Nahl leaves Prussia. Frederick II: second drafting of "Memories concerning the History of the House of Brandenburg". C.1746: Frederick II composes a symphony for two flutes, two oboes, two horns, string orchestra and basso continuo in D major.	Alliance prussienne-suédoise. Création à Berlin de l'Atelier de sculpture français sous la direction de Francois-Gaspard Adam appelé en Prusse. Johann August Nahl quitte la Prusse. Frédéric II : seconde version des « Mémoires sur l'histoire de la Maison de Brandebourg ». Vers cette époque : Frédéric compose la Symphonie pour deux flûtes, deux hauts-bois, deux cors, instruments à cordes et basso continuo en sol majeur.
1747	Im Zuge der Binnenkolonisation Entwässerung des Niederoderbruchs (bis 1753). Einweihung des Schlosses Sanssouci, das zur bevorzugten Sommerresidenz Friedrichs II. wird. Im Marmorsaal des Schlosses finden die »Tafelrunden von Sanssouci« statt. Johann Sebastian Bach bewirbt sich um eine Anstellung bei Friedrich II.	In the process of domestic colonisation, the fenland around the lower Oder is drained (completed 1753). Inauguration of Sanssouci, which becomes the favourite summer palace of Frederick II. The celebrated Sanssouci supper gatherings take place in the Marble Hall. Johann Sebastian Bach applies for a position with Frederick II.	Dans le cadre de la colonisation intérieure, assèchement du marécage du Bas-Oder (jusqu'en 1753). Inauguration du Palais de Sans-Souci qui devient la résidence d'été préférée de Frédéric II. Les « Tables rondes de Sans-Souci » ont lieu dans la salle de Marbre du palais. Johann Sebastian Bach sollicite un emploi à la Cour de Frédéric II.
1748	Gotthold Ephraim Lessing und Julien Offray de La Mettrie kommen nach Preußen. Frankreich tritt dem preußisch-schwedischen Bündnis bei.	Gotthold Ephraim Lessing and Julien Offray de La Mettrie come to Prussia. France joins the Prussian-Swedish Alliance.	Arrivée en Prusse de Gotthold Ephraim Lessing et Julien Offray de La Mettrie. La France entre dans l'alliance prusso-suédoise.
1749	Friedrich II.: »Über die Gründe, Gesetze einzuführen oder abzuschaffen«.	Frederick II: "Concerning the Reasons for the Introduction or Abolition of Laws".	Frédéric II : « Des raisons de créer des lois ou de les abolir ».
1750	Voltaire kommt als Gast Friedrichs II. nach Preußen.	Voltaire comes to Prussia on the invitation of Frederick II.	Arrivée de Voltaire invité par Frédéric II en Prusse.
1751	Abschluß eines preußisch-französischen Subsidien-vertrages. Mitarbeit Gotthold Ephraim Lessings an der »Berlinische privilegierten Zeitung« (später »Vossische Zeitung«). Gründung der ersten Berliner Porzellanmanufaktur durch den Kaufmann Wilhelm Caspar Wegely (besteht bis 1757).	Conclusion of a subsidies contract between Prussia and France. Gotthold Ephraim Lessing contributes to the "Berlinische privilegierte Zeitung" (Privileged Berlin Newspaper), later the "Vossische Zeitung". Foundation of the first porcelain factory in Berlin by the merchant Wilhelm Caspar Wegely (exists until 1757).	Conclusion d'un accord de subsides entre la Prusse et la France. Collaboration de Gotthold Ephraim Lessing au « Berlinische privilegierte Zeitung » (qui deviendra le « Vossische Zeitung »). Création de la première manufacture de porcelaine berlinoise par le marchand Wilhelm Caspar Wegely (jusqu'en 1757).
1752	Friedrich II. verfaßt sein erstes »Politisches Testament«. Darin bezeichnet er den Ausbau des Militärwesens als wichtigste Aufgabe für das Gedeihen Preußens. Zur Erweiterung des preußischen Staates empfiehlt er die Eroberung Sachsens.	Frederick II writes his first "Political Testament" in which he designates the expansion of the military as the most important task to ensure the prosperity of Prussia. For the extension of the Prussian state he recommends the conquest of Saxony.	Frédéric II rédige son premier « Testament politique ». Il y note que le développement du militaire est essentiel pour la prospérité de la Prusse. Il recommande de conquérir la Saxe pour agrandir l'État prussien.
1753	Friedrich II. übergibt die von ihm verfaßte Schrift »Generalprinzipien des Krieges« an seine Generalität.	Frederick II presents his generals with his paper "General Principles of War".	Frédéric II remet à ses généraux les « Principes généraux de la guerre » qu'il a rédigés lui-même.
1754	In der Akademie der Wissenschaften in Berlin wird die von Friedrich II. verfaßte Gedenkrede auf Georg Wenzeslaus von Knobelsdorff (gest. 1753) verlesen.	The commemorative address to Georg Wenzeslaus von Knobelsdorff (died 1753) written by Frederick II is read out at the Academy of Sciences in Berlin.	L'hommage à la mémoire de Georg Wenzeslaus von Knobelsdorff (mort en 1753) rédigé par Frédéric II est lu à l'Académie des Sciences de Berlin.

1755	Friedrich II.: »Gedanken und allgemeine Regeln für den Krieg«. Uraufführung der Oper »Montezuma« mit der Musik von Carl Heinrich Graun und dem Libretto von Friedrich II. Gotthold Ephraim Lessing: »Miss Sara Sampson«. Friedrich Nicolai: »Briefe über den itzigen Zustand der schönen Wissenschaften in Deutschland«. Immanuel Kant: »Allgemeine Naturgeschichte und Theorie des Himmels«. Bau der Bildergalerie im Park Sanssouci von Johann Gottfried Büring (bis 1764). Bau des Nauener Tores in Potsdam von Johann Gottfried Büring.	Frederick II: "Thoughts on and General Rules for War". First performance of the opera Montezuma with music by Carl Heinrich Graun and libretto by Frederick II. Gotthold Ephraim Lessing: "Miss Sara Sampson". Friedrich Nicolai: "Letters concerning the Present State of the Fine Arts in Germany". Immanuel Kant: "General Natural History and Theory of the Sky". Construction of the Picture Gallery in the park at Sanssouci by Johann Gottfried Büring (completed 1764). Erection of the Nauen Gate in Potsdam by Johann Gottfried Büring.	Frédéric II : « Pensées et règles générales pour la guerre ». Première de l'opéra « Montezuma » sur une musique de Carl Heinrich Graun et un livret de Frédéric II. Gotthold Ephraim Lessing : « Miss Sara Sampson ». Friedrich Nicolai : »Lettres sur l'état actuel des belles sciences en Allemagne ». Immanuel Kant : « Histoire naturelle générale et théorie du ciel ». Construction de la galerie de peinture dessinée par Johann Gottfried Büring dans le parc de Sans-Souci (achevée en 1764). Édification à Potsdam de la porte de Nauen conçue par Johann Gottfried Büring.
1756	Westminster-Konvention zwischen Preußen und England. Um einem Angriff durch die Koalition Österreich und Frankreich, der sich bald auch Rußland und Schweden anschließen, zuvorzukommen, besetzt Friedrich II. das neutrale Sachsen und stößt bis nach Böhmen vor; damit Beginn des Siebenjährigen oder 3. Schlesischen Krieges. Aufgrund der Besetzung Sachsens Erklärung des Reichskrieges gegen Preußen.	Convention of Westminster between Prussia and England. In order to pre-empt an attack by the coalition between Austria and France (soon to be joined by Russia and Sweden), Frederick II occupies neutral Saxony and advances as far as Bohemia. This marks the beginning of the Seven Years War, or the third Silesian War. Imperial war is declared on Prussia because of its occupation of Saxony.	Convention de Westminster entre la Prusse et l'Angleterre. Pour devancer une attaque de la coalition franco-autrichienne, à laquelle se joindront bientôt la Russie et la Suède, Frédéric II occupe la Saxe neutre et pénètre en Bohême ; c'est le début de la Guerre de Sept ans ou troisième guerre de Silésie. En raison de l'occupation de la Saxe, le Reich allemand déclare la guerre à la Prusse.
1757	Infolge der Übermacht der gegnerischen Koalition und der Niederlage in der Schlacht bei Kolin (gegen Österreich) muß Friedrich II. Böhmen aufgeben und sich nach Sachsen und Schlesien zurückziehen. Russische Truppen besetzen Ostpreußen, schwedische Preußen-Vorpommern und österreichische Schlesien. Friedrich II. ist gezwungen, einen kräftezehrenden Mehrfrontenkrieg zu führen, der trotz einiger bedeutender Siege (Roßbach, Leuthen) keine entscheidende Verbesserung der Lage Preußens bringt.	The superior force of the enemy coalition and defeat in the battle at Kolin (against Austria) force Frederick II to give up Bohemia and to withdraw to Saxony and Silesia. East Prussia is occupied by Russian troops, Prussian Pomerania by Swedish, and Silesia by Austrian troops. Frederick II is forced to wage war on several fronts which drains his resources. Despite several important victories (Rossbach, Leuthen), no decisive improvement of the situation takes place.	Les adversaires coalisés sont trop puissantes. Frédéric II est vaincu par les Autrichiens à Kolin. Il doit abandonner la Bohême et se replier en Saxe et en Silésie. Les troupes russes occupent la Prusse orientale, les troupes suédoises la Poméranie prussienne et les Autrichiens la Silésie. Frédéric II est obligé de mener la guerre sur plusieurs fronts. Quelques victoires importantes (Roßbach, Leuten) n'apporteront pas d'amélioration décisive à la situation de la Prusse.
1758	Abschluß eines Subsidienvertrages zwischen England und Preußen. Friedrich II. gerät immer mehr in die Defensive. Die ostpreußischen Stände huldigen der russischen Zarin. Niederlage der preußischen Armee gegen die Österreicher in der Schlacht bei Hochkirch.	A subsidies contract is agreed between England and Prussia. Frederick II has to take up an increasingly defensive position. The East Prussian ranks pay homage to the Tsarina of Russia. Defeat of the Prussian army against Austria in the Battle of Hochkirch.	Conclusion d'un accord de subsides entre l'Angleterre et la Prusse. Frédéric II est acculé en position défensive. Les nobes de Prusse orientale rendent hommage à la Tzarine. Victoire des Autrichiens sur l'armée prussienne à Hochkirch.
1759	Vernichtende Niederlage der Preußen gegen eine Vereinigung der russischen Armee und österreichischer Truppen in der Schlacht bei Kunersdorf; Friedrich II. gibt für kurze Zeit den Oberbefehl über die preußische Armee ab. Gotthold Ephraim Lessing: »Fabeln«. Christoph Friedrich Nicolai und Moses Mendelssohn begründen in Berlin die »Briefe die Neueste Litteratur betreffend«.	Crushing defeat of Prussia against an alliance between the Russian army and Austrian troops in the Battle of Kunersdorf; for a brief period Frederick II relinquishes supreme command of the Prussian army. Gotthold Ephraim Lessing: "Fables". In Berlin, Christoph Friedrich Nicolai and Moses Mendelssohn establish the "Letters concerning the Latest in Literature".	Défaite écrasante de la Prusse à Kunersdorf, face à une coalition de militaire austro-russe ; Frédéric II abandonne un temps le commandement supérieur sur l'armée prussienne. Gotthold Ephraim Lessing : « Fables ». Christoph Friedrich Nicolai et Moses Mendelssohn créent à Berlin les « Lettres concernant la plus récente littérature ».
1760	Siege der preußischen Armee in den Schlachten bei Liegnitz und Torgau über die Österreicher. Friedrich II. kann sich in Sachsen und Schlesien behaupten. Vorübergehende Besetzung Berlins durch Russen und Österreicher.	The Prussian army is victorious in the battles of Liegnitz and Torgau against the Austrians. Frederick II stands his ground in Saxony and Silesia. Temporary occupation of Berlin by Russians and Austrians.	Victoires de l'armée prussienne sur les Autrichiens à Liegnitz et Torgau. Frédéric II peut s'affirmer en Saxe et en Silésie. Les Russes et les Autrichiens occupent temporairement Berlin.
1761	Die preußische Kriegsmacht befindet sich in fast aussichtsloser Situation. Die Festungen Schweidnitz und Kolberg sind verloren, russische Truppen stehen in Pommern und österreichische in Schlesien und Sachsen. Auf Anregung Friedrichs II. erfolgt eine Neugründung der Berliner Porzellanmanufaktur durch den Kaufmann Johann Ernst Gotzkowsky.	The situation for the Prussian military force is virtually hopeless. The strongholds of Schweidnitz and Kolberg are lost, Russian troops are in Pomerania, Austrian troops in Silesia and Saxony. At the suggestion of Frederick II, the merchant Johann Ernst Gotzkowsky refounds the Berlin porcelain works.	La situation de l'armée prussienne est presque sans issue. Les forteresses de Schweidnitz et Kolberg sont perdues, les troupes russes sont en Poméranie et les troupes autrichiennes en Silésie et en Saxe. Sous l'impulsion de Frédéric II, nouvelle fondation de la manufacture de porcelaine berlinoise par le marchand Johann Ernst Gotzkovsky.
1762	Der russische Thronfolger Peter III., der als Bewunderer Friedrich II. gilt, schließt einen Friedensvertrag mit Preußen ab. Danach scheidet auch Schweden aus dem Krieg aus. Die preußische Armee erobert Schlesien zurück und besetzt Sachsen erneut. Um- und Erweiterungsbau des Ephraimpalais in Berlin von Friedrich Wilhelm Dieterich (bis 1765).	The successor to the Russian throne, Peter III, is regarded as an admirer of Frederick II. He concludes a peace treaty with Prussia after which Sweden also withdraws from the war. The Prussian army reconquers Silesia and re-occupies Saxony. Conversion and extension of the Ephraim Palace in Berlin by Friedrich Wilhelm Dieterich (completed 1765).	Pierre III, le nouveau Tzar, est un admirateur de Frédéric II et signe un accord de paix avec la Prusse. Ensuite, la Suède quitte aussi le champ de bataille. L'armée prussienne reprend la Silésie et occupe nouveau la Saxe. Transformations et agrandissement du Palais Ephraïm à Berlin, dessiné par Friedrich Wilhelm Dieterich (achevé en 1765).

1763

Friede zu Hubertusburg zwischen Preußen, Österreich und Sachsen; der Vorkriegszustand wird bestätigt. Preußen behält Schlesien und etabliert sich endgültig als europäische Großmacht.
Einführung des Generallandschulreglements (Schulpflicht vom 5. bis 13. Lebensjahr).
Friedrich II. befiehlt die Aufhebung der Leibeigenschaft in Pommern, scheitert aber am Widerstand des Adels.
Friedrich II. übernimmt die Gotzkowkische Porzellanmanufaktur; sie erhält nun den Namen »Königliche Porzellanmanufaktur Berlin« (KPM).
Bau des Neuen Palais im Park Sanssouci von Johann Gottfried Büring, Heinrich Ludwig Manger und Carl Philipp von Gontard (bis 1769).

Peace of Hubertusburg between Prussia, Austria and Saxony; confirmation of the pre-war situation. Prussia keeps Silesia and finally establishes itself as a major European power.
Introduction of the General National Schooling Regulations (compulsory education from age 5 to 13).
Frederick II orders the abolition of serfdom in Pomerania but is defeated by the resistance of the aristocracy.
Frederick II takes over the porcelain works set up by Gotzkowsky and renames it "Königliche Porzellan-manufaktur Berlin" (KPM; Royal Porcelain Factory of Berlin).
Construction of the New Palace in Sanssouci park by Johann Gottfried Büring, Heinrich Ludwig Manger and Carl Philipp von Gontard (completed 1769).

Paix de Hubertusburg entre la Prusse, l'Autriche et la Saxe ; confirmation de la situation d'avant-guerre. La Prusse garde la Silésie et s'établit définitivement comme grande-puissance européenne.
L'instruction scolaire de 5 à 13 ans devient obligatoire.
Frédéric II ordonne l'abolition du servage en Poméranie mais échoue devant la résistance de la noblesse.
Frédéric II prend en charge la manufacture de porcelaine de Gotzkov qui devient la « Königliche Porzellanmanufaktur Berlin » (KPM).
Construction du Nouveau Palais dans le parc de Sans-Souci. Il a été conçu par Johann Gottfried Büring, Heinrich Ludwig Manger et Carl Phillip von Gontard (achevé en 1769).

1764

Bündnis Preußens mit Rußland gegen Polen.
Infolge der durch den Siebenjährigen Krieg entstandenen wirtschaftlichen Krisensituation in Preußen widmet sich Friedrich II. vor allem Fragen der Wirtschafts- und Finanzpolitik und beruft eine Kommission unter Leitung des Ministers L. v. Hagen, die die Gründung einer Bank vorbereiten soll. Die nach dem 2. Schlesischen Krieg begonnene Binnenkolonisation wird fortgesetzt und Verbesserungen in der Landwirtschaft werden eingeführt.

Alliance between Prussia and Russia against Poland.
As a result of the economic crisis in Prussia caused by the Seven Years War, Frederick II focuses his energies above all on questions of economic and financial policy. He convenes a commission led by the minister L. v. Hagen to prepare the foundation of a bank. The domestic colonisation started which after the second Silesian War is continued and agricultural reforms are introduced.

Alliance prusso-russe contre la Pologne. La Guerre de sept ans ayant provoqué une crise économique en Prusse Frédéric II se consacre surtout aux questions économiques et financières, il convoque une commission dirigée par le ministre L. v. Hagen, qui doit préparer la création d'une banque. La colonisation des terres intérieures commencée après la deuxième guerre de Silésie se poursuit, des améliorations sont introduites en agriculture.

1765

Gründung einer Bank in Berlin.

Foundation of a bank in Berlin.

Création d'une banque à Berlin.

1766

Friedrich II. läßt französische Finanzfachleute nach Preußen kommen und gründet eine neue Steuerverwaltung, die sogenannte Regie. Ziel der verschiedenen Veränderungen in der staatlichen Verwaltung in den Jahren nach 1766 ist die Rationalisierung des Behördenapparates.
Gotthold Ephraim Lessing: »Laokoon oder Über die Grenzen der Malerei und Poesie« und »Minna von Barnhelm«.

Frederick II calls French financial experts to Prussia and establishes a new tax administration. The aim of the various changes within state administration in the years after 1766 is the rationalisation of the official machinery.
Gotthold Ephraim Lessing: "Laocoon or Concerning the Limits of Painting and Poetry" and "Minna von Barnhelm".

Frédéric II fait venir des experts financiers français en Prusse et instaure une nouvelle administration fiscale, la Régie. Les divers changements au sein de l'administration de l'État après 1766 visent une rationalisation de l'appareil administratif.
Gotthold Ephraim Lessing : « Laocoon ou Des limites de la Peinture et de la Poésie » et « Minna von Barnhelm ».

1768

Friedrich II. verfaßt sein zweites »Politisches Testament«. Er bezeichnet Preußen als einen »Militärstaat«, der eine entsprechende Innen- und Außenpolitik treiben müsse. Für Eroberungen empfiehlt er nach wie vor an erster Stelle Sachsen.
Erstmals äußert Friedrich den Gedanken einer Teilung Polens.

Frederick II writes his second "Political Testament". He describes Prussia as a "military state" which must pursue corresponding domestic and foreign policies. As before, first on his list of recommended conquests is Saxony.
For the first time, Frederick mentions the idea of partitioning Poland.

Frédéric II rédige son second « Testament politique ». Il nomme la Prusse un « État militaire » qui doit mener une politique intérieure et extérieure dans ce sens. Pour les conquêtes, il conseille avant comme après en première position la Saxe.
Frédéric exprime pour la première fois l'idée du partage de la Pologne.

1769

Friedrich II. und Joseph II. treffen in Neiße zusammen.
Daniel Nikolaus Chodowiecki: Zwölf Radierungen zu Lessings »Minna von Barnhelm«.
In Berlin und Potsdam gibt es 150 Seidenfabriken mit mehr als 1335 Webstühlen.

Frederick II and Joseph II meet at Neisse.
Daniel Nikolaus Chodowiecki: 12 etchings on Lessing's "Minna von Barnhelm".
In Berlin and Potsdam there are 150 silk factories with more than 1335 looms.

Rencontre de Frédéric II et Joseph II à Neiße
Daniel Nikolaus Chodowiecki : douze gravures pour le « Minna von Barnhelm » de Lessing.
À Berlin et Potsdam, il existe 150 usines de soie et plus de 1335 métiers à tisser.

1770

Friedrich II. setzt sich mit zwei Werken der französischen Spätaufklärung auseinander, dem »Essay über die Vorurteile« und Paul Heinrich Holbachs Schrift »System der Natur«. Die darin geäußerten Forderungen nach Volksaufklärung und Gleichheit aller Menschen lehnt er konsequent ab.
Immanuel Kant wird Professor in Königsberg.
Bau des Brandenburger Tores in Potsdam von Georg Christian Unger und Carl Philipp von Gontard.

Frederick II takes issue with two works of the late Enlightenment in France, the "Essay concerning Prejudice" and Holbach's essay "System of Nature". The demands put forth in these writings for education of the people and the equality of all people are firmly rejected by Frederick.
Immanuel Kant is made a professor at Königsberg.
Construction of the Brandenburg Gate in Potsdam by Georg Christian Unger and Carl Philipp von Gontard.

Frédéric II étudie deux œuvres de la fin de l'ère des Lumières, l'« Essai sur les Préjugés » et le « Système de la Nature » de Holbach. Il refuse absolument les exigences qu'elles formulent : l'instruction populaire et l'égalité de tous les êtres humains.
Immanuel Kant devient professeur titulaire à Königsberg.
Construction à Potsdam de la porte de Brandebourg dessinée par Georg Christian Unger et Carl von Gontard.

1772

Erste Teilung Polens im russisch-preußischen Vertrag von Petersburg, dem sich auch Österreich anschließt: Preußen erhält Westpreußen, außer Gdansk und Torun, sowie das Ermland und den Netzedistrikt, insgesamt ein Gebiet von 36 000 km² und 580 000 Einwohnern.
Friedrich II.: »Über den Nutzen der Künste und Wissenschaften im Staate«.

First division of Poland under the Russo-Prussian Treaty of Petersburg which is also joined by Austria: Prussia receives West Prussia except for Gdansk and Torun, as well as Ermland and the district of Netze, a total area of 36,000 km² with 580,000 inhabitants.
Frederick II: "On the Usefulness of the Arts and Sciences in the State".

Premier partage de la Pologne dans l'accord prusso-russe de Petersbourg, auquel se joint aussi l'Autriche : la Prusse reçoit la Prusse occidentale, excepté Danzig et Torun, ainsi que le Ermland et le district de Netze, au total un territoire de 36 000 km² renfermant 580 000 habitants.
Frédéric II : « De l'utilité des arts et des sciences dans l'État ».

1774

Auf Anordnung Friedrichs II. entsteht in Berlin ein Französisches Komödienhaus nach Plänen von Johann Boumann (eröffnet 1776).

On the instruction of Frederick II, a French Comedy Theatre built in Berlin to plans by Johann Boumann (opened in 1776).

Construction sur l'ordre de Frédéric II d'une maison de la Comédie-Française à Berlin d'après des plans de Johann Boumann (ouverte en 1776).

1775

Bau der Königlichen Bibliothek in Berlin von Georg Christian Unger (bis 1780).
Jean-Pierre-Antoine Tassaert wird Leiter des Französischen Bildhauerateliers in Berlin.

Construction of the Royal Library in Berlin by Georg Christian Unger (completed 1780).
Jean-Pierre-Antoine Tassaert is appointed director of the French Sculpture Studio in Berlin.

Construction de la bibliothèque royale de Georg Christian Unger à Berlin (achevée en 1780).
Jean-Pierre-Antoine Tassaert devient directeur de l'atelier de sculpture français de Berlin.

1776

Bau der Spittelkolonnaden in Berlin von Carl Philipp von Gontard.

Construction of the Spittelkolonnaden (Spittel colonnades) in Berlin by Carl Philipp von Gontard.

Construction des colonnades de Spittel à Berlin, dessinées par Carl von Gontard.

1778

Friedrich II., der einen Machtzuwachs Österreichs fürchtet, marschiert mit seiner Armee in Böhmen ein, damit Beginn des Bayerischen Erbfolgekrieges. Es kommt zu keiner offenen Schlacht, der Krieg erschöpft sich in strategischen Operationen. Friedrich II. läßt die von ihm verfaßte Gedächtnisrede auf Voltaire in der Akademie der Wissenschaften verlesen.

Fearing an increase in Austria's power, Frederick II and his army invade Bohemia, thus starting off the Bavarian War of Succession. No open battle ensues; the war runs its course in strategic operations. Frederick II arranges for his commemorative speech to Voltaire to be read out in the Academy of Sciences.

Frédéric II craint un surcroît de la puissance autrichienne et pénètre en Bohême avec ses troupes, la guerre de succession de Bavière a commencé. Pas de batailles ouvertes, la guerre s'épuise en opérations stratégiques. Frédéric II fait lire à l'Académie des Sciences l'hommage à la mémoire de Voltaire qu'il a rédigé.

1779

Friede zu Teschen zwischen Preußen und Österreich, das das Inntal zugesprochen bekommt. Die preußische Erbfolge in Ansbach und Bayreuth wird garantiert und das Erbrecht der Wittelsbacher in Bayern gewährleistet.

Peace of Teschen between Prussia and Austria, with the latter receiving the Inn valley. The Prussian succession in Ansbach and Bayreuth is guaranteed, as is the right of succession of the house of Wittelsbach in Bavaria.

Paix de Teschen entre la Prusse et l'Autriche qui reçoit la vallée de l'Inn. La succession prussienne est garantie à Ansbach et Bayreuth et le droit de la succession des Wittelsbacher en Bavière assuré.

1780

Friedrich II. maßregelt preußische Richter zugunsten des Müllers Arnold.
Weiterführung der Justizreform unter dem neueingesetzten Minister Johann Heinrich Graf von Carmer mit dem Ziel der Ausarbeitung eines allgemeinen Gesetzbuches.
Erscheinen der – wahrscheinlich sehr viel früher verfaßten – Schrift Friedrichs II. »Über die deutsche Literatur«.
Friedrich II. veranlaßt den Bau der Kuppeltürme der Deutschen und der Französischen Kirche auf dem Gendarmenmarkt in Berlin nach Plänen von Carl Philipp von Gontard (bis 1785).

Frederick II reprimands Prussian judges in favour of the miller Arnold.
Continuation of judicial reform under the newly appointed minister Johann Heinrich Graf von Carmer. The aim is the preparation of a general code of law.
Publication of Frederick II's essay "On German Literature" which was probably written much earlier.
Frederick II arranges for the construction of the domed towers of the German Cathedral and the French Cathedral on Gendarmenmarkt in Berlin according to plans by Carl Philipp von Gontard (completed 1785).

Frédéric II sanctionne des juges prussiens au profit du meunier Arnold.
La réforme juridique se poursuit sous le nouveau ministre Johann Heinrich Graf von Carmer et vise à l'élaboration d'un code civil général.
Parution d'un essai de Frédéric II – probablement rédigé beaucoup plus tôt : « De la littérature allemande ».
Frédéric II fait construire les coupoles des églises allemande et française sur le Gendarmenmarkt de Berlin d'après des plans de Carl von Gontard (achevées en 1785).

1781

Immanuel Kant: »Kritik der reinen Vernunft«.

Immanuel Kant: "Critique of Pure Reason".

Immanuel Kant : « Critique de la Raison pure ».

1782

Friedrich II.: »Über den politischen Zustand Europas«.

Frederick II: "On the Political State in Europe".

Frédéric II : « De la situation politique en Europe ».

1783

Johann Erich Biester und Friedrich Gedicke beginnen mit der Herausgabe der »Berlinischen Monatsschrift«, die zum wichtigsten Organ der Berliner Aufklärung wird.

Johann Erich Biester and Friedrich Gedicke begin the publication of the Berlinische Monatsschrift (Berlin Monthly), which becomes the most important voice of the Enlightenment in Berlin.

Johann Erich Biester et Friedrich Gedicke commencent à éditer la « Berlinische Monatsschrift » qui devient un organe essentiel de l'information à Berlin.

1784

Veröffentlichung einzelner Teile des Entwurfs des Allgemeinen Landrechts.
Immanuel Kant: »Was ist Aufklärung«.

Publication of individual parts of the draft General Common Law.
Immanuel Kant: "What is Enlightenment".

Publication de fragments du projet de code civil général.
Immanuel Kant : « Qu'est ce que la connaissance ».

1785

Friedrich II. initiiert die Gründung des »Deutschen Fürstenbundes« als Gegenpol zu den Versuchen Österreichs, größere Macht im Deutschen Reich zu erlangen.
Handels- und Freundschaftsvertrag zwischen Preußen und den Vereinigten Staaten von Amerika.
Erste deutsche Dampfmaschine in Hettstedt.

Frederick II initiates the foundation of the Alliance of German Princes to counter Austria's attempts to gain greater power within the Holy Roman Empire.
Treaty of Trade and Friendship between Prussia and the United States of America.
First German steam engine in Hettstedt.

Frédéric II initie la création du « Deutscher Fürstenbund » (Alliance des souverains allemands) pour contrebalancer les efforts de l'Autriche qui veut intensifier sa puissance dans le Reich allemand.
Accord de commerce et d'amitié entre la Prusse et les États-Unis d'Amérique.
Première machine à vapeur allemande à Hettstedt.

1786

17. August: Friedrich II. stirbt 74jährig im Schloß Sanssouci; Nachfolger wird sein Neffe Friedrich Wilhelm II.

17th August: Frederick II dies at Sanssouci at the age of 74. He is succeeded by his nephew Frederick William II.

17 août : Frédéric II, 74 ans, meurt à Sans-Souci ; son neveu Frédéric-Guillaume II lui succède.

1787

Im Auftrag Friedrich Wilhelm II. errichten Carl Philipp von Gontard und Carl Gotthard Langhans das Marmorpalais am Heiligen See nahe Potsdam (bis 1791).
Luigi Boccherini wird in Berlin »Hofkompositeur« von Friedrich Wilhelm II.

Frederick William II commissions Carl Philipp von Gontard and Carl Gotthard Langhans to build the Marble Palace on Heiligensee lake near Potsdam (completed 1791).
In Berlin, Luigi Boccherini is appointed court composer to Frederick William II.

Frédéric-Guillaume II fait construire le palais de Marbre conçu par Carl von Gontard et Carl Gotthard Langhans sur les rives du Heiligensee près de Potsdam (achevé en 1791).
À Berlin, Luigi Boccherini devient le compositeur de Cour de Frédéric-Guillaume II.

1788

Justizminister Johann Christoph von Wöllner und Staatsminister Johann Rudolf von Bischoffswerder veranlassen ihr antiaufklärerisches »Edikt, die Religionsverfassung in den preußischen Staaten beretreffend«.
Immanuel Kant: »Kritik der praktischen Vernunft«.

Minister of Justice Johann Christoph von Wöllner and the Minister of State Johann Rudolf von Bischoffswerder issue their anti-Enlightenment "Edict concerning the Religious Constitution in the States of Prussia".
Immanuel Kant: "Critique of Practical Reason".

Le ministre de la Justice Johann Christoph von Wöllner et le ministre d'État Johann Rudolf von Bischoffswerder élaborent un document conservateur : « Édit concernant l'état des religions dans les États prussiens ».
Immanuel Kant : « Critique de la raison pratique ».

1790

Friedrich Wilhelm II. läßt den Neuen Garten mit dem Marmorpalais weiter ausbauen.
Das Küchengebäude wird in Form eines halbversunkenen Tempels errichtet.

Frederick William II's wish the Neuer Garten and the Marmorpalais are further extended. The building housing the palace kitchens is constructed in the shape of a half-sunken temple.

Frédéric-Guillaume II fait agrandir les Nouveaux Jardins avec le palais de Marbre.
Le bâtiment qui abrite les cuisines a la forme d'un temple à demi-enfoui sous terre.

	Deutsch	English	Français
1791	Daniel Itzig erwirbt als erster Jude das Berliner Bürgerrecht. Carl Gotthard Langhans vollendet das Brandenburger Tor in Berlin.	Daniel Itzig becomes the first Jew to receive Berlin citizenship. Carl Gotthard Langhans completes the Brandenburg Gate in Berlin.	Daniel Itzig est le premier juif à obtenir la citoyenneté berlinoise. Carl Gotthard Langhans achève la porte de Brandebourg à Berlin.
1792	Beginn der Koalitionskriege gegen das revolutionäre Frankreich: Frankreich kämpft gegen Österreich und Preußen; Kanonade von Valmy.	Begin of the Coalition wars against revolutionary France: France fights against Austria and Prussia; bombardment of Valmy.	Début de la guerre de coalition contre la France révolutionnaire : la France se bat contre l'Autriche et la Prusse ; bataille de Valmy.
1793	Zweite Teilung Polens zwischen Preußen und Rußland.	Second Partition of Poland between Prussia and Russia.	Second partage de la Pologne entre la Prusse et la Russie.
1794	Berlin hat 200 000 Einwohner. Das Preußische Allgemeine Landrecht, geschaffen von Carl Gottlieb Svarez, tritt in Kraft.	Berlin has 200,000 inhabitants. The Prussian General Common Law, created by Carl Gottlieb Svarez, comes into effect.	Berlin a 200 000 habitants. Le code civil général prussien, conçu par Carl Gottlieb Svarez, entre en vigueur.
1795	Dritte Teilung Polens zwischen Preußen, Österreich und Rußland.	Third Partition of Poland between Prussia, Austria and Russia.	Troisième partage de la Pologne entre la Prusse, l'Autriche et la Russie.
1796	Johann Gottfried Schadow: Marmorgruppe von Kronprinzessin Luise von Preußen und ihrer Schwester Friederike. Friedrich Wilhelm II. läßt von Michael Philipp Boumann für seine Mätresse, Gräfin Lichtenau, ein frühklassizistisches Palais am Rande des Neuen Gartens in Potsdam errichten.	Johann Gottfried Schadow: Marble statue of the crown princess Luise of Prussia and her sister, Friedericke. Frederick William II commissions Michael Philipp Boumann to construct a palace in the early Neo-classical style on the edge of the Neuer Garten in Potsdam for his mistress, the Countess of Lichtenau.	Johann Gottfried Schadow : « Marbres de Luise von Preußen, femme du prince héritier, et de sa sœur Friedericke ». Frédéric-Guillaume II fait construire par Michael Philipp Boumann un palais néoclassique précoce au bord du Nouveau Jardin de Potsdam pour sa maîtresse, la Comtesse Lichtenau.
1797	Tod Friedrich Wilhelm II., sein Sohn Friedrich Wilhelm III. kommt auf den Thron (bis 1840). Friedrich Gilly: »Entwurf für ein Denkmal Friedrich des Großen« (in Form einer großen Tempelanlage). Alois Senefelder erfindet die Lithographie.	Frederick William II dies and is succeeded on the throne by his son Frederick William III (until 1840). Friedrich Gilly: Design for a monument to Frederick the Great, in the form of a large temple complex. Alois Senefelder invents lithography.	Mort de Frédéric-Guillaume II, son fils, Frédéric-Guillaume III, lui succède (jusqu'en 1840). Friedrich Gilly : « Projet pour un monument à Frédéric le Grand » sous forme de vaste temple. Alois Senefelder invente la lithographie.
1799	Im Zweiten Koalitionskrieg (bis 1802) gegen Frankreich bleibt Preußen neutral. Alexander von Humboldt unternimmt eine Forschungsreise nach Mittel- und Südamerika.	Prussia remains neutral in the second Coalition war (until 1802) against France. Alexander von Humboldt undertakes a study tour to Central and Southern America.	Durant la seconde guerre de coalition contre la France, la Prusse reste neutre. Alexander von Humboldt entreprend une exploration de l'Amérique centrale et latine.
1800	Karl Friedrich Schinkel errichtet seine erstes Bauwerk, den Pomonatempel auf dem Pfingstberg in Potsdam.	Karl Friedrich Schinkel erects his first building, the Temple of Pomona on the Pfingstberg hill at Potsdam.	Karl Friedrich Schinkel construit son premier édifice, le temple de Pomone, sur le Pfingstberg de Potsdam.
1804	Gründung der Königlichen Eisengießerei in Berlin.	Foundation of the Royal Iron Foundry in Berlin.	Création de la Fonderie royale de Berlin.
1806	Preußen erklärt Frankreich den Krieg und erlebt in der Doppelschlacht bei Jena und Auerstedt eine vernichtende Niederlage; französische Truppen besetzen Berlin. Napoleon läßt Schadows Quadriga vom Brandenburger Tor nach Paris bringen.	Prussia declares war on France and suffers a devastating defeat in the double battle at Jena and Auerstedt. French troops occupy Berlin. Napoleon takes Schadow's Quadriga from the Brandenburg Gate and has it brought to Paris.	La Prusse déclare la guerre à la France et connaît une défaite foudroyante à Iéna et Auerstedt ; les troupes françaises occupent Berlin. Napoléon fait transporter à Paris le Quadrige de Schadow qui orne la porte de Brandebourg.
1807	Tilsiter Friede zwischen Frankreich, Rußland und Preußen. Beginn grundlegender Reformen in Preußen unter Freiherr vom Stein. Aufhebung der Erbuntertänigkeit der Bauern und der Adelsvorrechte. Georg Wilhelm Friedrich Hegel: »Phänomenologie des Geistes«. Johann Gottlieb Fichte: »Reden an die deutsche Nation«.	Peace of Tilsit between France, Russia and Prussia. Start of fundamental reforms in Prussia under Freiherr vom Stein. Abolition of the hereditary subservience of peasants and the prerogatives of the aristocracy. Georg Wilhelm Friedrich Hegel: "Phenomenology of the Mind". Johann Gottlieb Fichte: "Speeches addressed to the German Nation".	Paix de Tilsit entre la France, la Russie et la Prusse. Début de réformes fondamentales en Prusse sous Freiherr vom Stein. Abolition de la sujétion successorale des paysans et des prérogatives de l'aristocratie. Georg Wilhelm Friedrich Hegel : « Phénoménologie de l'esprit ». Johann Gottlieb Fichte : « Discours à la nation allemande ».
1808	Heeresreform in Preußen.	Army reform in Prussia.	Réformes de l'armée en Prusse.
1809	Wilhelm von Humboldt wird preußischer Kultusminister.	Wilhelm von Humboldt is appointed Prussian Minister of Education and Cultural Affairs.	Wilhelm von Humboldt devient ministre de la Culture en Prusse.
1810	Tod der Königin Luise von Preußen. Die Gewerbefreiheit wird in Preußen eingeführt. Gründung der Berliner Universität. Caspar David Friedrich: »Mönch am Meer« und »Abtei im Eichwald« auf der Berliner Akademieausstellung.	Death of Queen Luise of Prussia. Freedom of trade is introduced in Prussia. Foundation of Berlin University. Caspar David Friedrich's "Monk by the Sea" and "Abbey in the Oak Wood" are shown at the Berlin Academy exhibition.	Mort de la reine Louise de Prusse. Introduction de la liberté d'entreprise en Prusse. Fondation de l'Université de Berlin. Les toiles de Caspar David Friedrich : « Moine au bord de la mer » et « L'Abbaye dans la forêt » sont exposées à l'Académie de Berlin.
1811	Heinrich von Kleist: »Prinz Friedrich von Homburg«.	Heinrich von Kleist: "The Prince of Homburg".	Heinrich von Kleist : « Le Prince de Hombourg »
1813	Volksbewaffnung in Preußen zum Kampf gegen Napoleon	Arming the people in Prussian against Napoleon.	Armement du peuple en Prusse contre Napoléon.
1814	Rahel Levin heiratet den Diplomaten und Schriftsteller Karl August Varnhagen von Ense und gründet ihren berühmten Salon.	Rahel Levin marries the diplomat and writer Karl August Varnhagen von Ense and sets up her famous Salon in Berlin.	Rahel Levin épouse le diplomate et écrivain Karl August Varnhagen von Ense et fonde son célèbre salon.

1815	Friedrich Wilhelm III. lehnt die Einführung einer Verfassung in Preußen ab.	Frederick William III rejects the introduction of a constitution in Prussia.	Frédéric-Guillaume III refuse la mise en place d'une constitution en Prusse.
1816	E. T. A. Hoffmann: »Die Elixiere des Teufels« und die romantische Oper »Undine«. Karl Friedrich Schinkel baut in Berlin die Neue Wache (bis 1818). Auf der Spree verkehrt als erstes Dampfschiff die »Prinzessin Charlotte von Preußen«.	E. T. A. Hoffmann: "The Devil's Elixirs" and the romantic opera "Undine". Karl Friedrich Schinkel builds the Neue Wache (New Guard House) in Berlin (completed 1818). The first steam boat, the Prinzessin Charlotte von Preußen, operates on the river Spree.	E. T. A. Hoffmann : « Les Élixirs du Diable » et l'opéra romantique « Ondine ». Karl Friedrich Schinkel construit la Neue Wache à Berlin (achevée en 1818). Le premier bateau à vapeur, « Princesse Charlotte de Prusse », circule sur la Sprée.
1819	Auf der Grundlage der Karlsbader Beschlüsse Beginn der »Demagogenverfolgung«, u.a. durch schärfste Pressezensur, Aufsicht über die Universitäten und Verbot von Studentenvereinigungen.	Start of the Persecution of the Demagogues on the authority of the Karlsbad resolutions; measures include strictest press censorship, control of the universities and prohibition of student organizations.	Sur la base des décrets de Karlsbad, début de la « persécution des démagogues », entre autres par une censure sévère, la surveillance des universités et l'interdiction d'associations estudiantines
1821	In Schinkels neuem Schauspielhaus in Berlin wird die Oper »Der Freischütz« von Carl Maria von Weber uraufgeführt.	Carl Maria von Weber's opera "Der Freischütz" receives its première in Schinkel's new Schauspielhaus (theatre) in Berlin.	Première de l'opéra « Der Freischütz » de Carl Maria von Weber dans le nouveau théâtre berlinois de Schinkel.
1824	Karl Friedrich Schinkel und Peter Joseph Lenné gestalten im Auftrag des Prinzen Carl dessen Sommerresidenz in Glienicke (bis 1837). Schinkel baut im Auftrag Friedrich Wilhelm III. den Neuen Pavillon im Schloßpark von Charlottenburg.	On the order of Prince Carl, Karl Friedrich Schinkel and Peter Joseph Lenné design the Prince's summer palace at Glienicke (completed 1837). On instruction of Frederick William III, Schinkel builds the New Pavilion in the palace grounds of Charlottenburg.	Karl Friedrich Schinkel et Peter Joseph Lenné aménagent sur la demande du Prince Carl sa résidence d'été de Glienicke (jusqu'en 1837). Schinkel est engagé par Frédéric-Guillaume III pour construire le Nouveau Pavillon dans le parc du château de Charlottenburg.
1825	In Berlin verkehren Pferdeomnibusse.	Horse-drawn buses operate in Berlin.	Les premiers omnibus tirés par des chevaux circulent à Berlin.
1826	Karl Friedrich Schinkel und Peter Joseph Lenné gestalten in Potsdam im Auftrag des Kronprinzen Friedrich Wilhelm das Schloß- und Gartenensemble Charlottenhof (bis 1840). Felix Mendelssohn-Bartholdy: Ouvertüre zum »Sommernachtstraum«.	Karl Friedrich Schinkel and Peter Joseph Lenné are commissioned by the Crown Prince Frederick William to design the palace and grounds of Charlottenhof in Potsdam (completed 1840). Felix Mendelssohn-Bartholdy: overture to "A Midsummer Night's Dream".	Karl Friedrich Schinkel et Peter Joseph Lenné aménagent à la demande du prince héritier Frédéric-Guillaume le palais et les jardins de Charlottenhof à Potsdam (achevé en 1840). Felix Mendelssohn-Bartholdy : ouverture du « Songe d'une nuit d'été ».
1827	Alexander von Humboldt hält in Berlin seine »Kosmos-Vorlesungen«. Im Auftrag Friedrich Wilhelm III. wird in Potsdam eine russische Siedlung, »Alexandrowka«, für ehemalige russische Soldaten gebaut.	Alexander von Humboldt gives his "Cosmos Lectures" in Berlin. On the order of Frederick William III, a Russian settlement, "Alexandrowka", is built in Potsdam for former Russian soldiers.	Alexander von Humboldt tient à Berlin ses « Conférences sur le Cosmos ». Frédéric-Guillaume III fait construire à Potsdam une colonie pour les anciens soldats russes, la cité « Alexandrovka ».
1828	Friedrich Wilhelm III. verbietet in Berlin die Aufführung von Kleists »Prinz von Homburg«.	Frederick William III prohibits the performance of Kleist's "The Prince of Homburg" in Berlin.	Frédéric-Guillaume III interdit à Berlin la première du « Prince de Hombourg » de Kleist.
1830	Das Alte Museum in Berlin, erbaut von Schinkel, wird eröffnet. Karl Blechen wird Lehrer an der Berliner Kunstakademie. In Potsdam beginnt der Bau der neuen Nikolaikirche nach Plänen von Schinkel.	Opening of the Altes Museum (Old Museum), built by Schinkel, in Berlin. Karl Blechen takes up a teaching post at the Berlin Academy of Art. Start of construction of the new Nikolaikirche (Church of St. Nicholas) in Potsdam to plans by Schinkel.	Le Alte Museum de Berlin, conçu par Schinkel, ouvre ses portes. Karl Blechen enseigne à l'académie des Beaux-Arts de Berlin. À Potsdam, début de l'édification de la nouvelle Nikolaikirche dessinée par Schinkel.
1831	Schinkel errichtet die Bauakademie in Berlin (bis 1836); erster bedeutender Bau, bei dem Erfahrungen der englischen Industriearchitektur in Deutschland angewandt werden.	Schinkel builds the Academy of Architecture in Berlin (until 1836); it is the first important building in Germany to which experience of English industrial architecture is applied.	Schinkel édifie l'académie du bâtiment à Berlin (achevée en 1836) ; c'est la première construction importante en Allemagne où les expériences de l'architecture industrielle anglaise sont mises en pratique.
1833	Peter Joseph Lenné zeichnet den »Verschoenerungs-Plan für die Umgebung von Potsdam«, die planerische Grundlage für die übergreifende Gestaltung der Potsdamer Kulturlandschaft.	Peter Joseph Lenné draws up his Plan for the Beautification of the Surroundings of Potsdam. This forms the design basis for the all-encompassing development of the cultivated landscape of Potsdam.	Peter Joseph Lenné dessine le « Plan d'embellissement des environs de Potsdam », la base de l'aménagement du paysage culturel de Potsdam.
1834	In Potsdam beginnt der Bau des Schlosses Babelsberg als Sommerresidenz für den Prinzen Wilhelm (später Kaiser Wilhelm I.) nach Plänen von Karl Friedrich Schinkel, Ludwig Persius und Johann Heinrich Strack (bis 1849).	In 1834, the building of Schloß Babelsberg, a summer residence for Prince William (later Emperor William I), is begun from plans by Karl Friedrich Schinkel, Ludwig Persius and Johann Heinrich Strack (completed 1849).	À Potsdam début des travaux de construction du château de Babelsberg, nouvelle résidence d'été du prince Guillaume (futur empereur Guillaume Ier), d'après des plans de Karl Friedrich Schinkel, Ludwig Persius et Johann Heinrich Strack (jusqu'en 1849).
1835	Karl Blechen: »Eisenwalzwerk bei Eberswalde«.	Karl Blechen: "Iron Rolling Mill near Eberswalde".	Karl Blechen : « Forges à Eberswalde ».
1837	Als erste Eisenbahnstrecke in Preußen wird die Linie zwischen Berlin und Potsdam gebaut. In Berlin gründet August Borsig eine Eisengießerei und Maschinenbauanstalt.	Construction of the first Prussian railway line between Berlin and Potsdam. August Borsig sets up an iron foundry and mechanical engineering works in Berlin.	La première ligne de chemin de fer prussienne est construite entre Berlin et Potsdam. August Borsig fonde à Berlin une fonderie et usine de construction mécanique.
1838	Um die Militärtauglichkeit zu heben, wird in Preußen die Fabrikarbeit für Kinder unter neun Jahren verboten. Todesurteile gegen Handwerksgesellen, die Mitglieder illegaler Gesellenverbände in Berlin sind.	Factory work for children under nine years old is prohibited in Prussia in order to improve the fitness for military service. Death sentences for journeymen who are also members of illegal apprentices' organizations in Berlin.	Pour accroître l'aptitude militaire, le travail en usine est interdit en Prusse aux enfants de moins de neuf ans. Les compagnons ouvriers membres d'associations clandestines à Berlin, sont condamnés à mort.

1839	Reiterdenkmal Friedrich des Großen von Christian Daniel Rauch in Berlin (bis 1851).	Equestrian statue of Frederick the Great by Christian Daniel Rauch in Berlin (completed 1851).	Statue équestre de Frédéric le Grand de Christian Daniel Rauch à Berlin (achevée en 1851)
1840	Tod Friedrich Wilhelm III.; sein Sohn Friedrich Wilhelm IV. besteigt den Thron.	Frederick William III dies and is succeeded on the throne by his son Frederick William IV.	Mort de Frédéric-Guillaume III ; son fils Frédéric-Guillaume IV lui succède.
1841	Friedrich Wilhelm IV. bezieht eine Wohnung im Schloß Sanssouci in Potsdam, läßt neue Seitenflügel an das Schloß anfügen und beginnt mit dem Bau der Heilandskirche in Sacrow und der »Moschee«, des Wasserwerks von Sanssouci (beide Bauten von Ludwig Persius).	Frederick William IV moves into apartments in Sanssouci in Potsdam, has new side wings added to the palace, and begins the construction of the Heilandskirche (Church of the Saviour) in Sacrow and the Mosque housing the Sanssouci waterworks (both buildings by Ludwig Persius).	Frédéric-Guillaume IV s'installe dans un appartement de Sans-Souci à Potsdam ; il fait construire de nouvelles ailes latérales au palais, la Heilandskirche de Sacrow et la « Mosquée », l'usine des eaux de Sans-Souci (les deux bâtiments ont été réalisés d'après des plans de Ludwig Persius).
1842	Friedrich Wilhelm IV. legt den Grundstein für den Weiterbau des Kölner Doms. Karl Marx arbeitet als Redakteur bei der »Rheinischen Zeitung« in Köln, bevor er 1843 nach Paris emigrieren muß.	Frederick William IV lays the foundation stone for the resumption of building work at Cologne Cathedral. Karl Marx works as editor for the "Rheinische Zeitung" (Rhineland News) in Cologne before he has to emigrate to Paris in 1843.	La construction de la cathédrale de Cologne se poursuit ; Frédéric-Guillaume IV pose la première pierre . Karl Marx est rédacteur de la « Rheinische Zeitung » à Cologne, il devra quitter l'Allemagne pour Paris en 1843.
1843	Baubeginn des Neuen Museums in Berlin nach Plänen von Friedrich August Stüler (bis 1855). Bettina von Arnim: »Dieses Buch gehört dem König«.	Construction of the New Museum begins in Berlin to plans by Friedrich August Stüler (completed 1855). Bettina von Arnim: "This Book belongs to the King".	Mise en chantier du Nouveau Musée de Berlin d'après des plans de Friedrich August Stüler (achevé en 1855). Bettina von Arnim : « Ce livre appartient au Roi ».
1844	Blutige Niederschlagung des schlesischen Weberaufstands.	A revolt by Silesian weavers is cruelly suppressed.	Écrasement sanglant du soulèvement des tisserands de Silésie.
1845	Bürger-und Volksversammlungen fordern politische Reformen. Adolph Menzel: »Balkonzimmer«. Alexander von Humboldt veröffentlicht sein 5 Bände umfassendes Werk »Kosmos. Entwurf einer physischen Weltbeschreibung«.	Civic and public meetings demand political reforms. Adolph Menzel: "Balcony Room". Alexander von Humboldt publishes his 5-volume work "Cosmos. Outline of a Physical Description of the World".	Les assemblées civiles et populaires réclament des réformes politiques. Adolph Menzel : « La Chambre au balcon ». Alexander von Humboldt publie les cinq volumes de son œuvre « Cosmos. Projet de description physique du monde ».
1847	Friedrich Wilhelm IV. läßt mit dem Bau eines gewaltigen Belvederes auf dem Pfingstberg in Potsdam beginnen, das nie fertiggestellt wird.	Frederick William IV begins the construction of a belvedere on the Pfingstberg Hill at Potsdam. It is never completed.	Frédéric-Guillaume IV fait construire un gigantesque belvédère sur le Pfingstberg de Potsdam. Il ne sera jamais achevé.
1848	Märzrevolution in Berlin. Urwahlen in Preußen.	March Revolution in Berlin; preliminary elections in Prussia.	Révolution de mars à Berlin ; vote direct en Prusse.
1849	Friedrich Wilhelm IV. lehnt die deutsche Kaiserkrone ab; Auflösung des Frankfurter Parlaments. Preußen erhält eine »oktroyierte« Verfassung. Der preußische Prinz Wilhelm schlägt den badischen Aufstand blutig nieder.	Frederick William IV refuses the German Imperial Crown; dissolution of the Frankfurt Parliament. A constitution is "imposed" on Prussia. The Prince of Prussia, William, cruelly suppresses the revolt in Baden.	Frédéric-Guillaume IV refuse la couronne impériale allemande ; dispersion du Parlement de Francfort. Une constitution est « octroyée » à la Prusse. Guillaume, prince de Prusse, écrase brutalement l'insurrection badoise.
1850	Im Zuge seiner Planungen für eine Triumphstraße oberhalb des Parkes Sanssouci beginnt Friedrich Wilhelm IV. mit dem Bau eines Orangerieschlosses. Die ersten Volksbüchereien in Berlin werden gegründet.	In the course of his designs for a triumphal road above the park of Sanssouci, Frederick William IV starts building an Orangery palace. Foundation of the first public libraries in Berlin.	Dans le cadre de ses projets pour une route triomphale en amont du parc de Sans-Souci, Frédéric-Guillaume IV commence à faire construire l'Orangerie. Création des premières bibliothèques publiques à Berlin.
1851	Otto von Bismarck wird preußischer Gesandter beim Deutschen Bundestag.	Otto von Bismarck becomes Prussian envoy at the German Bundestag.	Otto von Bismarck devient député prussien au Parlement allemand.
1852	Adolph Menzel beendet das Gemälde »Flötenkonzert in Sanssouci«.	Adolph Menzel completes his painting "Flute Concert at Sanssouci".	Adolph Menzel termine le tableau « Concert de flûte à Sans-Souci ».
1854	In Potsdam wird die Anlage der Friedenskirche vollendet, mit deren Bau Friedrich Wilhelm IV. 1844 begonnen hatte.	Completion in Potsdam of the Friedenskirche (Church of Peace) complex that had been started by Frederick William IV in 1844.	Achèvement à Potsdam de la Friedenskirche que Frédéric-Guillaume IV avait commencé à faire édifier en 1844.
1857	Friedrich Wilhelm IV. verzichtet auf seine Rechte an Neuchâtel. Wilhelm (I.) übernimmt für seinen erkrankten Bruder Friedrich Wilhelm IV. die Regentschaft; Beginn der Politik der »Neuen Ära«	Frederick William IV renounces his rights to Neuchâtel. William (I) takes over the regency from his sick brother Frederick William IV; beginning of the politics of the "New Era".	Frédéric-Guillaume IV renonce à ses droits sur Neuchâtel. Frédéric-Guillaume IV est malade. Le futur Guillaume Ier devient régent ; début d'une « ère nouvelle » en politique.
1859	In Berlin wird das sogenannte Rote Rathaus von H. F. Waesemann gebaut (bis 1870). Nach langjährigen Planungen Friedrich Wilhelm IV. beginnt in Potsdam der Bau des Schlosses Lindstedt (bis 1860).	The so-called Red Town Hall by H. F. Waesemann is built in Berlin (completed 1870). After years of planning, Frederick William IV starts building Lindstedt Palace in Potsdam (completed 1860).	Construction à Berlin du Rotes Rathaus de H. F. Waesemann (achevé en 1870) Après de longues années de planification de la part de Frédéric-Guillaume IV, édification à Potsdam du Palais Lindstedt (achevé en 1860).
1861	Friedrich Wilhelm IV. stirbt nach langer Krankheit; sein Bruder Wilhelm I. krönt sich zum preußischen König.	Frederick William IV dies after a long illness; his brother William I crowns himself King of Prussia.	Mort de Frédéric-Guillaume IV, depuis longtemps souffrant ; son frère Guillaume Ier devient roi de Prusse.

1862	Auflösung des Preußischen Abgeordnetenhauses nach einem Verfassungsstreit aus dem Vorjahr wegen Verstärkung des Heeres durch Kriegsminister Albrecht von Roon. Otto von Bismarck wird preußischer Ministerpräsident. Theodor Fontane schreibt seine »Wanderungen durch die Mark Brandenburg«.	Dissolution of the Prussian chamber of deputies after a constitutional row in the previous year concerning the reinforcement of the army by the Minister of War, Albrecht von Roon. Otto von Bismarck becomes Minister President of Prussia. Theodor Fontane writes his "Walks through the March of Brandenburg".	Dissolution de la Chambre des députés prussienne après un débat constitutionnel de l'année précédente portant sur le renforcement de l'Armée proposé par le ministre de la Guerre Albrecht von Roon. Otto von Bismarck devient Premier ministre de la Prusse. Theodor Fontane écrit ses « Randonnées à travers la Marche de Brandebourg ».
1864	Krieg Preußens und Österreichs gegen Dänemark um Schleswig-Holstein.	Prussian-Austrian war against Denmark over Schleswig-Holstein.	Guerre austro-prussienne contre le Danemark à propos du Schleswig-Holstein.
1866	Krieg Preußens gegen Österreich um die Vormachtstellung in Deutschland.	Prussian war against Austria over supremacy in Germany.	Guerre de la Prusse contre l'Autriche pour la suprématie en Allemagne.
1867	Otto von Bismarck wird Kanzler des von ihm gegründeten Norddeutschen Bundes.	Otto von Bismarck becomes chancellor of the Norddeutscher Bund (North German Alliance) founded by him.	Otto von Bismarck devient Chancelier de la Confédération d'Allemagne du Nord qu'il a fondée.
1869	August Bebel und Wilhelm Liebknecht gründen in Eisenach die Sozialdemokratische Arbeiterpartei. Auf dem Bassinplatz in Potsdam wird der Bau der Kirche St. Peter unter Leitung von Wilhelm Salzenberg nach einem Entwurf von Friedrich August Stüler vollendet (seit 1867).	August Bebel and Wilhelm Liebknecht set up the Social Democratic Workers' Party in Eisenach. On the Bassinplatz in Potsdam, St. Peter's Church is completed in 1867 under the direction of Wilhelm Salzenberg from plans by Friedrich August Stüler.	August Bebel et Wilhelm Liebknecht fondent le parti ouvrier social-démocrate à Eisenach. L'édification de l'église Saint-Pierre s'achève sur le Bassinplatz à Potsdam. Travaux de construction dirigés par Wilhelm Salzenberg d'après des plans de Friedrich Stüler (depuis 1867).
1870	Krieg des Norddeutschen Bundes und der süddeutschen Staaten gegen Frankreich.	The Norddeutscher Bund and the states of southern Germany wage war against France (Franco-Prussian War).	Guerre entre la Confédération d'Allemagne du Nord et les États allemands du Sud, et la France.
1871	Gründung des Deutschen Reiches; Wilhelm I. wird Deutscher Kaiser; Otto von Bismarck wird Reichskanzler. Anselm Feuerbach: »Iphigenie«.	Foundation of the German Reich; William I becomes Emperor of Germany; Otto von Bismarck becomes Imperial Chancellor. Anselm Feuerbach: "Iphigenie".	Naissance du Reich allemand ; Guillaume Iᵉʳ devient empereur ; Otto von Bismarck chancelier du Reich. Anselm Feuerbach : « Iphigénie ».
1872	In Preußen beginnt Bismarcks »Kulturkampf« gegen die katholische Zentrumspartei. In Preußen übernimmt der Staat die Schulaufsicht. Rudolf Mosse gründet das »Berliner Tageblatt«. Arnold Böcklin: »Selbstbildnis mit Tod«.	Bismarck's "Kulturkampf" (Cultural Straggle) against the Catholic Centre Party begins in Prussia. School supervision in Prussia is taken over by the state. Rudolf Mosse founds the Berliner Tageblatt (Berlin Daily News). Arnold Böcklin: "Self-portrait with Death".	En Prusse, début du « Kulturkampf » de Bismarck contre le « Zentrumspartei ». En Prusse, l'État prend le contrôle de l'école. Rudolf Mosse fonde le « Berliner Tageblatt ». Arnold Böcklin : « Autoportrait avec la Mort qui joue du violon ».
1873	Drei-Kaiser-Bündnis zwischen Deutschland, Österreich und Rußland (bis 1886). Die »Gründerjahre« enden mit einer Weltwirtschaftskrise. Vor dem Orangerieschloß in Potsdam wird das Standbild Friedrich Wilhelm IV. von Gustav Bläser aufgestellt.	Three-Emperor Alliance between Germany, Austria and Prussia (until 1886). The last few years of rapid industrial expansion end with a world-wide crisis. The statue of Frederick William IV by Gustav Bläser is put up outside the Orangery palace in Potsdam.	Alliance des trois empereurs entre l'Allemagne, l'Autriche et la Russie (jusqu'en 1886). Les années de fondation s'achèvent sur une crise économique mondiale. La statue équestre de Frédéric-Guillaume IV de Gustav Bläser est placée devant l'Orangerie de Potsdam.
1876	Eröffnung der von Johann Heinrich Strack nach Entwürfen von Friedrich August Stüler erbauten Nationalgalerie in Berlin. Robert Koch weist im Milzbrandbazillus erstmals einen lebenden Mikroorganismus als Ursache einer Infektionskrankheit nach.	Opening of the Nationalgalerie (National Gallery) in Berlin built by Johann Heinrich Strack to plans by Friedrich August Stüler. With his work on the anthrax germ, Robert Koch is the first to prove that a living micro-organism can be the cause of an infectious disease.	Ouverture de la Nationalgalerie de Berlin édifiée par Johann Heinrich Strack d'après des plans de Friedrich August Stüler. Robert Koch démontre pour la première fois avec le bacille du charbon qu'un microorganisme vivant est à l'origine d'une maladie infectieuse.
1878	Bismarck veranlaßt die Sozialistengesetze zur Unterdrückung der Arbeiterbewegung.	Bismarck introduces the Socialist Laws in order to suppress the Labour movement.	Les « Sozialistengesetze » (lois socialistes) de Bismarck visent à opprimer le mouvement ouvrier.
1879	Werner von Siemens baut die erste elektrische Lokomotive. Erste elektrische Bogenlampen in der Leipziger Straße in Berlin. Gottfried Keller: »Der grüne Heinrich«.	Werner von Siemens builds the first electric locomotive. First electric arc-lamps in the Leipziger Strasse in Berlin. Gottfried Keller: "Green Henry".	Werner von Siemens construit la première locomotive électrique. Premières lampes à arc dans la Leipziger Strasse de Berlin Gottfried Keller : « Henri le Vert ».
1880	Berlin hat 1 300 000 Einwohner. Konrad Duden veröffentlicht: »Orthographisches Wörterbuch der deutschen Sprache«.	Berlin has 1,300,000 inhabitants. Konrad Duden publishes the "Orthographic Dictionary of the German Language".	Berlin compte 1 300 000 habitants. Konrad Duden publie le « Dictionnaire orthographique de la langue allemande ».
1882	Wilhelm Leibl: »Drei Frauen in der Kirche«. Robert Koch entdeckt den Tuberkel-Bazillus.	Wilhelm Leibl: "Three Women in Church". Robert Koch discovers the tubercle bacillus.	Wilhelm Leibl : « Trois femmes à l'église ». Robert Koch identifie le bacille de la tuberculose.
1883	Erste Ausstellung französischer Impressionisten in Deutschland, in Berlin. August Bebel: »Die Frau und der Sozialismus«. Friedrich Nietzsche: »Also sprach Zarathustra«. Robert Koch entdeckt den Cholera-Bazillus.	First exhibition of work by French Impressionists in Germany, in Berlin. August Bebel: "Women and Socialism". Friedrich Nietzsche: "Thus spoke Zarathustra". Robert Koch discovers the cholera bacillus.	Première exposition des impressionnistes français en Allemagne, à Berlin. August Bebel : « La Femme et le Socialisme ». F. Nietzschke : « Ainsi parlait Zarathoustra ». Robert Koch identifie le bacille du choléra.
1884	Gründung deutscher Kolonien in Südwestafrika.	Establishment of German colonies in south-west Africa.	Colonies allemandes dans le sud-ouest africain.
1885	Hans von Marees: »Das goldene Zeitalter«.	Hans von Marees: "The Golden Age".	Hans von Marées : « L'Âge d'or ».

1887	Bismarck schließt mit Rußland einen geheimen Rückversicherungsvertrag.	Bismarck enters into a secret reinsurance treaty with Russia.	Bismarck passe avec la Russie un traité secret de réassurance.
1888	»Dreikaiserjahr«: Tod Wilhelm I.; ihm folgt sein todkranker Sohn Friedrich III. auf den deutschen Kaiserthron, der nach 99 Tagen Regierung stirbt; Wilhelm II., sein Sohn, wird deutscher Kaiser. In Potsdam erweitert Julius Raschdorff die Friedenskirche um das Mausoleum für Kaiser Friedrich III. (bis 1891). Theodor Fontane: »Irrungen, Wirrungen«.	Year of the three Emperors: William I dies and is succeeded on the German Imperial Throne by his fatally ill son Frederick III, who dies after reigning for 99 days. His son William II becomes Emperor of Germany. In Potsdam, Julius Raschdorff extends the Friedenskirche with a mausoleum for the Emperor Frederick III (completed 1891). Theodor Fontane: "Trials and Tribulations".	« L'année des trois empereurs » : mort de Guillaume Iᵉʳ, son fils Frédéric III, atteint d'un cancer au larynx, lui succède sur le trône impérial et meurt cent jours plus tard ; son fils, Guillaume II devient Kaiser. À Potsdam, Julius Raschdorff agrandit la Friedenskirche en y ajoutant un mausolée pour l'empereur Frédéric III (achevé en 1891). Theodor Fontane : « Errements et Tourments ».
1889	Im Ruhrgebiet kommt es zu großen Streiks. Alters- und Invalidenversicherung wird eingeführt. Gerhart Hauptmann schreibt: »Vor Sonnenaufgang«.	The Ruhr sees the outbreak of large-scale strikes. Introduction of old-age and invalidity insurance. Gerhart Hauptmann writes "Before Sunrise".	Grèves étendues dans la Ruhr. L'assurance vieillesse/invalidité voit le jour. Gerhart Hauptmann : « Avant l'aube ».
1890	Wilhelm II. entläßt Bismarck als Reichskanzler. Aufhebung der Sozialistengesetze.	William II dismisses Bismarck as Imperial Chancellor. Lifting of the Socialist Laws.	Bismarck est relevé de ses fonctions par Guillaume II. Abolition des lois socialistes.
1891	Friedrich Engels: »Die Entwicklung des Sozialismus von der Utopie zur Wissenschaft«.	Friedrich Engels: "The Development of Socialism from Utopia to Science".	Friedrich Engels : « Le Développement du socialisme de l'utopie à la science ».
1891	Frank Wedekind: »Frühlings Erwachen«.	Frank Wedekind: "Spring's Awakening".	Frank Wedekind : « L' Éveil du printemps ».
1892	Gerhart Hauptmann: »Die Weber«.	Gerhart Hauptmann: "The Weavers".	Gerhart Hauptmann : « Les Tisserands ».
1893	Wirtschaftskrise in Deutschland: Ein Drittel aller Arbeiter sind ohne Arbeit. Käthe Kollwitz beginnt den Zyklus »Weberaufstand«.	Economic crisis in Germany: one third of workers are out of work. Käthe Kollwitz begins the cycle "Weavers' Revolt".	Crise économique en Allemagne : un tiers des ouvriers est au chômage. Käthe Kollwitz commence son cycle « Soulèvement des Tisserands ».
1897	Alfred von Tirpitz widmet sich auf Veranlassung Wilhelm II. dem Aufbau der deutschen Kriegsflotte.	On the instruction of William II Alfred von Tirpitz concentrates on building up the German navy.	Guillaume II charge Alfred von Tirpitz d'organiser la flotte de guerre allemande.
1898	Max Liebermann gründet die Berliner Sezession. Bau des Kaufhauses Wertheim in Berlin von Alfred Messel (bis 1904).	Max Liebermann founds the Berlin Secession. Alfred Messel builds the Wertheim department store in Berlin (completed 1904).	Max Liebermann fonde la Sécession berlinoise. Construction à Berlin du grand magasin Wertheim de Alfred Messel (achevé en 1904).
1903	Wahlsieg der Sozialdemokraten (31,7%) in Deutschland. In Berlin verkehren die ersten Autobusse.	Electoral victory by the Social Democrats (31.7 %) in Germany. The first automotive buses operate in Berlin.	Victoire des sociaux-démocrates aux élections (31,7 %) en Allemagne. Les premiers autobus circulent à Berlin.
1904	Ernst Eberhard von Ihne vollendet den Bau des Kaiser-Friedrich-Museums in Berlin (heute Bode-Museum).	Ernst Eberhard von Ihne completes the construction of the Kaiser Friedrich Museum in Berlin (today the Bode-Museum).	Ernst Eberhard von Ihne achève la construction du Kaiser-Friedrich-Museum de Berlin (le Bode-Museum actuel).
1905	Wilhelm II. löst die erste Marokko-Krise aus. Max Reinhardt übernimmt das Deutsche Theater in Berlin. Hermann Hesse: »Unterm Rad«.	William II sparks the first Morocco crisis. Max Reinhardt becomes artistic director of the German Theatre in Berlin. Hermann Hesse: "Beneath the Wheel".	Guillaume II déclenche la première crise marocaine. Max Reinhardt prend en charge le Deutsche Theater de Berlin. Hermann Hesse : « L'Ornière ».
1906	Für den Salonzug Wilhelm II. baut Ernst Eberhard von Ihne den »Kaiserbahnhof« nahe dem Neuen Palais in Potsdam.	Ernst Eberhard von Ihne constructs the Kaiserbahnhof (Imperial Railway Station) near the Neues Palais in Potsdam for William II's private train.	Ernst Eberhard von Ihne construit la « gare de l'Empereur » près du Nouveau Palais de Potsdam, elle est destinée au train-salon de Guillaume II.
1908	Wilhelm II. gibt dem Daily-Telegraph ein Interview und wird im In- und Ausland scharf kritisiert.	William II is interviewed by the Daily Telegraph and attracts strong criticism at home and abroad.	Guillaume II accorde une interview au Daily-Telegraph qui lui vaut des critiques sévères en Allemagne et à l'étranger.
1911	Zweite Marokko-Krise durch Entsendung des deutschen Kanonenbootes »Panther«.	Second Morocco crisis set off by the dispatching of the German gunboat Panther.	Deuxième crise marocaine due à l'envoi de la canonnière allemande « Panther ».
1912	Im Reichstag werden die Sozialdemokraten stärkste Fraktion. Im Deutschen Reich gibt es etwa 30 000 Millionäre (als reichste gelten Wilhelm II. und Berta Krupp).	The Social Democrats become the strongest parliamentary party in the Reichstag. There are about 30,000 millionaires in the German Empire (William II and Berta Krupp are regarded as the richest).	Le parti socio-démocrate est majoritaire au Reichstag. Le Reich allemand possède 30 000 millionaires (les plus riches étant Guillaume II et Bertha Krupp).
1913	Anläßlich seines 25. Regierungsjubiläums läßt Wilhelm II. unterhalb der Orangerie im Park Sanssouci die »Jubiläumsterrasse« anlegen.	To mark his Silver Jubilee William II constructs the Jubilee Terrace below the Orangery in Sanssouci park.	À l'occasion du 25ᵉ anniversaire du gouvernement, Guillaume II fait aménager la « Jubiläumsterrasse » en aval de l'Orangerie dans le parc de Sans-Souci.
1914	Die machtpolitischen Gegensätze in Europa führen zum Ausbruch des Ersten Weltkriegs. Im Neuen Garten in Potsdam beginnt der Bau des Schlosses Cecilienhof für den Kronprinzen Wilhelm und dessen Frau Cecilie nach Plänen von Paul Schultze-Naumburg (bis 1917).	The power-political conflicts in Europe lead to the outbreak of the First World War. The construction of Cecilienhof Palace begins in the Neuer Garten in Potsdam for the Crown Prince William and his wife Cecilie according to plans by Paul Schultze-Naumburg (completed 1917).	Les oppositions d'ordre politique amènent l'éclatement de la Première Guerre mondiale. Construction du Palais Cecilienhof dans le Nouveau Jardin de Potsdam ; il est destiné au prince héritier Guillaume et à son épouse Cécile et a été dessiné par Paul Schultze-Naumburg (jusqu'en 1917).

Jahr	Deutsch	English	Français
1917	Wilhelm II. verspricht die Einführung des geheimen direkten Wahlrechts in Preußen. Georg Grosz bringt seine Graphik-Mappe »Das Gesicht der herrschenden Klasse« heraus.	William II promises the introduction of the secret and direct right to vote in Prussia. Georg Grosz publishes his portfolio "The Face of the Ruling Class".	Guillaume II promet d'instaurer le droit de vote direct et secret en Prusse. Georg Grosz publie son recueil de dessins « Le visage de la classe dirigeante ».
1918	Kriegsende: Ende der deutschen Hohenzollern-Monarchie und der Revolution in Deutschland; Wilhelm II. flieht nach Holland. Ausrufung der Republik; Regierung Ebert. Gründungsparteitag der Kommunistischen Partei Deutschlands.	End of war. End of the Hohenzollern monarchy in Germany and the Habsburg monarchy in Austria. Revolution in Germany; William II flees to Holland. Proclamation of the Republic: Ebert government. Foundation of the German Communist Party.	La guerre est terminée : fin de la monarchie allemande des Hohenzollern et de la monarchie autrichienne des Habsbourg. Révolution en Allemagne ; Guillaume II s'enfuit en Hollande. Proclamation de la République Gouvernement Ebert. Fondation du congrès du parti communiste allemand.
1920	Max Liebermann wird Präsident der Preußischen Akademie der Künste.	Max Liebermann becomes president of the Prussian Academy of the Arts.	Max Liebermann est nommé président de l'Académie des beaux-arts de Prusse.
1921	Der Kölner Oberbürgermeister Konrad Adenauer wird Präsident des Preußischen Staatsrates.	Konrad Adenauer, Lord Mayor of Cologne, becomes president of the Prussian Council of State.	Konrad Adenauer, maire de Cologne, devient président du Conseil d'État prussien.
1925	Nach dem Tod von Friedrich Ebert wird Paul von Hindenburg zum Reichspräsidenten gewählt.	After the death of Friedrich Ebert, Paul von Hindenburg becomes German president.	Paul von Hindenburg est élu président du Reich après le décès de Friedrich Ebert.
1926	Nach jahrelangen Verhandlungen stimmt der preußische Landtag dem »Gesetz über die Vermögensauseinandersetzungen zwischen dem Preußischen Staate und den Mitgliedern des vormals regierenden Preußischen Königshauses« zu. Mit dem Vertrag wurde der Staat Eigentümer von 75 Schlössern und Gärten der Hohenzollern. In deren Besitz verblieben 39 Schlösser und Grundstücke, darunter Schloß Cecilienhof in Potsdam.	After years of negotiations, the Prussian state parliament agrees to the bill on the "Partition of estate between the Prussian state and the members of the former ruling Prussian royal house". On the basis of this contract, the state gains ownership of 75 Hohenzollern palaces and gardens. The Hohenzollern themselves remain in possession of 39 palaces and estates including Cecilienhof Palace in Potsdam.	À l'issue de longues discussions, le parlement de l'État de Saxe donne son accord à la « Loi relative à l'arrangement signé entre l'État prussien et les membres de l'ancienne maison régnante de Prusse ». Selon cette convention, l'État devient propriétaire de 75 châteaux et des jardins des Hohenzollern. Ceux-ci conservent 39 châteaux et domaines, dont le château de Cecilienhof à Potsdam.
1927	Für die in Staatsbesitz übergegangenen Anlagen wird die »Verwaltung der Staatlichen Schlösser und Gärten« gegründet, zu der auch die Schlösser und Gärten in Potsdam gehören.	For the estates which are now in state possession, an organisation for the Administration of State Palaces and Gardens is set up; the palaces and gardens in Potsdam also fall under this administrative body.	Un office prussien d'administration des châteaux et des jardins de l'État est créé pour gérer les installations cédées à l'État, et dont relèvent les châteaux et les parcs de Potsdam.
1928	»Die Dreigroschenoper« von Bertolt Brecht und Kurt Weill wird in Berlin uraufgeführt.	Bertolt Brecht's and Kurt Weill's "Threepenny Opera" is first performed in Berlin.	Première représentation à Berlin de l'« Opéra de quat'sous » de Bertolt Brecht et de Kurt Weill.
1933	Paul von Hindenburg ernennt in Potsdam Adolf Hitler zum Reichskanzler.	In Potsdam, Paul von Hindenburg appoints Adolf Hitler German Chancellor.	Paul von Hindenburg nomme Hitler chancelier du Reich.
1939	Mit dem Überfall auf Polen beginnt Deutschland den Zweiten Weltkrieg.	Germany starts the Second World War war with its attack on Poland.	L'invasion de la Pologne par l'Allemagne déclenche la Seconde Guerre mondiale.
1945	Die Kapitulation Deutschlands beendet den Krieg. Bei einem schweren Bombenangriff auf Potsdam am 14. April werden große Teile der historischen Altstadt, darunter das Stadtschloß und die Garnisonkirche zerstört. Die Siegermächte des Krieges, die Sowjetunion, die USA und Großbritannien, treffen sich in Schloß Cecilienhof zur Potsdamer Konferenz.	The war is ended with the capitulation of the Germans. During a heavy air raid on Potsdam on 14th April, large areas of the historical old town are destroyed, including the Stadtschloß and the Garnisonkirche. The victorious powers of the war, namely the Soviet Union, the USA and Great Briain, meet in Cecilienhof Palace for the Potsdam Conference.	La guerre s'achève avec la capitulation de l'Allemagne. Lors d'un bombardement intensif de Potsdam, le 14 avril, une grande partie du centre historique de Potsdam est détruite, en particulier le château urbain et l'église de la Garnison. Les trois vainqueurs de la guerre, les États-Unis, l'Union Soviétique et la Grande-Bretagne, organisent au château de Cecilienhof la Conférence de Potsdam.
1947	Durch Alliierten-Kontrollratsbeschluß wird der Staat Preußen am 25. Februar für aufgelöst erklärt.	By decree of the Allied Control Council, the Prussian state is officially dissolved on 25th February.	Sur décision des puissances alliées, l'État prussien est dissous le 25 février.
1949	Gründung der Bundesrepublik Deutschland und der Deutschen Demokratischen Republik. Zur Verwaltung der Schlösser und Gärten in Potsdam werden die »Staatlichen Schlösser und Gärten Potsdam-Sanssouci« geschaffen.	The German Federal Republic and the German Democratic Republic are founded. The organisational body State Palaces and Gardens Potsdam-Sanssouci is created for the administration of the palaces and gardens in Potsdam.	Fondation de la République fédérale et de la République démocratique allmande. Création de l'Office d'administration des châteaux et des parcs de Potsdam-Sans-Souci.
1960	Die Ruine des Potsdamer Stadtschlosses wird gesprengt.	The ruins of Potsdam's Stadtschloß are demolished.	Les ruines du château urbain de Potsdam sont dynamitées.
1961	Mit Errichtung der Mauer in Berlin wird die Stadt in Ost- und Westberlin geteilt.	The buildng of the wall in Berlin divides the town into East and West Berlin.	La construction du mur de Berlin scelle la division de la capitale en deux entités distinctes: Berlin-Ouest et Berlin-Est.
1989	Am 9. November wird die Berliner Mauer geöffnet.	On 9th November, the Berlin wall is finally opened.	Ouverture du mur de Berlin.
1990	3. Oktober: Beitritt der Deutschen Demokratischen Republik zur Bundesrepublik Deutschland. Die Schlösser und Gärten in Potsdam sowie das auf Berliner Gebiet gelegene Schloß Glienicke und die Pfaueninsel werden auf die World Heritage List der UNESCO aufgenommen.	3rd October: the German Democratic Republic becomes part of the German Federal Republic. The palaces and gardens in Potsdam and Glienicke Palace and the Pfaueninsel ("Peacock Island") in Berlin are added to UNESCO's World Heritage List.	Le 3 octobre la République démocratique allemande adhère à la République fédérale d'Allemagne. L'UNESCO inscrit les châteaux et les parcs de Potsdam ainsi que le château de Glienicke et l'île des Paons, tous deux situés sur le territoire administratif de Berlin, sur la liste du patrimoine mondial.
1995	Die Schlösser und Gärten in Potsdam und Berlin werden zur »Stiftung Preußische Schlösser und Gärten Berlin-Brandenburg« vereinigt.	The palaces and gardens in Potsdam and Berlin are united under the Foundation of Prussian Palaces and Gardens Berlin-Brandenburg.	Réunion des châteaux et des parcs de Potsdam et de Berlin en une « Fondation des châteaux et jardins prussiens de Berlin-Brandenbourg ».

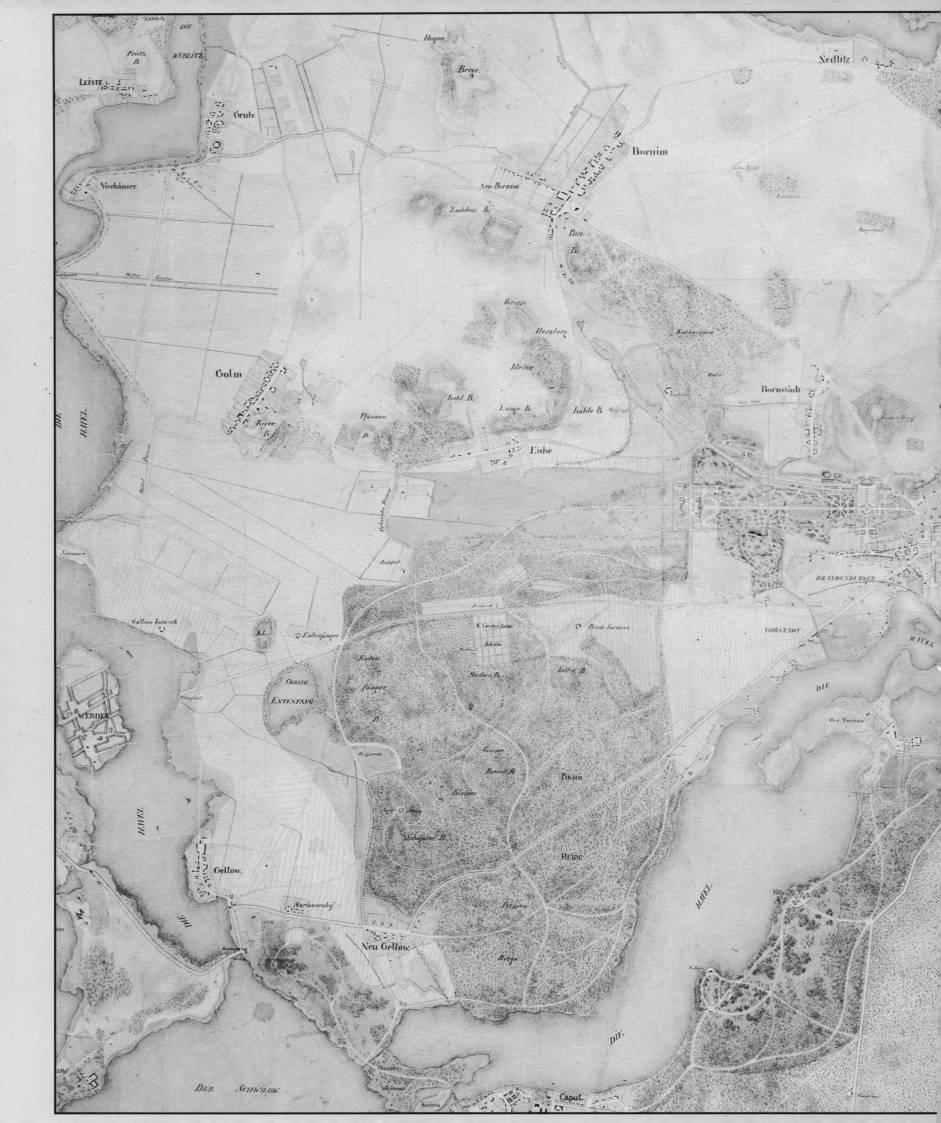